高校毕业生就业观研究

雪溪堂蒋冰

高校毕业生就业观研究

钟秋明 著

A STUDY ON THE
EMPLOYMENT ATTITUDE OF
COLLEGE
GRADUATES

创于1897 商务印书馆
The Commercial Press

图书在版编目（CIP）数据

高校毕业生就业观研究 / 钟秋明著. -- 北京：
商务印书馆，2024. -- ISBN 978-7-100-24342-1

Ⅰ. G647.38

中国国家版本馆 CIP 数据核字第 2024JC9193 号

高校毕业生就业观研究

钟秋明 著

商 务 印 书 馆 出 版
（北京王府井大街 36 号　邮政编码 100710）
商 务 印 书 馆 发 行
北京顶佳世纪印刷有限公司印刷
ISBN 978-7-100-24342-1

2024 年 8 月第 1 版　　　　开本 710×1000　1/16
2024 年 8 月北京第 1 次印刷　　印张 20¼
定价：88.00 元

序

　　大学生就业观作为社会观念的一部分，是大学生在就业过程中所持有的认知、态度和观念，是世界观、人生观、价值观在职业方面的集中反映。准确把握大学生就业观变化的普遍规律，引导大学生树立正确的就业观，为其提供理性的职业思考和职业生涯援助，不仅关乎个人的职业发展与价值实现，也关乎千万家庭的幸福与社会的和谐稳定。

　　就业观主要体现为职业价值观与择业观，对就业行为具有重要的导向、激励和调控作用。当代大学生就业观呈现出独立性、多元化、差异性等特征，部分学生工具性、功利性倾向突出，就业过程中因理想与现实冲突明显，表现出焦虑迷茫、无所适从、盲目攀比等非理性心态。如果缺乏清晰的自我认知和有效的正向引导，容易导致"观念性就业困难"甚至出现"就业观异化"，一定程度上又加剧了当前较为突出的"结构性就业困难"。例如，近年来互联网与社交平台广为流传的"躺平即是正义""宇宙的尽头是编制"，导致主动无业、懒就业、不就业、消极慢就业的现象频繁发生，部分大学生不了解自身的职业适应性，视"体制内就业"为唯一目标等，不一而足。

　　大学生就业观教育需要根据我国新时代的阶段性特征与就业格局的新特点、新趋势，以开放性、动态性、历史性、综合性的眼光进行现实审视与理性思考。就业问题涉及供需两方面的平衡与协调，在供的方面，国家通过发展经济和推进供给侧改革等方式，努力增加就业岗位供给，为高校毕业生提供更多适合的就业机会；在需的方面，高校通过密切关注市场动态和行业发展趋势，及时调整专业设置和人才培养方案，确保所培养的人才能够适销对路，符合国家所需、市场所需。在平衡供与需两者之间有一个十分重要的杠杆，那就是求职者的就业观念。要解决就业问题，有两个方面最重要，一是有业可就，二是愿意就业，对于高校毕业生来说，后者显得更为重要，因为个人观念的转变和能力提升是内因，外因需要通过内因才能起作用。现有研究更多聚焦于就业与产业及经济之关系、就业政策、就业服务等外因层面，而对就业观念这一高校毕业生就业问题之关键与核心缺乏应有的重视和研究。

湖南劳动人事职业学院钟秋明博士长期从事高校毕业生就业研究和管理服务工作，拥有丰富的实践经验和理论积淀，由商务印书馆出版的新著《高校毕业生就业观研究》，以其博士学位论文为基础，既契合时宜，又弥补了现有研究之不足。该著作积极回应国家就业优先战略需求，立足教育、科技、人才一体发展的战略高度，全面阐释了毕业生就业观的内部结构、外部关系、属性、功能及其类型，系统地研究和回答了高校毕业生就业观的理论与实践问题，在以下三方面呈现出宽广的理论视野与独到的创新之处。

一是理论视角独特。恩格斯曾指出，"使人们行动起来的一切，都必然要经过他们的头脑，但是这一切在人们的头脑中采取什么形式，这在很大程度上是由各种情况决定的"。作为头脑中的思想观念，就业观是一切就业行为的先导，自然也是错综复杂的，要对其进行定量的精准研究，实则是异常困难的。本著作借鉴使用人力资本、社会资本和心理资本理论，以毕业生个体所拥有的这三类资本为分析视角和测量维度，将其操作化为可测量的具体指标和调研问题，这不能不说是独具匠心，巧妙地实现了理论研究与实证研究的有效转化和完美结合，既确保了实证研究的逻辑自洽和理论深度，也为理论研究提供了事实依据和实践支撑。

二是研究重点突出。高校毕业生就业观问题牵涉面广，极其复杂，本著作并没有试图包打天下，而是聚焦重点，紧紧围绕就业观与就业质量的关系、就业观的影响因子、就业观的形成机理这三个主题，综合运用实证研究、逻辑推理等方法，科学证实了高校毕业生就业观显著影响其就业质量、毕业生三类资本存量显著影响其就业观这两个研究假设，同时明确提出，高校毕业生就业观是内外诸要素诸矛盾相互联系、相互作用而形成的，其形成机理主要包括环境作用论、教育中介论、主体生成论。由此一来，全书非常集中地回答了三个问题，即就业观影响就业质量吗、就业观受哪些因素影响、就业观是怎样形成的，这自然会让读者觉得重点突出、逻辑严谨、纲举目张。

三是对策务实管用。研究高校毕业生就业观的落脚点在合理有效引导毕业生就业观，因而，对策建议就显得尤为重要。钟秋明博士从高校一线辅导员岗位做起，上就业指导课，开展个体咨询、团体辅导、培训讲座，访企拓岗、推荐毕业生，承担省级就业指导管理服务和高校管理服务工作，数十年就业工作实践让喜欢思考、善于总结的他对毕业生就业工作满怀感情、了然于胸。该著作从宏观、中观、微观三个层面提出了一系列务实管用的对策建议，既有高校毕业生科学就业观应坚持的指导思想与基本原则、就业观引导的内在理路，也有针对现实问题和实证研究结论而提出的就业观引导的具体措施。该著作明确指出，应切实提高就业指导教育的针对性和实效性，引导毕业生提高专业认可度、就业能力素质、就业自主性，积极培育发展型就业价值观，实现及时就业和可持续发展，具有极强的现实针对性、可操作性。

在以中国式现代化推进中华民族伟大复兴的历史进程中，以就业观教育为契机，引导广大青年学生立大志、明大德、肯吃苦、勇担当，找准社会需要和自我价值实现的最佳结合点，实现个人价值与社会价值的高度统一，成为建功立业新时代的践行者、奋斗者和引领者，无疑具有重要的理论价值与实践意义。

是为序。

罗仲尤

（湖南大学教育科学研究院院长、

教授、博士生导师、岳麓学者特聘教授）

目　录

图表目录

第一章　研究概述

高校毕业生就业是一个世界性难题，我国是人口大国、高等教育大国，问题更为突出。解决就业问题有两个关键，一是有业可就，二是乐意去就。前者是岗位和条件问题，后者更多的是观念与态度问题，对于绝大多数高校毕业生而言，后者往往比前者更为关键。马克思在《青年在选择职业时的考虑》中强调指出，能选择职业"是人比其他生物远为优越的地方，但是这同时也是可能毁灭人的一生、破坏他的计划并使他陷入不幸的行为"[①]。系统、深入研究高校毕业生就业观，必将有助于我们深化对就业观的认识和寻求引导对策，尤其在中国当代社会转型背景下，解决毕业生就业难问题已经成为政府和教育界共同面临的重大课题，成为深化高等教育领域综合改革必须破解的难题，相关研究需求更为迫切。

第一节　选题背景与研究意义

一、选题背景

扩招后，我国高校毕业生人数大幅增加，而高校毕业生占人口总量的比例仍然偏低，知识失业与人才短缺、就业难与招工难同时并存。2002 年，全国普通高校毕业生 145 万人（主体为扩招前 1998 级毕业生），2015 年达

---

① 中共中央马克思恩格斯列宁斯大林著作编译局译:《马克思恩格斯全集》(第 40 卷)，人民出版社 1982 年版，第 4 页。

749 万人，增长到扩招前的 516.55%，13 年增长 4 倍多，2024 年增至 1179 万，22 年增长 8 倍多。毕业生绝对数量增长给高校毕业生就业增加了压力。但从整个国民受教育程度和社会对人才的需求来看，我国高校毕业生不是多了，而是少了。全国第六次人口普查结果显示，13 亿人口中，主要劳动年龄人口受高等教育比例仅占 12.5%，湖南比例更低，仅占 7.59%，而早在 2005 年，美国为 55.8%，日本为 54.9%，加拿大为 54.0%，英国为 38.2%，澳大利亚为 37.5%，法国为 35.7%，德国为 33.9%，意大利为 32.6%，韩国为 27.6%，我国人才资本份额与发达国家相比存在巨大反差。[①] 当前高校毕业生就业难主要是结构性的，一边是无业可就，公务员报考，数千人争抢一个岗位；一边是有业不就，企业用工荒，乡镇医院有编制也难招到医学毕业生。趋利避害、趋乐避苦是理性人的当然选择。但在看似理性的就业市场中，由于缺乏有效的引导教育和清晰的自我认识，高校毕业生往往理性而盲目、独立而从众，事与愿违、南辕北辙的情况经常发生。

就业观正在影响甚至决定高校毕业生的就业前景与人生命运。总体上来讲，经济社会发展放缓、有效需求岗位不足是高校毕业生就业难的主要矛盾，但是在社会转型期，就业观对解决就业问题的反作用也可能转化为主要的决定性的东西。"我们承认总的历史发展中是物质的东西决定精神的东西，是社会的存在决定社会的意识；但是同时又承认而且必须承认精神的东西的反作用，社会意识对于社会存在的反作用，上层建筑对于经济基础的反作用。"[②] 就个体而言，就业观对就业的影响乃至决定作用更加明显。陈成文、胡桂英实证研究认为，择业观念与高校毕业生就业密切相关，毕业生择业时对职业类型、单位性质的期望显著负向影响其就业机会获得以及就业后月收入，求职主动性显著正向影响其就业机会，工资水平期望显著正向影响其

---

① 桂昭明：《专家解读：我国人才资源贡献率 26.6% 意味着什么》，参见 http://news.xinhuanet.com/hr/2012-05-24/c_123183419.htm，2012-05-04。

② 毛泽东：《毛泽东选集》（第 1 卷），人民出版社 1991 年版，第 326 页。

就业后月收入，职业苦乐意识显著负向影响其职业满意度。[①] 观念影响和制约行为，高校毕业生就业观直接影响其能否就业、就业时点、就业成本、就业地域、就业行业单位岗位、就业满意度、就业稳定性及前景、就业福利待遇、工作与专业对口程度等。就业观就像一只看不见的手，它在不知不觉中决定我们选择以什么样的方式工作，以什么样的方式度过一生。无论对毕业生个人还是对于社会，就业观在促进高质量充分就业过程中发挥着越来越重要的作用。

高校毕业生就业观随着社会转型而正在发生重大改变，但与变革中的社会环境仍存在较大差距。当前我国正在发生广泛而深刻的社会转型，从理念价值、主导力量、社会结构到机制体制、社会特征，均处于显著变化的过程中。与高校毕业生直接密切相关的变革是高校扩招和毕业生就业制度改革。恢复高考之初的 1977 年全国参加高考人数、录取人数及录取率分别为570 万、27 万、4.74%；扩招前的 1998 年分别为 320 万、108 万、33.75%；扩招开始的 1999 年分别为 288 万、160 万、55.56%；2012 年达到 915 万、685 万、74.86%，2023 年达到 1291 万、1042 万、80.72%。1993 年，中共中央、国务院颁布《中国教育改革和发展纲要》（中发〔1993〕3 号），确定改革高校毕业生"统包统分"和"包当干部"的就业制度，实行少数毕业生由国家安排就业，多数由学生"自主择业"的就业制度。2000 年，相关政策正式实施，目前高校毕业生就业已全面市场化，"供需见面，双向选择，自主择业"。观念是人的头脑对客观世界的能动反映。马克思在《共产党宣言》中指出："人们的观念、观点和概念，一句话，人们的意识，随着人们的生活条件、人们的社会关系、人们的社会存在的改变而改变。"[②] 就业观是社会观念的一部分。随着社会转型、高等教育规模扩张、毕业生就业制度改

---

① 陈成文、胡桂英：《择业观念对大学毕业生就业的影响——基于 2007 届大学毕业生的实证研究》，《高等教育研究》2008 年第 1 期。

② 中共中央马克思恩格斯列宁斯大林著作编译局编：《马克思恩格斯选集》（第 1 卷），人民出版社 1995 年版，第 291 页。

革的纵深推进，高校毕业生就业观也正在发生相应的深刻变化，包括主动调整就业期望值和就业心态，理性看待现实与理想之间的差距，自觉接受"先就业、再择业"的就业理念。但毕业生的就业观念并没有随着高等教育大众化而大众化，期望偏差仍是毕业生成功就业的重要障碍，毕业生就业"精英意识"还很严重，存在过度关注自我价值、盲目攀比从众、对工作三心二意和眼高手低等误区，①仍有部分毕业生对中西部地区、中小城镇和广大城乡基层以及中小微企业的人才需求置之不理，仍然把目光主要集中在发达城市、国有单位、管理岗位，宁要北京一张床，不要县城一套房，希望一次性找到理想的工作岗位，人为地造成观念方面的摩擦性失业。

高校毕业生就业观问题已经引起各方面的高度重视，但我们对就业观的认识还不系统不深入，就业观引导亟须理论指导。党的十八大明确提出，要"引导劳动者转变就业观念，鼓励多渠道多形式就业，促进创业带动就业，做好以高校毕业生为重点的青年就业工作和农村转移劳动力、城镇困难人员、退役军人就业工作"②。党的二十大进一步指出，要"强化就业优先政策，健全就业促进机制"③。《中共中央　国务院关于进一步加强和改进大学生思想政治教育的意见》（中发〔2004〕16号）指出，要"培养大学生的劳动观念和职业道德"，"要帮助大学生树立正确的就业观念，引导毕业生到基层、到西部、到祖国最需要的地方建功立业。要进一步建立健全大学生就业指导机构和就业信息服务系统，提供高效优质的就业创业服务"。《国家中长期教育改革和发展规划纲要（2010—2020年）》明确提出："我国高等教育进入大众化阶段"，但"学生适应社会和就业创业能力不强，创新型、实用

---

① 张思：《大学生就业期望值问题分析》，《西南科技大学学报》（哲学社会科学版）2004年第3期。

② 胡锦涛：《坚定不移沿着中国特色社会主义道路前进　为全面建成小康社会而奋斗》，人民出版社2012年版，第35页。

③ 习近平：《高举中国特色社会主义伟大旗帜　为全面建设社会主义现代化国家而团结奋斗》，人民出版社2022年版，第47页。

型、复合型人才紧缺",高校要"加强就业创业教育和就业指导服务"。①《国务院办公厅关于做好 2013 年全国普通高等学校毕业生就业工作的通知》(国办发〔2013〕35 号)也明确提出,要"引导广大高校毕业生树立正确的就业观和择业观,将个人理想融入实现中华民族伟大复兴中国梦进程中,到城乡基层、到中小企业、到中西部地区、到祖国最需要的地方成长成才、建功立业"。2013 年 5 月,习近平指出,高校毕业生的就业问题,关乎社会安定稳定,一定要高度重视,要落实责任、各方努力,加强引导、综合施策,切实缓解今年高校毕业生的就业困难,要研究解决高校毕业生就业难问题的长远措施。社会实践已经向我们提出了理论课题,但对于高校毕业生就业观是如何形成的以及如何引导毕业生就业观,业界所做的工作更多地停留在国外理论的引进、国内个案经验的总结,缺乏深入而系统的研究。毛泽东在《改造我们的学习》中强调:"我们要从国内外、省内外、县内外、区内外的实际情况出发,从其中引出其固有的而不是臆造的规律性,即找出周围事变的内在联系,作为我们行动的向导。"②因此,找出毕业生就业观"周围事变的内在联系",寻得解决最大民生的毕业生就业问题的"行动的向导",已经现实而迫切地摆在我们面前。在此背景下,本书以高校毕业生就业观为研究对象,从理论和实证两大视角对其形成机理和影响因子进行深度解析和客观验证,试图回答高校毕业生就业观是如何形成的这一核心问题,以期为作为管理者的政府、作为教育者的学校、作为当事人的主体开出一剂有所作为、引领前行的良药。

二、研究意义

有利于深化对高校毕业生就业观的理论认识。高校毕业生就业观是一个复杂的观念系统,就内部而言,它是毕业生世界观、人生观、价值观的重要

---

① 《国家中长期教育改革和发展规划纲要(2010—2020 年)》,人民出版社,2010 年。

② 毛泽东:《毛泽东选集》(第 3 卷),人民出版社 1991 年版,第 801 页。

组成部分，包括就业条件观、就业价值观、就业目标观和就业伦理观；就外部而言，它又与就业行为及就业结果密切相关，是大学生思想政治教育和就业指导的研究与引导对象。目前，人们对其结构特征、形成转化的一般规律的认识尚处于起步阶段。本研究以当代中国社会转型为背景，系统研究高校毕业生就业观的形成机理、影响因子、存在问题及引导对策，必将有益于进一步完善高校毕业生就业观理论体系，深化相关理论认识。

有利于推动高校毕业生就业相关理论创新。跨学科研究注重各类研究方法的融通借鉴，是科学研究的发展趋势，本研究综合运用思想政治教育学、教育心理学、社会统计学、职业指导学等相关学科的概念与方法，采用数理统计方法研究人文心理，揭示就业观的形成规律、影响因子、转型背景及其引导对策，能够更好地实现不同领域、不同话语体系之间的理论渗透与知识创新，能推动高校毕业生就业相关理论的集成创新。

有利于推进高校毕业生就业指导教育教学改革。教育部已明确将大学生职业发展与就业指导纳入高校人才培养体系，并印发了教学要求，要求高校将其作为必修课开足课时、单列学分。而对就业观的科学认识是开展毕业生就业观教育的基础和前提。系统研究高校毕业生就业观的形成机理及影响因子，能为高校加强和改进就业指导教学与服务提供理论支撑，增强其工作的针对性与实效性，更好地立德树人。

有利于促进高校毕业生充分就业与更高质量就业。观念是行动的先导，就业观念决定就业行动，高校毕业生能否及时顺利就业，在一定程度上取决于其能否根据形势变化和自身情况及时调整就业观。系统研究高校毕业生就业观有利于有效引导其正确认识就业观与就业行为、就业结果之间的关系，合理规划职业生涯，树立长远眼光，确立合理的就业预期，及时就业，满意就业。研究显示，长期的职业不适应有可能导致癌症等严重疾患的发生，正确就业观能引导毕业生产生心理上的正能量，可以大大增强免疫系统的抗病能力，提高人的幸福指数与生活质量，创造和享用更和谐幸福的职业生涯。

有利于培育和践行社会主义核心价值观。社会转型时期，人们思想极度活跃，各类思想观念处于交流交融交锋之中，在价值观方面甚至是你死我活的较量。为占领意识形态领域斗争的制高点，中央高瞻远瞩提出了核心价值观，这是提高国家文化软实力的根本之举，更是凝心聚力、团结中华民族共同致力于实现伟大中国梦的思想保障。高校毕业生是推动实现中华民族伟大复兴的主力军，他们践行核心价值观情况如何直接关系国家未来，引导毕业生积极践行核心价值观是国家文化软实力建设的重要任务，也是高校就业指导教育的重要目标。通过理论研究，厘清核心价值观与就业观之间的辩证关系，能够更好地从毕业生最关心的焦点问题入手开展核心价值观教育，从而大大提高核心价值观教育的实效，同时也能确保毕业生就业行为接受正确价值观的引领。

高校毕业生就业观研究至少具有以上五个方面的意义。同时，我们还应理性把握就业观研究的价值与功效。就业观对就业行为具有导向、激励和调控作用，毕业生的就业行为无法离开其就业观的引导。每一位毕业生都是人格独立的自由法人，任何人都无法直接干预其合法的个人行为，包括其就业行为。为了引导和帮助其及时、高质量就业，除了为他提供岗位及相关实物外，更重要的是引导他用科学的就业观来指挥自己的就业行为。从这个意义上讲，就业观研究如何重视都不为过。恩格斯曾指出："推动人去从事活动的一切，都要通过人的头脑，甚至吃喝也是由于通过头脑感觉到饥渴而开始，并且同样由于通过头脑感觉到饱足而停止。"[1]就业观既是毕业生选择职业的理想意图与思想动机，也是他们采取就业行动的理想力量与意志根源。就业观研究应该着重挖掘和开发出这类价值与功效，寻找路径与方法激发毕业生主体内在的正能量。但我们也应看到，观念的作用是有限度的，在毕业生就业过程中，就业观绝不是万能的。"黑格尔陷入幻觉，把实在理解为自我综合、自我深化和自我运动的思维的结果，其实，从抽象上升到具体的方

---

[1] 中共中央马克思恩格斯列宁斯大林著作编译局编：《马克思恩格斯选集》（第4卷），人民出版社1995年版，第232页。

法，只是思维用来掌握具体、把它当作一种精神上的具体再现出来的方式。但决不是具体本身的产生过程。"①黑格尔把现实存在看成绝对理念的产物和思维的结果，必然陷入唯心主义的幻觉。思维的具体是把直观和表象加工成概念这一思维过程的产物，是思维着的头脑的产物，它不等于现实的具体，现实的社会存在始终在人的思维之外保持着独立性，人的思维只能掌握和再现社会存在（社会关系、生产力），思维过程不等于社会存在的产生过程。唯物史观认为，思维反映但不产生实在。高校毕业生就业观是对其就业环境诸要素的能动反映，但它本身并不能创造岗位直接解决就业问题。我们不能无限夸大就业观及其研究的功能与作用，更不能把就业观教育等同于就业工作全部。

第二节　回顾与前瞻

我国高校 1999 年大规模扩招以来，毕业生就业观受到广泛关注，学界围绕这一主题开展了大量研究，相关的文献资料较为丰富。下面以中国知网数据库已有文献为基础，参考国内外有关学术专著，重点对扩招以来我国高校毕业生就业观研究情况进行简要回顾，兼顾介绍国外相关研究。

一、关于社会转型与高校毕业生就业观

我国正在发生广泛而深刻的社会转型，从理念价值、主导力量、社会结构到机制体制、社会特征，均处于显著变化之中。观念是人的头脑对客观世界的能动反映，社会转型是毕业生思考、分析、处置就业选择相关问题的宏

---

① 中共中央马克思恩格斯列宁斯大林著作编译局编译：《马克思恩格斯文集》（第 8 卷），人民出版社 2009 年版，第 25 页。

观社会背景和现实前提条件，就业观也是时代变化的晴雨表，正随社会转型而发生重大改变。

关于社会转型对就业观的影响。社会转型必然对高校毕业生就业观产生或积极或消极的深刻影响。政治体制的改革使毕业生增强了主体自我的意识，经济增长方式的转变使毕业生加剧了增强实力的紧迫感，经济结构的调整使毕业生树立了多元化的就业观念，人才市场的生成使毕业生树立了"自主择业"的观念；所有制结构与分配制度的改变，改革开放的深入，同时带来了职业价值观念的多元化、就业领域中腐朽思想的入侵以及攀比享乐主义的滋生。①社会变革冲击传统道德价值观，社会不公正现象迷惑毕业生价值取向，现代人文教育与科技教育的脱节也严重误导毕业生择业观。② 从计划经济体制向市场经济体制过渡的制度变迁时期，毕业生中普遍存在收入预期被高估的情况，他们宁愿等待，也只选择在发达地区、高薪部门就业，不愿到欠发达地区工作，毕业生的就业地区选择预期非常集中，其工作态度、职业道德和职业操守以及人际关系的处理等非认知技能欠缺，在一定程度上导致结构性失业。③

关于社会转型与就业诚信。社会转型冲击毕业生就业伦理观，使毕业生就业市场陷入前所未有的伦理困境。面对严峻的就业形势与不良价值观影响，毕业生就业伦理观功利化倾向明显，定位不准，就业中存在弄虚作假、随意毁约、倾轧他人等诚信伦理缺失现象。④ 毕业生就业诚信失衡问题是计划经济体制向市场经济体制转轨过程中的产物，既有毕业生自身的原因，也有用人单位的责任和社会环境的作用，包括社会大环境的直接诱发和影响、

---

① 李爱国：《试论社会转型对高校毕业生择业观念与行为的影响》，《玉溪师范学院学报》2006年第9期。
② 李文晋：《对大学生择业观的哲学思考》，《民族论坛》2005年第6期。
③ 曾湘泉：《变革中的就业环境与中国大学生就业》，《经济研究》2004年第6期。
④ 古璇：《当代大学生就业伦理缺失分析及对策研究》，《淮海工学院学报》（人文社科版）2013年第19期。

缺乏必要的健全的诚信机制、家庭和学校在教育中的错位、毕业生责任意识淡薄和缺乏反思能力等，应通过立法、教育、监管等途径来逐步解决。[①] 社会转型时期，毕业生、用人单位、校方及家长的就业观念表现出极大的不适应，毕业生价值取向呈现二元性或多元性，再加上就业市场主体定位不清、职责不明，社会道德监督乏力，从而导致就业市场紊乱和就业诚信缺失，我们应建立就业诚信规范、相应的法律制度和监督机制，明晰大学生就业市场三方的权利和义务，确保就业市场的健康发育和良性运行。[②]

关于就业观如何适应社会转型。如何应对社会转型带来的挑战，是转型期高校毕业生就业观研究的一个焦点。针对社会转型时期民族地区高校毕业生、女毕业生就业难问题，胡映和谢建社、万春灵提出应进一步建立健全社会就业和用人机制，改进学校人才培养方式和加强大学生就业指导，引导学生调整就业观念，战胜自身弱点，全面提高就业市场竞争力。[③] 刘西忠以大学生到村任职为案例，指出应推动更多的人才流向基层，强化基层就业、平民就业的导向。[④] 薛丽认为，毕业生就业指导困境是社会转型的必然结果，在社会转型期，高校应主动调整教育结构，实现就业指导与市场良好接轨，建立和完善毕业生就业指导服务机构及体系，发展适应我国社会主义市场经济的职业发展理论，完善生涯规划的服务网络体系，引导毕业生树立科学的就业观。[⑤]

西方理论界早在 20 世纪 20—30 年代就开始研究就业观念问题，到

---

① 方丽英、刘波:《大学生就业诚信失衡行为审视》,《求实》2006 年第 S2 期。

② 刘永根:《大学生就业市场诚信缺失归因及对策》,《江苏高教》2005 年第 2 期。

③ 胡映:《社会转型期民族地区普通高校毕业生就业问题浅析》,《教育与教学研究》2010 年第 10 期。谢建社、万春灵:《社会转型时期女大学生就业问题与对策》,《青年探索》2011 年第 3 期。

④ 刘西忠:《社会转型视阈中的就业基层导向——以大学生到村任职为视角》,《转型期的中国未来——中国未来研究会 2011 年学术年会论文集》, 2011 年。

⑤ 薛丽:《社会转型时期高校毕业生就业指导工作探索与实践》,《人口·社会·法制研究》2011 年第 1 期。

50—60年代就业观已成为职业心理学的研究热点，诸多学者基于不同视角提出了一系列理论学说。如金斯伯格（Eli Ginzberg）等人提出职业发展理论，该理论把职业价值观分成关于工作活动本身的、关于工作报酬的和关于工作伙伴的三个方面，认为职业选择决策不是一个特定时刻一下子就完成的决定，而是一种基于选择观念的发展过程，这种选择观念需要经过若干年才能够形成，职业选择过程包含一连串决定，每一决定均与个人童年、青年时期的经验以及身心发展状况息息相关，个人的自我概念、职业概念会随个体发展而越来越清晰，人们会把职业概念与自我意象进行比较，并据此做出职业生涯决策。① 再如，以唐纳德·舒伯（Donald Super）为代表提出的职业发展自我概念理论，该理论把职业价值观细分为美感、利他主义、创造性、成就感、智力激发、独立性、管理权力、声望、经济报酬、工作环境、安全感、同事关系、与上司关系、生活方式、变异性等15个维度，划归为内在价值、外在价值和外在报酬三类，认为职业选择与发展是一个前进的动态过程，在这一过程中，个体通过探索与担任某种职业角色来发展自我概念，童年与青少年时期通常通过扮演、体验各种角色来增进对自我的观察了解，当自我概念产生较大分化时，其中一个特殊方面即职业自我概念也就成为青少年职业选择问题上的关键因素，在其后的职业生活中，个人为充分满足各种劳动活动的需求、社会人际关系的需求和生活需求而逐步形成自己的职业价值观。② 简·特温格（Jean M. Twenge）研究了美国千禧一代（1980—2000年之间出生的年轻人）在工作态度方面的不同，认为他们更少以工作为中心，更看重休闲，始终保持较高的个人主义特质，更看重外在工作价值观，但在利他主义价值观上没有代际差异，相互矛盾的结果出现在工作稳定性、

① 〔美〕塞缪尔·H.奥西普、〔美〕路易丝·F.菲茨杰拉德：《生涯发展理论》（第四版），顾雪英、姜飞月等译，上海教育出版社2010年版，第7页。
② 〔美〕里尔登等：《职业生涯发展与规划》，侯志瑾等译，高等教育出版社2005年版，第10—15页。

内在价值观和社会／联盟型价值观上。[①]

二、关于高校毕业生就业观现状及特点

　　现状与特点是毕业生就业观研究的一个热点与焦点，大量文献通过调查、述评等方式对高校毕业生就业观进行了研究，结论较为集中和一致，总体认为高校毕业生就业观在多元化演变中理想化和功利化倾向明显。高等教育由精英化向大众化转变，就业制度由计划包分配向市场选择转型，使这两种看似矛盾的倾向统一在毕业生就业观之中。

　　关于就业选择的价值倾向。高校毕业生在就业价值选择上偏重个人发展与物质待遇，忽视社会需求。从个人 – 社会和功利 – 理想两个维度分析，大学生职业价值观尽管存在性别、年级、学科和家庭所在地的差异，但整体上倾向于个人取向和理想取向。[②]理想的择业单位最重要因素是什么？大学生首选个人发展空间大、发展前景好、工资高福利好（三项合计 75.1%），而社会需要与社会贡献大、社会地位高（两项仅 4%）并不受重视。[③]影响大学生职业决策的因素依次为工资福利、自我价值的实现、专业及个人兴趣、工作环境、社会需要、工作稳定性、生活环境等。[④]影响大学生就业意向的前四个主要因素分别为个人发展前景、经济收入、爱好兴趣、自己是否适合该工作。[⑤]周文霞等汇总分析 24 篇公开发表的有关择业观的调查和研究报告得出，大学生择业时优先考虑的因素有两类，一是经济收入、物质待遇、工资福利、报酬、工作环境等物质因素，二是兴趣、专长发挥、自我价值的实

[①]　Jean M. Twenge, "A Review of the Empirical Evidence on Generational Differences in Work Attitudes," *Journal of Business and Psychology* 25, 2010.

[②]　吴洪富:《大学生职业价值取向的调查研究》,《教育研究与实验》2013 年第 5 期。

[③]　李佳敏:《社会转型期择业价值取向的现状、归因——基于对高校大学生的实证调查》,《江南大学学报》(人文社会科学版) 2010 年第 6 期。

[④]　王沛、康廷虎:《大学生择业价值取向调查问卷的编制及初步研究》,《应用心理学》2005 年第 2 期。

[⑤]　文新华、李锐利、张洪华:《关于大学生就业心态的调查》,《教育发展研究》2004 年第 9 期。

现、工作发展前景、单位前景、晋升机会、发展机会、社会地位等个人职业发展因素。[①] 当就业选择与国家需要发生冲突时，以追求自我价值的实现为首选的占 59%，认为选择职业要考虑国家和社会需要的占 3.8%，认为要尽量符合国家和社会需要的仅占 12%。[②]

关于就业选择的地域行业偏好。在具体操作层面，功利化倾向还导致毕业生偏好发达地区与大城市，偏重国有优势行业部门。由于区域、行业、体制内外差距等二元经济制度环境影响，毕业生就业意愿高度重叠，普遍偏好选择东部地区、城市尤其是大城市和体制内优势部门就业。[③] 普遍存在内隐职业偏见和性别刻板印象，对从事专业技术工作人员的评价更积极，而对从事服务行业的人员的评价更消极，更倾向于把专业技术职业与男性联系起来，把服务业与女性联系起来。[④] 普遍存在明显的职业刻板印象，比较喜欢也乐于从事的职业仅局限于一个很小范围，尤其在地域刻板印象上对沿海地区、发达城市抱有非常积极的态度，如果在这些地区就业，即使从事自己很不喜欢的工作也能接受，对县城等则态度消极，在此类地区的体面工作也不能引起兴趣。[⑤]

关于就业选择的薪资期待。毕业生为完成学业在经济上做了大量投入，功利化还表现在毕业生就业薪资期望偏高，希望尽快见到投资效益，收回投资，追求迅速改变个人和家庭经济状况，而一旦这些高期望达不到，用人单位所能提供的实际薪资与毕业生预期收入不匹配，理想化倾向导致他们宁愿选择待业。2003 年北京地区高校本科毕业生收入预期底线的均值为 2344.89

---

① 周文霞、黄均雄:《当代大学生择业观的特点与成因——一项基于文献的研究》,《重庆工学院学报》(社会科学版) 2007 年第 6 期。

② 魏世梅:《培养大学生科学的择业观》,《北京理工大学学报》(社会科学版) 2006 年第 6 期。

③ 周骏宇、李元平:《二元经济背景下毕业生就业意愿的实证分析》,《高教探索》2010 年第 4 期。

④ 于泳红:《大学生内隐职业偏见和内隐职业性别刻板印象研究》,《心理科学》2003 年第 4 期。

⑤ 胡志海、梁宁建、徐维东:《职业刻板印象及其影响因素研究》,《心理科学》2004 年第 3 期。

元，而 2002 年北京市高校毕业生实际入职薪酬水平为 1568 元，高出 776.89 元；① 2004 年全国大学生求职的工资底线均值为 2390.38 元，与 2001 年的 2244.6 元相比，依然偏高。②2010 年上海市高校毕业生平均期望月薪为 3330.7 元，③ 而全国 2010 届高校毕业生毕业半年后的平均月收入为 2479 元，④ 相差 851.7 元。毕业生的就业收入预期明显偏高，这主要有主客观两个方面的原因。从客观方面来看，择业观念在形成过程中有过与就业市场的博弈，对弈者均寻求收益或效用最大化，最优选择在于互动双方的均衡，由于劳动力市场上的专业需求信息以及工资分布信息不完全，往往造成大学生较乐观地估计自己的前景，从而提出偏高的职业期待；⑤从主观方面来看，毕业生愿意工作并且有工作机会，当对已有的工作机会不满意时，源自精英教育的理想化情节随之发酵，高校毕业生中存在的"自愿性失业现象"就发生了。⑥

三、关于高校毕业生就业观对就业的影响

就业观是就业行为的先导，必然对就业状况产生影响。现有文献从就业机会、就业质量、有业不就和失业等不同角度研究了高校毕业生就业观对其就业的正反两方面影响。

关于就业观对就业机会的影响。就业难不是找工作难，而是找到符合自己愿望的工作难，就业观陈旧可能人为地直接导致大量就业机会的丧失。工

---

① 丁大建、高庆波：《毕业了你将去哪里——2003 年北京地区高校本科毕业生就业意愿调查分析》，《中国人力资源开发》2004 年第 4 期。

② 本刊编辑部：《2004 大学生就业首选企业调查——社会环境影响下的个人择业观》，《中国大学生就业》2005 年第 7 期。

③ 刘海玲：《就业意愿对就业的影响分析与对策研究——从大学生就业的视角》，《劳动保障世界》2010 年第 8 期。

④ 麦可思研究院编著：《2013 年中国大学生就业报告》，社会科学文献出版社 2013 年版，第 95 页。

⑤ 刘哲：《大学生择业观念与就业市场的博弈分析》，《江苏高教》2006 年第 1 期。

⑥ 吴克明：《职业搜寻理论与大学生自愿性失业》，《教育科学》2004 年第 4 期。

作搜寻理论认为，毕业生固守传统观念，对物质待遇和工作环境提出不切实际的要求，必然导致自己工作选择空间变小，选择机会变少，毕业生应顺应形势变化，适当降低工作搜寻中所持的可接受工资水平。[①] 过高的薪资期待不利于其实现就业，预期在二三线城市就业、不要求专业对口有助于高校毕业生实现就业，到农村就业可以拓宽毕业生的就业领域，增加就业机会。[②] 毕业生过度重视单位所有制性质，只把去公有制单位看作真正找到工作，使就业渠道变窄，应改变传统就业观念，不应画地为牢只认准某一类单位，从而限制自己的就职范围。[③]

关于就业观对就业质量的影响。就业观不仅影响毕业生的就业机会，也直接影响其就业质量。实证研究表明，毕业生择业时对单位性质和职业类型的要求与就业后的月收入水平呈负相关，对职业地位要求越高，就业后的月收入越低，职业声望意识越强，越难及时高质量就业；工资水平期望与地位获得后的月收入呈正相关，在合理的区间内，工资水平期望越高，就业后的收入相对越高；职业苦乐意识与职业满意度呈负相关，越强调工作环境的舒适程度，就业后的满意度越低，择业时的竞争与挑战意识越弱，工作后的满意度越高。[④] 就业期望越高，就业满意度越低，适当降低就业期望值，可以提高毕业生的就业满意程度。[⑤]

关于就业观与"有业不就"。解决就业问题有两个关键，一是有业可就，二是乐意去就。前者依赖于开发就业岗位，后者与就业观密切相关。当前，就业观念作为最重要原因导致"有业不就"，其中就业区域、薪资水平正相关，形势判断、培训机会、工作氛围负相关；凡越倾向于在大城市或发达地

---

① 赖德胜：《大学毕业生就业难：现象、原因及对策》，《中国高等教育》2001 年第 13 期。

② 刘海玲：《就业意愿对就业的影响分析与对策研究——从大学生就业的视角》，《劳动保障世界》2010 年第 8 期。

③ 陈喆：《现阶段大学毕业生就业困难与择业定位分析》，《社会》2004 年第 8 期。

④ 陈成文、胡桂英：《择业观念对大学毕业生就业的影响——基于 2007 届大学毕业生的实证研究》，《高等教育研究》2008 年第 1 期。

⑤ 涂晓明：《大学毕业生就业满意度影响因素的实证研究》，《高教探索》2007 年第 2 期。

区就业，越看重薪资水平，越容易"有业不就"；预期就业形势越困难，越看重就业单位未来提供的培训机会和工作氛围，越不可能"有业不就"。① 毕业生就业期望值过高，与经济社会发展、人才市场需求不对称，官本位就业观念突出等，直接导致高校毕业生就业难，② 毕业生失业在高等教育快速发展中自然不可避免，这是体制改革深化与不到位的表现与结果，与就业观念密切相关。③

四、关于高校毕业生就业观的影响因子

高校毕业生是社会人，其就业观的形成、发展与转变必然受到内外各方面的影响，在就业难的当下，毕业生就业观影响因子研究受到了学界的广泛关注。现有研究主要基于两种思路，一种是综合研究各个方面的影响因素，包括把高校毕业生作为一个整体来研究，以及把高校毕业生细分为不同群体进行比较研究；另一种是侧重研究某一类影响因子，包括研究人力资本、社会资本、社会制度、社会环境、传统文化、价值观念等对高校毕业生就业观的影响。

关于人力资本与社会资本。实证研究表明，对于毕业生的就业意向、求职行为和工作落实情况，用家庭社会经济地位来衡量的社会资本具有不同程度的影响，毕业生社会资本水平越高，求职信心以及推迟就业的可能性越大，期望的月薪起点越高，也越愿意选择企业就业，他们能以较少的求职努力换来较高的单位落实概率。④ 人力资本对大学生就业中的自我能力认知有显著性影响，学习成绩越好，其就业自我能力认知程度越高，学习成绩越差，其感觉到的就业形势压力越大；低收入家庭的大学生比高收入家庭的大学

---

① 徐丽敏：《大学生"有业不就"现象的实证研究》，《教育发展研究》2011 年第 1 期。

② 卢玉霞：《大学毕业生就业难的理性思考》，《黑龙江高教研究》2005 年第 3 期。

③ 赖德胜、孟大虎等：《中国大学毕业生失业问题研究》，中国劳动社会保障出版社 2008 年版，第 159—165 页。

④ 郑洁：《家庭社会经济地位与大学生就业——一个社会资本的视角》，《北京师范大学学报》（社会科学版）2004 年第 3 期。

生感受到的就业压力会更大；不同人力资本存量、不同家庭资本存量的大学生对于就业困难认知存在一定差异；绝大部分大学生在就业单位选择时对经济收入与福利待遇、就业单位性质、职业稳定性及自身兴趣和爱好等非常重视，而对工作与自己所学专业是否对口则不太重视。①

关于制度与环境。社会制度对大学生择业取向具有一定影响。当前我国大学生择业取向表现出很高的一致性，劳动力市场的制度性分割是大学生择业取向形成和大学毕业生就业难现象产生的主要原因，在次要市场找到较高工资率单位的可能性小，流动成本高，社会保障存在巨大差异，作为理性求职者，毕业生宁愿在主要市场暂时失业，也不愿去次要市场就业。②经济体制转变、教育收费制度与就业制度改革、精英教育向大众教育转型、民办教育大发展以及家庭背景，也是当代大学生择业观嬗变的主要原因。③实证调研表明，金融危机对大学生就业观产生了较大冲击，导致其就业信心不足、就业意向多元化、就业指导需求多样化。④教育的高成本、教育体制的城市指向、市场经济与不良社会思潮的负面影响、就业机制的不完善，都是大学生就业期望值偏高的社会原因。⑤大学生就业是个体实现社会化的重要过程，个体社会化过程中的环境因素影响大学生就业观。⑥

关于传统文化与价值观念。我国传统等级思想、官本位思想、重男轻女思想影响大学生就业观念。⑦传统文化中忧国忧民的社会精神、刚健进取的

---

① 高耀、刘志民：《人力资本、家庭资本与大学生就业认知——基于江苏省 20 所高校的经验研究》，《中国人民大学教育学刊》2012 年第 2 期。

② 赖德胜、吉利：《大学生择业取向的制度分析》，《宏观经济研究》2003 年第 7 期。

③ 王柏远：《当代大学生择业观嬗变的原因与特点及应对策略探析——基于教育经济学的分析视角》，《继续教育研究》2006 年第 3 期。

④ 文峰：《金融危机下留学内地的港澳青年就业观的嬗变——基于对广州 3 校 226 名港澳学生的调研》，《未来与发展》2010 年第 3 期。

⑤ 余国宇：《浅析大学生就业期望值偏高的社会原因》，《学校党建与思想教育》2006 年第 5 期。

⑥ 邢立娜、白映晖：《影响大学生就业观的环境分析》，《辽宁行政学院学报》2009 年第 10 期。

⑦ 刘结实：《论我国传统文化对大学生就业观念的影响》，《太原大学教育学院学报》2007 年第 S1 期。

自强精神、内圣外王的人格品质对大学生就业观具有积极影响，而关系本位、官本位、等级观念、大一统等思想具有消极影响，应努力发挥传统文化优秀品质，抵制消极影响。[①] 在新旧观念交织、中西思想交错的当今社会，社会价值观、家庭价值观、个人价值观都对大学生择业观具有重要影响。[②] 家长就业观存在误区，普遍希望儿女得到高薪水、高层次的工作，到沿海大中城市、国有单位就业，进而影响毕业生形成相应的就业观。[③] 面对现实就业困境，儒家歧视女性的历史文化、女大学生自我认知模糊与急功近利等，都易误导女大学生就业观。[④]

关于影响因子的综合研究。从综合研究的角度来看，社会、学校、用人单位、家庭、个人都可能存在影响高校毕业生就业观的因素。不同研究者分法不同，涉及面也存在差异。社会不正之风与大众传媒责任缺失、高校专业结构不合理与指导体系不健全、传统家庭文化束缚与家庭成员职业价值误导、个人思想道德与个性倾向等，导致大学生择业观存在重视自我价值实现而淡化社会价值、期望值过高且功利主义突出、择业心理准备不足、诚信意识缺乏等消极表现。[⑤] 职业理想、价值取向、能力等主观因素，政策、经济、高校、用人单位、社会传媒、家庭等客观因素，都影响大学生就业观的形成，尤其是传统观念导致目前大学生就业观有等靠的思想，主动就业与创业意识淡薄，存在从众心理。[⑥] 社会层面的经济因素与政策因素、高校层面的教育培养与就业指导、毕业生自身的观念与处境等，[⑦] 高校、国家政策、媒

---

① 俞鹏：《浅析中国传统文化与大学生就业观》，《商业文化》（学术版）2009 年第 6 期。

② 徐平：《大学生择业观相关因素分析》，《黑龙江高教研究》2006 年第 2 期。

③ 张良红：《家庭对大学生就业观的影响分析》，《教育教学论坛》2010 年第 33 期。

④ 韩新路：《女大学生就业观研究》，《中华女子学院学报》2011 年第 3 期。

⑤ 富振华：《大学生就业择业观的消极现象、归因及改进策略》，《山西农业大学学报》（社会科学版）2013 年第 2 期。

⑥ 文丰安：《新时期影响大学生就业观形成的因素研究》，《国家教育行政学院学报》2009 年第 7 期。

⑦ 桂艳春：《高校毕业生就业观念影响因素分析与思考》，《理论月刊》2008 年第 10 期。

体、用人单位等，^①都是高校毕业生就业观的重要影响因素。还有研究者从主客观两方面分析高校贫困生就业观形成的影响因素，^②从个人、社会、家庭和学校教育等因素研究"90后"大学生就业观的特点、成因及对策。^③

西方理论界关于高校毕业生就业观影响因子的研究，涉及了年龄、人格、需要、态度以及经济状况、社会环境等对就业观、职业价值观的影响。

杰奎琳·帕森斯（Jacquelynne E. Parsons）等评估影响女性职业期望的一些因素之间的关系和相对重要性，认为态度因素最能体现职业期望，而社会变量相对不那么重要，有较高职业期望的妇女对自己的生活感到满意，对她们的职业生涯规划很自信，而且愿意为此推迟结婚，这些人的价值观和行为是非传统的，一般以外部环境为导向。^④约翰·霍兰德（John L. Holland）提出职业选择理论，将大多数人的人格划分为六种，即现实型、社会型、研究型、艺术型、企业型与传统型，每一人格类型对应着相应的职业环境，在特定的环境中，人们表现出共同的人格特征和人格形成史，在个体人格特征所对应的职业环境中工作，人们往往能充满兴趣，并能充分施展职业能力，因此，职业的选择就是人格特征的表现，调查职业爱好的根本原则在于了解个人的人格特征。^⑤霍波克（Hoppock）提出职业选择符合个体需要理论，认为职业选择的根据在于个人的需要，这种需要与个人有密切关系，不论个人是否了解，它均将影响个人的职业选择，当个人第一次认识到一种职业适合本人需要时，选择即已开始，个人对未来某项职业如何适合其需要以及适

---

① 曾德伟、龚方红：《大学生就业观念的影响因素分析》，《太原城市职业技术学院学报》2006年第6期。

② 张亚锋、郭萍倩：《高校贫困生就业观的影响因素及应对策略》，《湖南人文科技学院学报》2012年第2期。

③ 李胜利：《"90后"大学生就业观的特点、成因及对策——基于对河南省九所高校的抽样调查研究分析》，《中国大学生就业》2012年第10期。

④ Jacquelynne E. Parsons, Irene H. Frieze, Diane N. Ruble, "Intrapsychic Factors Influencing Career Aspirations in College Women," *Sex Roles* 4(3), 1978.

⑤ 金树人：《生涯咨询与辅导》，高等教育出版社2007年版，第47—70页。

合至何种程度的预期有赖于对自我对职业的了解以及清晰的思考能力，有关职业的资料能帮助个人明白自己的需要，进而能帮助自己对职业进行比较以做出选择，并预测职业选择上的成败以及职业满足需要至何种程度，个人在工作中的满足感源自能适合自己的需要以及确信可以适合将来的需要。[①]

　　经济发展状况始终是影响高校毕业生就业观的重要因素，经济环境变化、金融危机以及收入期望等都是学界关注的焦点。斯特凡诺·斯卡帕塔塔（Stefano Scarpetta）、安妮·桑奈特（Anne Sonnet）研究了金融危机对年轻人就业及其就业观的影响。[②]萨拉·豪（Sara De Hauw）、安斯·沃斯（Ans De Vos）通过问卷调查 2006 年（787 人）和 2009 年（825 人）年的毕业生，研究美国千禧一代在完全不同的社会经济环境中的心理契约期望、职业生涯策略及对劳动力市场的乐观情绪。研究显示，经济衰退与低水平的乐观情绪相联系，在经济衰退时期，千禧一代降低了他们对于工作与生活的平衡及社会氛围的期望，然而，他们对有关工作内容、培训、职业发展和经济回报的期望仍然很高，这些期望深深地嵌入了这一代人身上。[③]贝茨（Betts，1995）发表的关于美国加利福尼亚大学 1269 名在校生收入预期的报告，多米尼兹（Dominitz）、曼斯基（Manski）（1996）对威斯康星州 110 名高中生和大学生的收入预期进行的合作研究，以及欧盟十国在 1999—2001 年间对高校学生就业预期开展的联合调查研究，都侧重研究在校大学生的收入预期，研究认为，本科学生一般是在四年级才形成关于收入预期的成熟想法，他们的收入预期水平存在相当大的差异，受到性别、家庭背景、学校、专业、年级、成绩、求职信息来源等因素的影响，但通常都会高估自己的预期收入。[④]

---

① 薛利锋：《我国大学生职业价值观教育研究》，东北师范大学博士学位论文，2011 年。

② Stefano Scarpetta, Anne Sonnet, "Challenges Facing European Labour Markets: Is a Skill Upgrade the Appropriate Instrument?" *Intereconomics* 47, 2012.

③ Sara De Hauw, Ans De Vos, " Millennials' Career Perspective and Psychological Contract Expectations: Does the Recession Lead to Lowered Expectations," *Journal of Business and Psychology* 25, 2010.

④ 曾湘泉：《变革中的就业环境与中国大学生就业》，《经济研究》2004 年第 6 期。

五、关于高校毕业生就业观教育与引导

高校毕业生就业观的形成与转化受到主客观各方面因素的影响，我们应采取有针对性的措施进行教育和引导。首先，应建立健全高校毕业生就业观教育引导的机制体制。从主体需要与自我意识、认知结构、情感与意志、职业体验等方面分别构建大学生职业价值观教育接受的动力机制、加工机制、调节机制、强化机制，基于主导性与多样性相统一、全员教育和针对性教育相同构、思想教育与职业指导相整合、灌输教育与渗透教育相融合、教育与自我教育相结合、理论指导与实践体验相统筹的原则，构建大学生职业价值观教育的目标、内容和方法体系，并确保其有效运行。[1]杜峰、薛利锋、陈玉君、涂平荣等人通过研究马克思《青年在选择职业时的考虑》及其当代价值，提出用"人类的幸福和我们自身的完美"、社会价值与个人价值相统一、主观条件与客观条件相符合等理念与机制来引导高校毕业生树立与社会转型相适应的择业价值观，突围就业伦理困境，[2]这些能为引导毕业生树立科学就业观提供有益启示。

其次，应以"三观"教育助推就业观教育引导。正确的世界观、人生观、价值观是大学生形成正确就业观的基础，大学生理想信念教育能为就业观教育奠定基础并为正确就业观形成指引方向，大学生就业观教育同时为理想信念教育提供鲜活内容，为大学生形成正确就业观提供保证。[3]新时期大

---

[1]　薛利锋：《大学生职业价值观教育的主体接受机制探析》，《北京工业大学学报》（社会科学版）2011年第6期。

[2]　杜峰：《试论马克思的择业观及其当代价值》，《教育与职业》2007年第33期。薛利锋：《青年马克思择业价值观的当代解读》，《社会科学战线》2009年第12期。陈玉君、黄利秀：《青年马克思的价值理想及对当代青年的启示——读〈青年在选择职业时的考虑〉》，《教学与研究》2011年第5期。涂平荣：《当代大学生择业伦理的困境分析与马克思择业观的启示》，《理论探索》2012年第24期。

[3]　徐秀娟、张建：《大学理想信念教育对正确就业观形成的作用与意义》，《中国大学生就业》2007年第13期。

学生择业观教育的实质和核心内容是人生观、荣辱观、人才观、自我实现观
等价值观教育，应处理好价值观教育和择业技术教育的辩证关系，努力做到
理论教育与社会实践、健康心理及人格教育的紧密结合。① 用社会主义核心
价值观引导青年树立正确的就业观，调整就业期望，保持良好的择业心态，
促进青年既关注自我，又关注社会，在两者之间寻找到平衡点。②

此外，还应多措并举引导高校毕业生就业观。引导大学生树立科学就业
观，以正确认识个人与社会关系为前提，在客观评价自我、理性认识就业环
境的基础上，实现自身需要与社会发展相适应。③ 在就业目标层面上，坚持
理想主义与现实主义相结合；在就业价值层面上，坚持自我价值与社会价值
相结合；在就业实践层面上，坚持理性择业与自主创业相结合。④ 引导毕业
生树立自主多元就业观，以个人选择为基础，以市场需求为导向，关注国家
自主择业、独立创业、基层发展的政策导向，规避就业风险。⑤ 针对毕业生
求职中存在虚假包装、心猿意马等不诚信现象，加强学校监督力度，开展诚
信教育，进行个人诚信评价，建立诚信档案，设立奖惩机制，多方位促进毕
业生诚信意识的形成。⑥

六、研究评析与前瞻

国内外高度关注高校毕业生就业问题，尤其在转型时期国内面临就业难
的现实困境的情况下，学术界从不同视角广泛而深入地探讨促进就业的对策

① 刘淑艳、吴倬：《关于新时期大学生择业观教育的价值论反思》，《清华大学教育研究》2007
年第 2 期。
② 刘义：《社会主义核心价值观对当代青年就业观的影响》，《人民论坛》2013 年第 11（下）期。
③ 张文双：《引导大学生树立科学就业观》，《思想教育研究》2008 年第 1 期。
④ 迟成勇：《论当代大学生就业观之建构》，《中国石油大学学报》（社会科学版）2012 年第
2 期。
⑤ 柳清秀、杨静：《多元就业观是高校指导学生规避就业风险的必然选择》，《黑龙江高教研
究》2007 年第 4 期。
⑥ 庄岩、刘召芳、孟庆磊：《大学生就业呼唤诚信教育》，《中国高教研究》2004 年第 3 期。

措施，包括从就业观的角度进行研究，相关文献较多，但现有研究还存在诸多不足。

对高校毕业生就业观的研究主要侧重于现状描述，或局限于个别角度的理性分析，或只是作为细枝末节的局部提及，有独创性、较系统、有理论深度的研究很少。

对就业观概念界定不清，尤其对就业观概念的层次结构、属性特征认识模糊，缺乏理论概括，更没有达成共识，高校毕业生就业观形成机理的研究尚未真正起步。

对高校毕业生就业观影响因子的研究相对较为丰富，但这些研究要么只是陈述影响高校毕业生就业观的个别因子，缺乏系统研究和整体观念；要么只是经验性地提出某些因素可能影响高校毕业生就业观，缺乏论证和实证。

在引导对策上，对高校毕业生科学就业观应坚持的指导思想与基本原则缺乏探讨，在吸收发扬传统儒家文化的积极因素引导高校毕业生树立科学就业观方面，还有广大的研究空间等待我们去开垦和挖掘。

在研究方法上，研究范式单一，篇章结构大多是先描述就业观特点，然后分析原因，再提出对策建议，缺乏视角创新；经验总结较多，实证研究不足；现有文献缺乏对高校毕业生群体的细分研究，对不同高校毕业生群体就业观的比较研究亟须加强。

与高校毕业生就业行为及结果相比，学界对就业观的研究明显不足，即使是对毕业生个体的研究，已有研究更关注个体特征与就业结果之间的关联性，而作为中介与桥梁的就业观还未得到应有的重视。随着我国就业制度、就业环境、就业形势的发展变化，高校毕业生就业观必将受到更多关注，也必将涌现出更多的新的研究内容与研究视角，提出更多的研究任务与研究期盼，以下方面值得关注。

一是高校毕业生就业观的形成机理研究。高校毕业生就业观形成机理是指就业观形成诸要素相互联系、相互作用的运行规律，涉及就业观的概念、内涵、结构、特征及其产生、形成和发展过程、规律等基本理论问题。已有研究看到了就业观对毕业生就业的重要作用与影响，明了就业观是就业行为的原因，但就业观自己的形成原因何在？原因与结果之间关系如何？这涉及就业观的影响因素、形成机理、作用规律等。已有文献曾尝试回答这些问题，但主要只是现状描述，缺乏深层次的理论探讨与系统论证。而这类研究具有基础性和根本性，对于全面、深入地理解和把握高校毕业生就业观尤为重要。

二是高校毕业生就业观的差异性研究。就业观具有社会性，相同群体的毕业生总具有趋同的就业观，这是就业观的一般与共性，它们寓于个别与个性之中，离开生活于特定时代、环境的个体，抽象地适用于一切时代、一切个体的亘古永恒的普适的就业观是不存在的。就业观总是具体的、现实的、变化的、有差异的，其归宿是个体。就业观的差异性研究对于有针对性地制定就业政策、开展就业指导咨询、企业选用人才、毕业生正确定位都具有十分重要的意义。不同时空的环境、文化、教育等总会在毕业生的就业观上打下烙印，我们应区分并比较研究不同群体毕业生就业观的差异性及其生成原因。毕业生个体的就业观还同自身的年龄、经历、学识、德行等普遍关联，尤其直接与自身的世界观、人生观、价值观等相互作用、互相影响，我们还应区分研究毕业生个体不同时段的就业观及其变化情况。

三是高校毕业生就业观的测量技术研究。对观念的把握，除了定性的描述，更重要的是定量的测量，信息化时代需要更准确的测量数据。已有的就业观研究更多的是定性描述，研究方法和范式单一，研究成果的价值相对有限。就业观涉及就业认知、就业价值、就业质量、就业伦理等诸多方面，西方理论界已开发和制定部分测量工具，国内有学者开始引进和改良，但西方测量技术本土化任务和新测量技术开发一样都十分艰巨。当前大数据技术正在兴起，采取大数据技术，通过采集、导入、统计、分析、数据挖掘等方法与渠道，可以澄清价值与意义。高校毕业生就业观是一个复杂的观念系统，与社会及个体各方面息息相关，如何开发使用大数据技术分析和掌握毕业生就业观的现状特点及趋势走向，是极具理论价值和现实意义的。

四是高校毕业生就业观的引导体系研究。就业观念决定就业行动，高校毕业生能否及时顺利就业，在一定程度上取决于其能否根据形势变化和自身情况及时调整就业观，有效引导毕业生树立科学就业观，对于促进其就业能起到事半功倍的作用。就业观生成的复杂性必然导致就业观引导的复杂性，这需要我们构建一个立体的包括舆论引导、政策引导、教育引导、服务引导等在内的就业观引导体系，不断推进该体系的理念、内容及模式建设。应综合运用思想政治教育学、教育心理学、社会统计学、职业指导学等相关学科的概念与方法，开展跨学科研究，实现不同领域、不同话语体系之间的理论渗透与知识创新，推动高校毕业生就业观引导体系的集成创新，这也是就业观研究的发展趋势。就业指导课是就业观引导的主渠道，如何更新理念、完善内容、优化设计、利用 MOOC（Massive Open Online Courses，即大型开放式网络课程）等新的教学技术与模式以提升教学效果，也是当前高校毕业生就业观研究值得关注的重要方面。

第三节　研究设计

一、研究思路

马克思在《1857—1858 年经济学手稿》导言中提出科学研究的两条道路，即从具体到抽象的第一条道路、从抽象到具体的第二条道路。"后一种方法显然是科学上正确的方法"，"在第一条道路上，完整的表象蒸发为抽象的规定；在第二条道路上，抽象的规定在思维行程中导致具体的再现"。[1] 对高校毕业生就业观的研究也应遵循科学的第二条道路，以社会资本、人力资

---

① 中共中央马克思恩格斯列宁斯大林著作编译局编译：《马克思恩格斯文集》（第 8 卷），人民出版社 2009 年版，第 24—25 页。

本、心理资本为理论视角，通过分析就业观的概念、结构、特征、形成机理，实证调查其现状特征以及影响因子，把思维中抽象的就业观综合为思维中具体的、全面而翔实的高校毕业生就业观，借此把握就业观的实质，探索引导就业观以及就业行为的对策措施。具体思路见图 1.1。

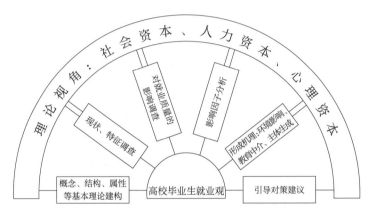

图 1.1　高校毕业生就业观研究示意图

具体而言，注重坚持三个结合的原则。

坚持理论与实践相结合的原则。高校毕业生就业是当前和今后一段时期中国面临的重要社会问题、政治问题和教育问题，本研究的选题就来自社会实际，必将要为解决实际问题、促进毕业生就业服务。但就业观的形成机理与影响因子并不是通过简单的就事论事就能说清说透彻的现象或实操，它关涉诸多学科理论。我们应本着强烈的问题意识与民生情怀，从当前中国高校毕业生就业实际出发，以马克思主义一般原理为指导，翔实地占有材料，系统地进行理论分析，从理论与实际的结合中引出正确的结论与对策，以期把认识世界与改造世界结合起来。

坚持定性研究与定量研究相结合的原则。高校毕业生就业观是一种社会现象，本是形而上的抽象物，其形成机理与影响因子更抽象，更难把握。定性研究能从宏观上确保研究方向的真理性，帮助我们把握就业观的本质属性，在辨析唯物论与唯心论、唯名论与唯实论、经验论与唯理论时站稳立场。定量研究能把对人的思想观念的朦胧、笼统的认识量化、细化，把相关研究推向精细化的新高度。在定性研究与定量研究的结合过程中，通过调查、访谈的方式，让毕业生自我陈述，让利益相关者描述，并对此进行相关统计、回归分析和理论思辨，同时从就业观念、就业行为、就业结果三个维度综合毕业生就业观及其形成机理与影响因子。

坚持一般与个别相结合的原则。一般与个别的关系问题是哲学的基本问题之一。就业观与高校毕业生就业观、高校毕业生群体的就业观与高校毕业生内部的分类甚至单个人的就业观、普通社会环境与当代中国社会转型进程中的社会环境等，都涉及一般与个别的关系问题。本书既立足于阐释普适意义上的高校毕业生就业观的形成机理与影响因子，解决一般规律性认识问题，又注重结合当代中国正在发生的社会转型背景，把改革开放、全球化、信息化以及高校扩招、就业制度变革等纳入研究视野，尤其注意考察社会转型所带来的传统文化与现代思潮、本土风尚与外来思想、主流价值观与非主流价值观的相互激荡与矛盾冲突对高校毕业生就业观的冲击，研究中国社会转型背景下高校毕业生就业观的特殊形成机理与影响因子，以及由此带来的问题与困境，探索引导高校毕业生化解矛盾、明辨是非，从而树立科学就业观的对策与建议。

为什么选择高校毕业生而不是大学生作为本研究的研究对象？前者是后者的组成部分，选择部分比选择整体更容易凸显问题和集中力量。观念是不断发展变化的，就业观亦有一个启蒙、发展、成熟、衰退的过程，即使只是在大学阶段的几年时间里，与非毕业生相比，毕业生的就业观更加成熟、稳定，分析其形成机理与影响因子，更加具有研究价值。毕业年度是学生求职就业的重要时段，尤其是临近毕业，毕业生在求职实践中不断接受外界冲击、影响，不断调整自己的就业观，研究其就业观的形成机理与影响因子，能够更有针对性地提出引导与教育对策，能更有效地促进其充分顺利及时就业。因此，选择高校毕业生来研究其就业观，具有更强的针对性、实效性。

二、研究方法

概念、理论或数字可以成为我们研究问题的重要手段和工具，甚至是不可或缺的研究基础，但不是就业观研究的出发点和落脚点，我们的出发点和落脚点是鲜活的毕业生个体以及他们鲜活的就业、生活。"我们开始要谈的前提不是任意提出的，不是教条，而是一些只有在想象中才能撇开的现实前提。这是一些现实的个人，是他们的活动和他们的物质生活条件，包括他们已有的和由他们自己的活动创造出来的物质生活条件。"[①]"各个人的出发点总是他们自己，不过当然是处于既有的历史条件和关系范围之内的自己，而不是玄想家们所理解的'纯粹的'个人。"[②]我们可以从毕业生的现实生活中"描绘""解释"出他们就业方面的意识形态——就业观，毕业生的现实生活决定其就业观，要彻底改变毕业生的就业观应彻底改变他们的现实生活，通过考察高校毕业生的现实生活来考察他们的就业观，并用掌握了的就业观规律来引导毕业生的就业行为，帮助解决其就业问题与困难，这是就业观研究的出发点，舍此就可能错在起跑线上。

具体研究方法主要包括以下四种：

文献研究法。重点查阅、研读三个方面的文献，一是有关唯物史观的意识与存在关系理论的相关文献；二是思想政治教育学、心理学、社会学、教育学中有关思想观念的形成过程及其规律的文献；三是与高校毕业生就业观形成机理直接相关的有关文献。

跨学科研究法。综合运用思想政治教育学、教育心理学、社会统计学、职业指导学等相关学科的概念、方法，研究高校毕业生就业观的基本理论、形成机理及影响因子。

---

① 中共中央马克思恩格斯列宁斯大林著作编译局编：《马克思恩格斯选集》（第1卷），人民出版社1995年版，第66—67页。

② 同上注，第119页。

问卷调查法。对高校毕业生就业观的形成机理与影响因子专题进行问卷调查，采取描述性统计方法分析毕业生的就业条件观、就业价值观、就业目标观、就业伦理观，采用线性回归和逻辑斯蒂回归方法实证检验不同影响因子对高校毕业生就业观的影响。

访谈研究法。对高校毕业生就业工作管理人员、就业指导教师、用人单位和已经就业的往届高校毕业生进行访谈，了解他们对高校毕业生就业观的形成机理及影响因子的看法，既为定量研究提供变量操作化依据，又为就业观的形成机理及影响因子的理论总结提供素材和观点。

三、研究重点难点与创新点

研究重点主要集中在三个方面。一是通过广泛查阅文献和理论辨析，以唯物史观以及社会资本、人力资本、心理资本理论为指导，厘清和建构高校毕业生就业观的概念、结构、类型、功能、特征，并凝练提出其形成机理等基本理论。对当前高校毕业生就业观的现状进行描述不是本研究的重点工作，其他研究者在这方面已经付出很多努力，本书在这方面的工作只是把那些大量的但颇显碎片化的陈述进行整理，并以此作为自己研究的基石。二是通过定性与定量分析，从社会资本、人力资本、心理资本三个维度提出高校毕业生就业观的影响因子，并探讨其作用方式。三是通过理论与实践梳理，挖掘和整理出科学引导高校毕业生就业观的对策与建议，为坚定中国特色社会主义道路自信、理论自信、制度自信、文化自信提供促进就业、解决现实问题的方略。

研究难点主要体现在两个方面：其一，学术界对高校毕业生就业观的概念认识尚不统一，更是很少有学者研究高校毕业生就业观的形成机理，相关的文献基本处于零碎状态，需要研读大量相关文献来收集整理，并进行深入思考、总结和提炼；其二，在对就业观的影响因子进行定量研究过程中，相关变量的设计及操作化、调查样本选择、调查实施等，缺少可供直接借鉴的文献，要确保信度、效度，存在诸多困难和较大工作量。

　　本研究主要有四个方面的创新。一是在研究设计上，首次系统地将社会资本、人力资本、心理资本作为一个整体纳入高校毕业生就业观研究，不仅作为研究的理论理念和理论工具贯穿整个研究，也作为影响就业观的指标因子纳入实证测量研究，建立了新的研究链接，也避免了从外在政治经济社会诸方面探究的繁复与冗杂。二是在研究内容上，系统研究了高校毕业生就业观的基本理论问题，明确阐述了毕业生就业观的概念与内涵、内部结构与外部关系、属性、功能、类型以及形成机理，全面调查总结了我国当代高校毕业生就业观的现状及其特点，提出并证实研究假设"高校毕业生就业观显著影响其就业质量"，"高校毕业生社会资本、人力资本、心理资本存量同其就业观显著相关"，进一步丰富了就业观研究的学术观点。三是在实践应用上，基于实证研究结论，为引导高校毕业生树立科学就业观，从宏观层面创新提出应坚持的指导思想与基本原则，从中观层面明确了就业观培育的内在理路，从微观层面列出了就业条件观、就业价值观、就业目标观、就业伦理观培育的诸多实施路径与具体策略。四是在研究方法上，本研究以唯物史观和三大资本等相关理论为指导，重点使用调查法、访谈法，构建系统的毕业生就业观及其相关测量指标体系，能为同类相关研究和实践提供测量工具和方法启示。

第二章　高校毕业生就业观的概念及相关理论阐释

对研究对象的精准把握是任何研究得以开展并可能取得成功的基石。高校毕业生就业观是一个复杂的观念系统，本章在细致辨析就业观及其相关概念的基础上，从就业条件观、就业价值观、就业目标观和就业伦理观四个维度概括了就业观的内部结构，阐述了就业观与就业环境、就业实践、个体成长成才以及"三观"的关系，分析了就业观的主要属性、功能和类型，初步构建了高校毕业生就业观的基本理论框架。

第一节　高校毕业生就业观的概念及内涵

一、高校毕业生就业观及相关概念

就业观是对就业的根本看法和总体态度，涉及就业主体、客体的诸多方面。同人的其他实践活动一样，就业活动本身具有对象性，就业观是这一对象化过程的观念先导。就业是毕业生在职业世界的自我对象化，毕业生求职实际就是寻找另一个自我，在职业世界依据自己的就业观，确立自己的对象，找到自己的影子、化身，同时把自己的理想、愿望、情感、力量、意志、知识、技能等转化到职业世界，在职业世界中塑造另一个自我。学界对高校毕业生就业观的概念、内涵及结构进行了研究，但并未形成统一的认识，在概念的名称使用上尚无严格规范，就业观、择业观、职业价值观等含义相近相连的概念存在交叉使用的现象，在主体对象上也没有明确细分大学生与高校毕业生。现有研究一般把就业观界定为对就业的看法、态度、评价、倾向等。如，就业观是对就业目的、意义、方式、空间等方面的根本看法和态度；[①]是对所选单位或企业的性质、所在地、社会知名度、经济状况以及自身工资福利待遇、发展前景等方面的认识和综合评价；[②]是对各种不同职业的评价、意向以及对就业所持有的态度。[③]综合已有研究观点，对于高校毕业生就业观，我们可以将其概括为，正在接受高等教育的毕业年级学生或毕业两年内毕业生对为什么就业、就什么业、怎么就业等有关就业价值与动机、就业认知与期望、就业道德与情感诸方面的根本看法和态度，是毕业生世界观、人生观、价值观的重要组成部分和具体体现，包括就业条件观、就业价值观、就业目标观和就业伦理观，在外部它又与就业行为及就业结果密切相关，是大学生思想政治教育和就业指导的研究与引导对象。

与高校毕业生就业观这一研究对象相关的概念，还主要涉及高校、毕业生、观念、就业、就业观念、职业观、择业观、职业价值观等。

高校既指一般的大学、本科学院、专科学校、高职学院，还包括其他承担普通高等教育办学任务的科研院所等单位。毕业生（本来包括学历教育和非学历教育毕业生，本书限指前者，不包括以函授、电视、网络等远程教育方式取得学历的毕业生）主要指接受高等教育的毕业年级的学生，与肄业生相对而言，根据现行就业工作惯例和教育部规定（毕业两年内的未就业毕业生可享受应届毕业生就业手续办理相关政策），我们也可将毕业两年内的毕业生纳入我们的研究范围，这两年实际上是毕业生求职、职业流动的重要时段，也是其就业观形成、稳定的关键期。这样一来，本研究所称高校毕业生就特指按照教育行政主管部门确定的普通高等学校招生计划统一招收的接受全日制普通高等教育的毕业年级或毕业两年内的毕业生。

---

① 丁永刚：《现今大学生就业观存在的误区及引导政策》，《青海社会科学》2008 年第 5 期。

② 刘成斌：《改革开放 30 年与青年就业观念的变迁》，《中国青年研究》2008 年第 1 期。

③ 游敏惠：《青年大学生就业观探析》，《重庆邮电学院学报》(社科版) 2000 年第 4 期。

就业观是观念之一种。观念可做广义狭义之分。"观念的东西不外是移入人的头脑并在人的头脑中改造过的物质的东西而已。"①马克思在这里所指的观念是广义的，泛指客观对象在人脑中的主观反映，包括一切形式的思想、观点、意识、认识、看法等。就狭义而言，观念是人们对客观对象的比较整体和抽象的看法、态度和观点，不同于对某一具体对象的具体认识、个别观点，观念是对这些分散的具体认识、个别观点的概括和提升。比如，教育观念并不是指某个字词句如何教，而是指对教育目标、教育内容、教育方法、教育评价等教育活动的总的看法和理解，当然，如何教具体字词句也能反映出一种教育观念；再如，"1993年中央确定改革高校毕业生统包统分和包当干部的就业制度"，这是对我国就业制度改革的一种具体认识，而"不等不靠不要""自主择业"却是当前高校毕业生应该具有的一种就业观念。观念具有层次性，从最高层的世界观到人生观、价值观，再到政治观念、经济观念、文化观念、生活观念、就业观念、消费观念等，它们在人的头脑中形成一个完整的观念系统，人们借此去认知、体悟、分析和评价客观对象并进行相应的实践活动。

就业一词在我国典籍中早有记载，经常使用的意思为求学，如"日旦就业，夕而自省思"(《大戴礼记·曾子立事》)、"故不能学者：遇师则不中，用心则不专，好之则不深，就业则不疾，辩论则不审，教人则不精"(《吕氏春秋·诬徒》)、"性好文学，担笈负书，千里就业"(《魏书·卷四十八·高允传》)、"不惮艰远，从师就业，欲罢不能，砥行厉心，困而弥笃"(《隋书·卷七十二·薛濬》)、"伏承便於京中就业，进修之道，固在便安"(唐元稹《莺莺传》)、"成名年少日，就业圣人书"(《全唐诗·卷六百四十九》方干诗《送李恬及第后还贝州》)、"当年就业水云庄，今作羁囚闽岭长"(《抱犊山房集·卷六·负暄》)、"择地建社学，延师课读，乡人子弟咸来就业，

---

① 中共中央马克思恩格斯列宁斯大林著作编译局译：《资本论》(第1卷)，人民出版社2004年版，第22页。

嗣后科名鹊起"(《陕西通志·卷六十二》)等。部分文献中也有成就大业、获得工作等意义，如"汉高就业，先封诸将"(《礼记集说·卷八十四》)、"使百吏畏法，四民就业，将曹有序"(《彭城集·卷二十二》)等。现代意义上的就业是指一定劳动年龄范围内具有劳动能力的人参加社会劳动并取得劳动报酬或经营收入的合法经济活动。① 就业具有社会性、经济性、计划性、合理性、变动性和相对稳定性等属性特点，对就业者而言，具有谋生、实现自身价值、促进自我发展等功能，对社会而言，具有增加财富、稳定社会等功能。具备什么条件才算就业呢？ 国际劳工统计大会《关于经济活动人口、就业、失业及不充分就业统计的决议》明确指出："就业人员被界定为在参照期内从事任何一种工作以获取薪酬或利润（或实物报酬）的人员，或者在此期间生病、休假或产生争议等理由而暂时脱离工作岗位的人员；凡在家庭企业或者农场从事无薪酬工作每天至 1 小时以上的人员，也在就业统计之列。"② 这是一个非常宽泛的定义，囊括了所有类型的就业。我国界定的就业人员是"在法定劳动年龄内（男 16—60 岁，女 16—55 岁），从事一定的社会经济活动，并取得合法劳动报酬或经营收入的人员"③。在一定年龄范围内、具有劳动能力、从事合法的社会劳动、有报酬收入等是就业概念的基本要点。随着社会发展，通过利用一切生产要素（如土地、劳动、资本）而取得合法收入的活动，也都应算在广义的就业概念之内。

就业观念，在一般情况下，是与就业观作为同一概念使用的，人们在两者之间并未做严格区分。但细究起来，就业观与就业观念之间仍存在细微区别，这种区别在理论与实践上都是有价值的。就业观念泛指对就业的一般的看法，而就业观强调指对就业的根本看法，包括对就业目的、意义、功能、类型、结构、质量等问题的基本看法。就如同价值观念是对某类对象的意义

---

① 童玉芬主编：《就业原理》，中国劳动社会保障出版社 2011 年版，第 3 页。

② 郜风涛、张小建主编：《中国就业制度》，中国法制出版社 2009 年版，第 1 页。

③ 劳动和社会保障部办公厅：《关于落实再就业政策考核指标几个具体问题的函》（劳社厅函〔2003〕227 号）。

或价值状况的看法，而价值观是对价值的根本看法。就业观念与就业观的区别不在范围大小，而是层次高低，就业观处于更高层次，是对具体就业观念的抽象概括与凝练提升，因而也更为根本，是就业观念的核心与基础；就业观念则是就业观在就业有关问题上的具体化，相对而言处于较低层次。我们要关心一般意义上的毕业生的就业观念，更应该关注更加根本的毕业生的就业观。

与就业观相关联的还有职业观、择业观、职业价值观等，有时它们还被人们混用，实际上它们还是存在一定的差异。职业观是对职业的总看法。职业（vocation）的英文拉丁字根为vocatio，意思是一种呼唤（a calling）。职业反映某种功能或对某种生涯的呼唤，强调职业对从业者主观欲求的适配性和满足度，突出生命的目的、意义、归属与责任，职业观就是个体对职业此类属性的看法与认同。职业价值观是对待职业、择业的一种态度、认知和信念，是对于职业选择、职业评价、职业价值取向的总的看法。[①] 它反映毕业生的职业价值取向，是其衡量职业优劣、做出职业选择的内心尺度，也是其整体价值观的重要组成部分。择业观是个体选择职业的期望或选择职业的标准，是关于职业发展可能性、职业报酬、职业声望和求职代价的比较稳定的根本观点与看法；[②] 是对选择某种社会职业所持的比较稳定的认识、评价、态度、方法、心理倾向和指导思想；[③] 是关于择业理想、择业动机、择业标准、择业意义的比较稳定的根本看法和态度的体现；[④] 是毕业生处理择业问题的总的态度和指导思想。从就业总过程来看，择业观只是毕业生对社会职业岗位的初步定位以及对就业活动之择业环节的阶段性认识，就业观则是择业观的

[①]　薛利锋：《我国大学生职业价值观教育研究》，东北师范大学博士学位论文，2011 年。

[②]　陈成文、胡桂英：《择业观念对大学毕业生就业的影响——基于 2007 届大学毕业生的实证研究》，《高等教育研究》2008 年第 1 期。

[③]　李荣华：《大学生择业观理论探讨》，《中国青年研究》2005 年第 6 期。

[④]　谷国锋：《试论当代大学生择业观与就业观的形成及作用》，《吉林教育科学》2000 年第 9 期。

一种延伸和拓展，自然更全面更完整。职业强调静态的类别，而就业则侧重动态的活动，相应的就业观更丰富，甚至可以说就业观包括对职业以及职业价值的看法。总体而言，职业观、择业观是基础，职业价值观是内核，就业观是延伸与发展，彼此之间相互依存，只是就业观更全面更丰富。

二、高校毕业生就业观的基本内涵

理解就业观有两种视角，一是就业者的就业观，比如毕业生的就业观；二是非就业者的就业观，比如政府的就业观。后者主要指有关就业工作的理念，怎么促进就业，用什么样的理论、方针、政策和举措来帮助就业者找到自己满意的工作。本研究着重于第一种视角，探讨作为就业者的毕业生对就业问题的总看法、总态度、总目标。

我们可以从回答三个相关问题来揭示和把握高校毕业生就业观的基本内涵。一是"对就业我能够知道什么"。这是就业认知，是认识论层面的问题。认知是以感觉、知觉、记忆、想象、思维和语言等为基础的最基本的心理过程，是人脑接受外界输入的信息、进行加工处理和转换进而支配人的行为的过程。就业认知是对就业以及在这一过程当中对自身定位、现实条件、就业形势等进行认知的心理活动过程，就业认知状况直接影响个体的就业行为。就业认知既是高校毕业生就业观形成的基础，也是其就业观的重要内容。

二是"对就业我可以期望什么"。这是价值论层面的问题。高校毕业生就业观蕴含就业价值与目的取向。就业是人的实现活动，实现人的实践生命的目的，目的的实现程度预期着就业的最终完善状况。这种状况既有理性人的共性，更有不同主体特有的个性。各种目的林林总总并立而存，有些处于主导位置，有些则是具体的；有些把就业本身当目的，有些则把由就业产生的某一结果当目的，有些兼而有之。这些目的既是终点，也是始点，它为价值判断提供标准，合目的就是有价值的、满意的、高质量的，反之则是没有价值的、不满意的、低质量的。就业之目的不可能自然达成，须借助一定的手段，实则就业本身也可能只是手段，有人为了借此谋求钱财、荣誉、权势，有人把就业当作追求好的生活或幸福的手段。就业观也蕴含了主体对就业到底是目的还是手段的看法。不同的高校毕业生必然有不同的认识，由此也会形成不同的就业观。

三是"对就业我应该做什么"。这是道德与实践论层面的问题。高校毕业生就业观蕴含就业德性伦理。就业当中必然面临各类道德问题，如何应对就业道德问题亦即就业德性伦理必然也是就业观的题中应有之义。"每种德性都既使得它是其德性的那事物的状态好，又使得那事物的活动完成得好"，"人的德性就是既使得一个人好又使得他出色地完成他的活动的品质"。① 亚里士多德认为，德性是一种既不太多也不太少的选择适度的品质，这种适度既有相对于对象的，也有相对于我们自身的。就就业的外在客体对象（如用人单位面试官、就业指导老师等）而言，高校毕业生应适度作为，行为得体合度；就就业的内在主体（如毕业生自己的兴趣爱好、价值追求等）而言，就业者也应适度把握，尽力确保人职匹配、心安理得，让就业成为一种出于意愿的、因其自身之故的、确定的选择行为。具有这种德性的就业观就是值得称赞的好的就业观，否则就是应该予以批判的坏的就业观。

就业观作为主体的内在思想意识，他人无法直接触摸掌握，就业观的内涵又是如何被人们所认识和把握的呢？目前也没有科学的仪器设备可以直接测量，但就业观与就业之间存在逻辑和事实上的关联性与一致性，毕业生怎样就业，他的就业观就是怎样，既和他就什么业一致，又和他怎样就业一致。了解就业观有两个最直接的路径，一是就业行为，二是语言。一般而言，行为是主体内在观念意识的外在表现，这种表现可能是直接的、正面的，也可能是间接的、反面的，它总是源自主体的内在观念意识，可以通过了解和把握就业行为来了解和把握就业观。"语言和意识具有同样长久的

---

① 〔古希腊〕亚里士多德：《尼各马可伦理学》，廖申白译注，商务印书馆 2003 年版，第 45—47 页。

历史；语言是一种实践的、既为别人存在因而也为我自身而存在的、现实的意识。语言也和意识一样，只是由于需要，由于和他人交往的迫切需要才产生的。"①无论是从历史、现实，还是从产生的原因来看，语言在本质上就是主体的观念意识。从一定意义上而言，主体在求职就业过程中有什么样的言语，他的就业观就是什么样的。言语也是一种行为，语言是言语行为的结果。毕业生关于就业方面的言语的特点可以直接反映和描述其就业观的特点。我们通过行为、语言能够全面而真实地把握就业观的内涵与体系、就业观的生成与作用、就业观的流变及其规律。

三、高校毕业生就业观的哲学概括

《德意志意识形态》手稿中删去的一段话对观念的实质有精辟独到的概括，我们可以由此来推演就业观的实质。

"这些个人所产生的观念，或者是关于他们对自然界的关系的观念，或者是关于他们之间的关系的观念，或者是关于他们自身的状况的观念。显然，在这几种情况下，这些观念都是他们的现实关系和活动、他们的生产、他们的交往、他们的社会组织和政治组织有意识的表现，而不管这种表现是现实的还是虚幻的。相反的假设，只有在除了现实的、受物质制约的个人的精神以外还假定有某种特殊的精神的情况下才能成立。如果这些个人的现实关系的有意识的表现是虚幻的，如果他们在自己的观念中把自己的现实颠倒过来，那么这又是由他们狭隘的物质活动方式以及由此而来的他们狭隘的社会关系造成的。"②

从上段论述中，我们可以看出：（1）观念的对象只能是现实生活，即人与自然的关系、人与人的关系、人与自身的关系；（2）观念是现实生活的有

---

① 中共中央马克思恩格斯列宁斯大林著作编译局编译：《马克思恩格斯文集》（第1卷），人民出版社2009年版，第533页。

② 中共中央马克思恩格斯列宁斯大林著作编译局编：《马克思恩格斯选集》（第1卷），人民出版社1995年版，第72页。

意识的表现（相反的假设即现实生活以外还有观念是不成立的，因为离开现实个人的某种特殊精神是不存在的）；（3）错误的观念是现实个人的现实生活的虚幻表现，根源是其狭隘的物质生活方式及社会关系。同样作为一种观念，高校毕业生就业观也具有上述三种性质，它是现实的、从事活动的毕业生的就业生活的现实表现，其对象同样只能是毕业生的就业生活，包括毕业生在就业过程中发生的个人同就业对象（物和人）、同自身的关系，错误的就业观源于毕业生对就业形势和自身状况的虚幻的认知和把握。要扭转这种错误，唯有改善毕业生的物质生活方式，扩展其社会关系，引导他从封闭的、狭隘的纯粹精神自我中走出来，通过就业见习、实习、社会实践获得真实的就业生活，从而真实地表现自己的就业生活，形成科学的就业观。

马克思主义实践价值论及其实践观点认为，价值是现实的人及其实践活动的产物和结果，是人与动物相区别、人之为人的生命及其生活的本质特征与内在规定。高校毕业生就业观源于人所特有的实践本质及其超越本性，反映毕业生的情感、意志、需求和愿景，是高校毕业生在求职就业方面所追求和选择的目的、目标和理想，追求和选择什么职业，其实就是对自我这方面的目的、目标和理想的诉求。就业观是毕业生求职就业实践活动的对象化，毕业生的目的、目标和理想通过其求职就业实践活动而得以现实地实现。高校毕业生就业观问题既是关于求职就业客观存在的事实问题，也是关于求职就业实践的价值问题。前者重在揭示现实状况如何，其实质是客体描述，表现为就业条件观，属于存在范畴；后者重在表达毕业生应当如何，其实质是主体表达、理想追求，表现为就业价值观、就业伦理观以及就业目标观，属于人文范畴。树立科学就业观的过程，就是在事实与价值、实然与应然、现实与理想之间徘徊与抉择的过程。一边是客观的社会需求与自身素质，是关于"这个世界和我是怎样的"的事实判断；一边是主观的就业期望与发展愿景，是关于"我想怎样"的价值判断。客观事实不可能完全满足毕业生的需求，毕业生也无法在此现实境遇中完全实现自己的理想，作为主体的毕业生，为了追求自己的目的、目标和理想，总会致力于否定和超越这些事实矛盾和现实困境，这也是开展就业指导服务工作的前提条件和现实基础。与此相应，在研究方法上，我们应坚持事实认知方法（认识论）与价值表达方法（价值论）相统一，通过前者以实证的方法来揭示客体对象本质与事实规律，解决求是与认知问题；通过后者以人文的方法来展现毕业生的主体自我与目的需求，解决表达理想与超越现实的问题。

第二节　高校毕业生就业观的内部结构与外部关系

就业观是一个复杂的观念系统。就毕业生主体来看，可以从整体、部分、个体三个层次相应区分为高校毕业生整体就业观、高校毕业生群团就业观、高校毕业生个人就业观。整体强调全局思维，把高等教育产生以来的所有毕业生包含其中，突出其共性；部分的划分极其灵活，时空的任意组合都能把毕业生区分为不同的群团，比如某一年代某一地域某一高校某一班级的毕业生，两人或两人以上即为群团；个体看似简单，实则极其复杂，个体也是一个小宇宙，不同时空状态下的个体的就业观具有不同特性，它也是一个系统，整体、部分的划分及其特性也都依赖于个体的系统，因为共性寓于个性之中。就心理活动来看，高校毕业生就业观必然涉及"知情意信"，即就业认知、就业情感、就业意志、就业信念，它们统一于就业实践的辩证运动过程中。就对象来看，就业观的对象涉及就业活动的方方面面，可以说，就业活动的系统有多大、多复杂，就业观就有多大、多复杂。下面着重从内部结构和外部关系两个方面来分析和把握高校毕业生就业观。

一、高校毕业生就业观的内部结构

凡是系统都有其相应的结构，结构是系统内各组成要素之间在时空方面的有机联系与相互作用的顺序及方式，结构决定系统的性质、功能，也决定系统的组织特性。作为观念系统的高校毕业生就业观，有自己独特的组成要素及其作用方式，从而构成自己特有的结构。对于就业观的结构，现有研究有不同的概括和分类，认可度比较高的涉及就业认知、就业价值等。具体而言，有三分法，把就业观分为就业认知、就业态度、就业期望（韩新路，2011）；有四分法，把就业观分为职业发展观、职业报酬观、职业声望观、择业代价观（陈成文等，2008），以职业认知状况为基础、职业理想目标为导向、职业评价方式为标准、职业选择结果为取向（薛利锋，2011）；有五分法，把就业观分为就业目标观、就业渠道观、就业形式观、就业地域观、就业主体条件观，[①] 择业理想目标、择业心理动机、择业认知状况、择业价值取向、择业实现途径（李荣华，2005）。但总体而言，现有研究缺乏逻辑上的一致性和系统性，缺少深入系统的阐释。"划分总是以属于一门科学的各个不同部分的那些理性知识之诸原则的某种对立为前提的。"[②]按照对立的原则，我们将高校毕业生就业观划分为就业条件观、就业价值观、就业目标观、就业伦理观，其中就业条件观是基础，就业价值观是统领、核心，就业目标观和就业伦理观是外在表现，共同构成一个同心圆。（见图2.1）

就业条件观是高校毕业生对求职就业应该具备和已经具备什么条件的基本看法，主要包括主体就业条件观、客体就业条件观。主体就业条件观是指对个人自然特征、社会资源、就业能力素质、所学专业、兴趣爱好、心理倾向、职业规划前景等主体特点的认知与看法。客体就业条件观是指对就业形势与就业环境的总体判断，对不同就业选择及其对象的认知与了解，对成功就业因素与人才选拔的原则、标准、程序、机制等的认知与了解。就业条件观是一种事实观念，是对就业及其对象的条件的基本观点和看法，不是一种价值观念，不涉及对就业及其对象条件的作用、意义、价值的看法。高校毕业生往往存在就业条件观方面的诸多误区，比如在外貌特征方面的过分看重

---

① 彭薇：《"大就业观"：自主多元的成才观》，《中国青年研究》2005年第1期。

② 〔德〕康德：《判断力批判》，邓晓芒译，杨祖陶校，人民出版社2002年版，第6页。

与不自信。有报道称，一些高校在毕业前夕出现组团整容的现象，毕业生希望通过瘦脸、隆鼻、美体等为自己求职增加砝码。[①] 这是对部分用人单位以貌取人的过度夸张与焦虑，是对靠真才实学谋发展的轻视与怀疑，更是毕业生自我认知方面的困扰与不自信，他们没有看到内在素质提升比外表美化给就业带来的促进作用更持久有效，就业美容很可能赢了面子丢了里子。

图 2.1　高校毕业生就业观内部结构图

就业价值观是高校毕业生对为什么就业即就业目的与意义的基本看法，是个体人生价值观在就业问题上的具体体现，是其在就业过程中表现出的一种价值取向，是主体内在评判就业的原则、信念、态度。它倾向于概念化、抽象化的内在追求，如毕业生的就业目的、工作类型倾向、择业决策时考虑的首要因素、高质量就业评价等。例如，经济类型的就业价值观，以谋求经济利益为最高价值追求，持此价值观者，就业过程中总会从经济利益的角度做评价、判断和选择。就业价值观不回答就业是什么、就业的本质与规律、就业的未来形势等问题，它主要涉及就业对人的意义和价值，判断就业中的好与坏、正确与错误、善与恶、符合与违背人的意愿等问题与矛盾。就业观是就业行为的主心骨，就业价值观是就业观的内核，是就业行为的指示器和方向标，决定就业行为的价值取向，毕业生就业活动的方向和方式、活动工

---

① 王亮:《"就业整容"有点焦虑过头》,《中国教育报》2014 年 4 月 15 日。

具的选择和活动结果的形成，均渗透着就业价值观的内在主导力量。冯友兰在《新原人》中提出人生有四重境界：自然境界，混沌未开；功利境界，为己为利；道德境界，为人为公；天地境界，万物皆备于我，我与宇宙同一。[①]就业观也可相应地分为四个层次四种境界。

就业目标观是高校毕业生对自己求职就业追求的具体目标的基本看法，是毕业生选择就业类型的外在尺度，倾向于具体化、物化的外在期盼，体现其追求的好工作具有什么样的特点，比如就业单位性质取向、月薪期望、就业地域取向、求职渠道取向等。持有经济类型就业价值观的毕业生，更主张选择工资待遇高、在经济发达地区工作，更愿意选择到企业工作和创业，更乐意成为企业家，这就是他们的就业目标观。就业目标观是在特定就业价值观引导下构建的就业期望，它直接引导主体评价自我和他人的就业观念、就业行为，追求特定的就业目标，选择特定的职业岗位，为主体努力实现成功就业提供现实导向。需要、动机、兴趣等就业动力系统能推动主体积极树立就业目标，克服就业困难，努力靠近就业目标，争取人生价值及就业价值的实现。

就业伦理观是高校毕业生对怎样求职就业是道德的，即通过什么渠道、采取什么方式就业是合乎伦理的等问题的基本看法，包括诚信求职观（如何看待违约、求职材料掺假、面试说谎等）、求职正当竞争态度（如何参与求职竞争、如何对待竞争对手、求职中如何使用社会资源等）、就业自主性（如何处理自食其力与高质量就业的关系等）、就业代价观（如就业可否不计代价、求职花费标准）等。就业伦理观是主体就业方面内在的行为规范及其检查、纠错机制，它让就业目标确定在合理合法合情的位置，让就业动力合理合法合适地发挥出来，它还能让主体在社会和自身能接受、认可的有关就业的伦理规范之内启动就业动力，采取行动，实现就业目标。没有就业伦理系统作为保障，不论是高校毕业生个体还是群体，其就业行为将无所适从无所

---

① 冯友兰：《新原人》，生活·读书·新知三联书店 2007 年版，第 45—52 页。

依归，社会的整个就业实践活动将陷入一片混乱之中。

就业条件观主要与"知"相连，涉及主体的认知能力；就业伦理观主要与"情"相连，涉及主体的判断力以及愉快和不快的情感体验；就业价值观、就业目标观主要与"意"相连，涉及主体的欲求能力。就业条件观、就业价值观、就业目标观是构成性的，它们能帮助主体在头脑中构成职业、自我和环境认知、价值、目标等图像；而就业伦理观则是调节性的，是前三者的运用，令图像的色彩发生明与暗、强与弱的程度变化，使就业观的"知情意"相互关联、相克相生、相辉相映。

二、高校毕业生就业观的外部关系

就业观的外部关系不仅涉及宏观环境，也涉及高校毕业生本人的就业实践、成长成才以及其他观念，这些关系往往是双向多元的。

就业观与环境的关系。一方面，就业观不是随意设想出来的，它受环境的影响与制约，特定历史条件下的就业主体在当时社会环境作用下选择生成自己特有的就业观。环境为就业观的生成提供现实条件，离开特定的环境，就业观的生成就会变成无本之木、无源之水。生产力和生产关系构成主要的外部环境，具体体现为经济状况、政治制度、文化习俗、教育引导、自然条件等；另一方面，就业观并非单向被动接受环境影响，同样的环境中生成的就业观千差万别，毕业生主体往往能动、有选择性地接受环境影响，并能反作用、改造、选择外在环境，以适应主体内在需要。

就业观与就业实践的关系。就业实践的含义非常广泛，包括与就业有关的学习、交往以及求职、就业，乃至整个职业生涯。就本体论而言，就业观对就业实践有着依存关系，就业实践是就业观形成和发展的基础和前提，任何人都无法撇开就业实践而独自创造某种就业观，就业实践是就业观的活水源头，就业观的生成与变革取决于主体就业实践的开展与变革。就认识论而言，就业观与就业实践是反映与被反映、认识与实践的关系，就业观也是遵循从实践到认识、从感性认识到理性认识的规律，对就业实践进行能动反映；形成了的就业观又反过来指导和调整就业实践，不仅帮助毕业生选择就业的方向和路径，而且具体地规范和调整其就业实践过程，协调处理就业过程中出现的人与人、人与自然（就业对象）、身与心以及偶然与必然、理想与现实之间的诸多矛盾，发挥着驾驭和控制就业实践的作用，是就业实践的观念先导。如果就业观变了，人们就会用变了的就业观改变其就业实践安排。从这个意义上讲，就业实践的变革取决于就业观的变革。因此，在高校毕业生供需客观形势相对稳定的情况下，引导毕业生调整就业观是促进和扩大就业的有效方法和重要举措，科学的就业观能帮助毕业生正确认识和解决就业矛盾，及时校正就业目标，减少盲目性、增强自觉性；而创造条件帮助毕业生参与实习、见习、社会实践等就业实践活动，才能引导毕业生有效调整就业观。

就业观与个体成长成才的关系。一方面，就业观的形成与建立是个体成长不可或缺的重要组成部分和有效标志，还能为个体成长成才提供方向指引和动力激励。没有相对成型、稳定的就业观，个体的成才与人格健全只能是空中楼阁；另一方面，个体成长成才为就业观建构创造条件，提出需求和评价反馈。就业观并不能凭空而生，它依赖个体知识积累、能力提升与身心发展等条件。个体发展越全面越及时，其就业观生成就越顺利越科学。个体成长成才离不开职业定位，需同步体认就业，生成对就业的总体看法和态度，对就业观建构提出需求，并在这一过程中不断反馈调整就业观。成熟、独立、成功的个体依照自己的而不是别人的就业观选择工作、事业乃至人生道路，这样既有利于毕业生更好地做出就业选择，也更有利于培养其良好的心理品质，摆脱不必要的自责、依赖、优柔寡断，增强自尊和自信。比如，毕业生本意希望奔赴边疆锻炼发展，但由于担心父母反对而犹豫不决，即使决定了也自我埋怨，最后，梦想反而成了负担。唯有形成了相对稳定的就业观，毕业生才能勇于决策和担当，才能大声对自己说："无论结果如何，这是我的选择，我的命运我做主。"

就业观与"三观"的关系。人们一般把世界观、人生观、价值观简称为"三观"，它是个体对整个世界及人生价值的总的看法，是个体一切行为的思想根源。就业观是主体对社会职业和职业选择的根本看法，是主体就业行为发生的认识论根源。对于两者的关系，现有研究文献一般认为，就业观与个体切身利益和价值实现息息相关，是世界观、人生观、价值观的有机组成部分和有力支撑；[①]是人生目标和人生态度在职业选择方面的具体表现，对就业目标的实现具有导向作用，对就业实践具有动力作用；[②]是个体人生观、价值观在就业选择上的综合反映；[③]择业观是个体对社会职业岗位的初步定位，是人生价值观在择业活动中的深层次的综合反映；[④]职业价值观集中反映了个体在职业需要和社会属性之间的关系，是个人整体价值观的重要组成部分、人的全面发展的重要动力、社会发展的重要价值准绳。[⑤]综合已有文献，我们认为，应从以下四个方面来把握两者的关系。其一，从反映的对象来看，就业观与"三观"是部分与整体、个别与一般的关系，就业观是"三观"在就业问题上的集中表现和直观表达，是其重要组成部分和有力支撑。"三观"是对世界、人生、价值的总体看法和态度，就业观反映的对象是就业，世界、人生、价值问题自然涉及和涵盖就业问题。其二，从功能作用来看，"三观"为就业观提供指导思想，就业观是"三观"在就业方面的具体应用和集中表现。就业观不可能脱离一定的"三观"而单独存在，它总是以"三观"的基本思想和基本原则为理论基础和出发点的，毕业生在一定"三观"指导下探究就业问题，便会逐步形成一定的有关就业的观念。其三，从思想属性来看，就业观不同于"三观"，"三观"不能替代就业观。"三观"要回答关于世界、人生和价值的根本问题，就业观要回答关于就业的根本问

① 韩新路：《女大学生就业观研究》，《中华女子学院学报》2011 年第 3 期。

② 胡维芳：《后危机下"90 后"大学生就业观的特点、成因与对策研究》，《青海社会科学》2010 年第 6 期。

③ 骆剑琴：《高等教育大众化下的大学生就业观教育》，《理论与当代》2005 年第 3 期。

④ 谷国锋：《试论当代大学生择业观与就业观的形成及作用》，《吉林教育科学》2000 年第 9 期。

⑤ 薛利锋：《我国大学生职业价值观教育研究》，东北师范大学博士学位论文，2011 年。

题，它们之间有交叉，但各有侧重，谁也不能取消和替代对方，就业观具有自己的特性和丰富内涵。一般而言，就业观作为"三观"的组成部分，必然受其制约。主体用什么样的观点、方法、态度观察世界、人生和价值，也就会以相应的方式来观察就业。但是，两者之间并不总是存在一致性，相近的就业观可能源于截然不同的世界观、人生观、价值观，"三观"相近的就业主体可能有完全相左的就业观。[①]其四，从生成过程来看，就业观还直接影响"三观"的形成与发展。一方面，就业观并非消极接受"三观"影响，它也反向影响"三观"；另一方面，人们往往是从最切近自己实际利益的方面开始认识世界，通常是先认识自我和自我的各种选择（包括就业），再探索人与自然、人与人之间的关系，因而就业观、"三观"的形成并不总是谁在先谁在后，而是交互生成、相互影响的。

第三节　高校毕业生就业观的属性、功能与类型

一、高校毕业生就业观的主要属性

属性是指事物所具有的性质、特点。运用矛盾分析法来分析，就业观既有普遍性、共性，又有特殊性、个性，它是共性与个性的统一体，共性寓于个性之中，个性包含着共性，在一定条件下，两者又相互转化。研究就业观的共性，有助于我们把就业观与其他观念、高校毕业生与其他主体联系起来，把握它作为一般观念物的本质属性；分析就业观的个性，有助于我们把就业观与其他观念、高校毕业生与其他主体区别开来，把握高校毕业生就业观的特殊本质属性。高校毕业生就业观的属性很多，这里仅从四个方面进行

---

① 钟秋明:《"三观"、择业观与就业指导》,《中国大学生就业》2000 年第 10 期。

例举，其中就业观的发展性强调对象观念化，实践性突出观念对象化，差异性强调主体个性，社会性突出社会共性。

高校毕业生就业观具有发展性。高校毕业生绝大部分是新生劳动力，他们的就业观不同于其他劳动力的就业观，这种不同是其独有的特征与个性，其中发展性表现最为鲜明。就人生过程而言，高校毕业生正处于发展转型期，相应呈现出一系列发展性特点：生理发育基本成熟，而心理发育相对滞后；个性趋向定型，而观念可塑空间较大；智力发展接近顶峰，而智力开发运用仍有空间；融入社会的愿望强烈，而经验阅历不足；主体意识自尊意识强，而自我保护能力和人际协调能力弱。高校毕业前后也是毕业生就业实践活动最为丰富的时期，从求职准备、应聘面试到见习、实习，再到上岗就业、岗位适应，无数次反复，或顺境或逆境，艰难困苦，玉汝于成，毕业生发展性的身心特点遭遇训练式的就业实践机遇，必然造就毕业生此阶段发展性的就业观，作为就业观对象的就业实践活动也必然相应地观念化，被反映到毕业生的头脑中而成为其就业观的组成元素。任何主体的就业观都是不断发展变化的，但高校毕业生的就业观在毕业前后变化特别剧烈而明显，且变化的方向是不断丰富、成熟、切合自身的，这就是其发展性的要义所在。

高校毕业生就业观具有实践性。就业观作为思想、观念，似乎处于实践的对立面。马克思主义认为，观念源于、指导并受检于实践，实践强调的是主体能动地改造外在世界与内在自我，就业观并不总是处于实践的对立面。就业观是人内在的关于就业的思想观念，但这种观念不是纯理论的、抽象的，它在对象、功能、检验上都具有突出的实践属性。就业观是主体就业实践活动的产物，其外在对象是就业实践活动，离开这一客观对象，就业观无从产生，也无所依凭。脱离现实对象世界来讨论观念问题，向来只是唯心主义的做法。就业是人的重要的生命实践活动，它绝非像属于一般动植物那样的营养生长活动或功能性的感觉本能活动，它是属于人的理性的职业的活动。就业观是对就业实践活动的认识、反思与观念化，同时又作为主体就业行为的思想先导，指导主体进行就业实践活动，对客观就业对象进行能动改造，昭示就业实践活动的可能范围或展开方式，指明其未来的方向，把就业观直接现实化，并借此实践过程检验和判断就业观的正确与否，促进就业观自身的发生、发展与消解。

高校毕业生就业观具有差异性。差异无处不在，差异性不是高校毕业生就业观的特征，但是其重要属性，是我们研究和把握就业观的重要着力点。从横向上看，不同群体、不同个体的高校毕业生就业观不同，实证研究表明，不同性别、学历、学科专业、家庭背景的毕业生的就业观存在显著差异；而且就业观不同的方面也千差万别，可能是就业价值观、就业目标观不同，也可能是就业条件观、就业伦理观相异。从纵向上看，即使是同一毕业生主体，其就业观在不同时间段表现亦不同，毕业生个体的就业观会同自身的年龄、经历、学识、德行等普遍关联，尤其直接与自身的世界观、人生观、价值观等相互作用、互相影响。此外，就业观差异性表现的原因也是有差异的，可能是不同的原因形成了一样的就业观，也可能是相同的原因形成了不同的就业观。

高校毕业生就业观具有社会性。就业是个体实现自身价值的社会活动，其社会性较易理解。就业观的社会性与就业的社会性有关联，但并不雷同，各有内涵。我们可以从两个否定的方面来把握就业观的社会性。首先，没有孤立的就业观。毕业生就业观的立脚点是社会。每位毕业生个体的就业观总是同其外在的世界普遍联系的，即使是毕业生之间也相互影响，相同群体的毕业生总是具有趋同的就业观。不同时期的环境、文化、教育等总会在毕业生的就业观上打下烙印，毕业生就业观随时代的变迁而发展变化，是时代变迁的晴雨表，每一个社会都有其主流就业观、核心就业观。毕业生就业观绝不是孤立的、凝固不变的观念之花，它是毕业生一切社会关系的网络之结。毕业生自己并不能造出任何一种就业观念来，而只是从已有的社会原则、规范、价值、观念中选择他认为最正确最合理又最适合自己的社会存在及其原则、规范、价值和观念。其次，没有普适的就业观。毕业生就业观的归宿是个体。就业观有一般与共性，它们寓于个别与个性之中。离开生活于特定的时代、环境的个体，抽象地适用于一切时代、一切个体的亘古永恒的普遍的就业观是不存在的，就业观总是具体的、现实的、变化的、社会的。

二、高校毕业生就业观的功能

柏拉图认为，"任何事物的功能，就是非它不能做，非它做不好的一种特有的能力"，看和听是眼和耳的功能，指挥管理是人的心灵的功能。[①] 就业的功能及其重要性是不言而喻的。乔布斯 2005 年在斯坦福大学毕业典礼上的演讲指出："你必须找到自己热爱的东西，你的工作将占据你的大部分生活，真正能让自己满足的唯一办法，就是做你认为伟大的工作。而做伟大工作的唯一途径，就是热爱你的工作。如果你还没找到自己喜欢做的事，请继续寻找，绝不要放弃。"[②] 美国盖洛普公司主席吉姆·克利夫顿明确提出三个震撼人心的观点：自己或子女能找到一份好工作是一切人的最大需求，超过了对民主自由等的渴望；优质就业岗位的创造是国家的最高任务和核心竞争力所在；即将到来的世界战争，是一场为竭力争夺好工作岗位而引发的全球战争，这场全球战争就像第二次世界大战一样，一战定乾坤。[③] 就业观的功能是与就业的功能紧密相连的，它对于协调人与人之间的关系、人与自然（工作对象）之间的关系、个体身心关系均具有重要作用，其中对于就业实践而言，最直接的功能主要体现在以下三个方面。

一是就业准备的预测功能。从就业的角度来看，高等教育更多的是一种就业准备。学习什么，不学什么，以及怎么学习，学习者并不是完全盲目的，他总是有所规划有所选择。这种选择主要来自其就业观的预测。他如何看待自己和就业形势，打算追求什么样的就业目标，准备通过什么方式和渠

---

① 〔古希腊〕柏拉图：《理想国》，郭斌和、张竹明译，商务印书馆 1986 年版，第 40—43 页。

② 〔美〕卡迈恩·加洛：《电影〈乔布斯〉中 9 句名言的启示》，陈玮译，《发现》2013 年第 10 期。

③ 〔美〕吉姆·克利夫顿：《盖洛普写给中国官员的书》，王权、王正林、肖静译，中国青年出版社 2012 年版，第 17—55 页。

道实现就业，集中体现这些问题的就业观必然会为他的学习和就业准备做选择，就业观以预测的方式帮助主体为未来就业有选择性地准备知识、技能和素养。

二是求职行为的定向功能。就业观统领求职就业行为，是它的方向盘和指示器。亚里士多德曾指出，"一切事物如果由若干部分组合而成一个集体，无论它是延续体或是非延续体，各个部分常常明显的有统治和被统治的分别"，在灵魂和身体这一最高级的组合中，处于最优良状态的人，其灵魂统治着他的身体，而那些处于腐坏状态而丧失本性的人，情况便恰恰相反。[①]从就业方面而言，就业观恰恰是个体就业行为的灵魂，任何人格健全的毕业生都应是以就业观统领就业行为，而不是相反，让理性缺位的就业行为主宰就业观，成为一个跟着感觉走的盲动者，或者丧失自然本性的腐坏者。

三是就业得失的评判功能。同是考进省级教育行政主管部门，大都欢欣鼓舞，也有毕业生短期试用后选择主动离开返回高校任职；同是求职简历掺假，有人脸红心愧，也有人处之泰然，不以为然；同是到基层任职，有些毕业生出于无奈选择，有些毕业生却自觉自愿，志存高远。同一种就业结果，不同的主观感受，这源自不同的就业观。毕业生以自己内心存在的就业观所确立的标准作为评判就业得失的准绳，达到或超过了，自然就满意；没有达到，沮丧与失望自是不可避免。这些与外人如何评判没有必然联系。因此，就业观与就业满意度是密切相关的。

就业观对就业的影响具有普遍性和自发性。就业观一旦形成，就会对主体就业的方方面面、时时刻刻产生作用，它绝不会因为主体繁忙而在某些方面稍事歇息。而且，这种作用是自发的，绝不需要主体的特意提醒与启动，它既是主体思考就业的产物，更是主体思考就业的工具，它的存在犹如我们呼吸的空气、看世界的眼睛，在空气没有被严重污染、呼吸器官健康的情况下，我们并不会特意感受到空气的存在，我们用眼睛看世界，却并不特意关

---

① 〔古希腊〕亚里士多德：《政治学》，吴寿彭译，商务印书馆 1965 年版，第 14 页。

注看世界的眼睛。

三、高校毕业生就业观的类型

从不同的视角，采用不同的参照标准，高校毕业生就业观可以有不同的分类。此处拟从就业观的对象、内部构成、观念取向等三个方面来探讨高校毕业生就业观的类型划分。

从观念对象来看，可以把高校毕业生就业观划分为三种类型。柏拉图提出三种善，"有那么一种善，我们乐意要它，只是要它本身，而不是要它的后果"；"另外还有一种善，我们之所以爱它既为了它本身，又为了它的后果"；对于第三种善，"我们爱它并不是为了它们本身，而是为了报酬和其他种种随之而来的利益"。[①]高校毕业生就业观也可做相应的分类。第一种是由于特别的兴趣、爱好和经历而专注于某一特定职业和事物的就业观，怀有这种就业观的人在从事这一特定工作的时候具有愉悦感、满足感、成就感，经常忘怀外在的环境、条件，也不考虑工作能否带来好处，工作本身就是目的，甚至乐意加倍付出、无偿付出，最高境界是连自己的生命也可以付出。阿基米德、诺贝尔等杰出科学家是典型代表。第二种是既出于兴趣、爱好又出于工作结果所带来的好处而选择工作的就业观。职业同时是目的和手段，两者之间可能互为因果、相互影响，既可能因为结果而喜爱，也可能因为喜爱而盼望结果。这是值得高校毕业生追寻的理想状态：选择一份自己喜欢又有好待遇好前景的工作。第三种是基于另外的目的而选择自己并不喜欢的工作的就业观。这另外的目的可能是工作带来的利益，能赚钱；也可能因为这份工作是块跳板，能帮助毕业生从事其他更想干的工作，先就业再择业的观念就是典型代表。工作只是手段。怀有这类就业观的人，容易忽略手段本身的性质与选择，看重结果而轻视过程，就业及从业过程中往往缺乏愉悦感、归属感，工作乃至生活就会少了许多趣味。

---

① 〔古希腊〕柏拉图：《理想国》，郭斌和、张竹明译，商务印书馆 1986 年版，第 44 页。

　　从观念构成来看，就业观的每一构成部分都可以作为就业观类型划分的参照标准，不同参照标准的划分类型还可进行组合，从而可以形成更多的就业观类型。以就业条件认知观为参照，高校毕业生就业观可分为认知清晰的理智型、认知笼统的感性型、认知累积的经验型；以就业价值观为参照，高校毕业生就业观可分为利益主导型、生活主导型、兴趣主导型；以就业目标观为参照，可以从就业地域、单位性质、薪资待遇等方面，把高校毕业生就业观划分为城市就业观、基层就业观、体制内就业观、体制外就业观、高薪就业观等；以就业伦理观为参照，可以从是否赞同诚信、正当竞争、合理代价等方面，把高校毕业生就业观划分为诚信就业观、正当竞争就业观、合理代价就业观等。上述划分可以进行不同组合，从而形成新的不同的就业观类型，如理智利益主导城市诚信就业观、感性兴趣主导基层正当竞争就业观等。

　　从观念取向来看，把就业观作为一个整体，结合实践经验，我们可以把高校毕业生就业观划分为四种类型。一是人际关系取向型，也可称为传统型就业观，持有这种就业观的高校毕业生注重工作中的人际关系，希望找一个稳定的铁饭碗，钟情公务员或事业单位、国有企业，不太在意眼前的经济收入。二是经济待遇取向型，也可称为市场型就业观，持有这种就业观的高校毕业生看重经济收入和福利待遇，比较乐意到经济发达的大城市大企业谋求一份赚钱机会和晋升机会多的工作，不太在意工作的稳定性与社会声誉。三是创业取向型，持有这种就业观的高校毕业生富有冒险精神，充满创业激情，敢于挑战，不怕吃苦，比较注重自己的兴趣爱好和心理感受，希望能创造一方属于自己的事业天空。四是生活取向型，也可称为撞钟型就业观，这类毕业生没有特别的就业目标和打算，对求职就业也缺乏特别偏好，不太有主见，一般能安于现状，得过且过，他们乐于享受当下的生活。

第三章 就业观实证分析的理论视角及模型建构

就业观研究至少存在两种思路，一种是从经济社会的宏观角度来研究高校毕业生就业观现状、特点、流变以及经济社会与就业观之间的相互作用；另一种是从主体角度研究毕业生个体就业观的形成机制、影响因素及其引导对策。本文着眼于后者，借鉴社会资本、人力资本和心理资本理论，探讨毕业生个体拥有的社会资本、人力资本、心理资本对就业观的影响以及就业观对就业质量的影响。本章在简要阐释实证分析的理论视角基础上，对变量进行了操作化，并构建理论模型，提出研究假设，介绍了实证数据的来源和样本结构。

第一节 实证分析的理论视角

马克思从哲学的高度系统分析了资本如何在商品生产和消费过程中从资本家和劳动者的社会关系中生成。资本是能够产生利润的那部分剩余价值，即期望在市场中获得回报的投资，是资本家获得的剩余价值的一部分，是生产出来的，同时它又是资本家作为产生利润的资源投资，被期望从市场中得到回报。经历长达一个多世纪的传播和发展，资本理论在诸多学者的共同努力下不断丰富和完善，相继产生和提出了社会资本、人力资本和心理资本等理论学说。社会资本、人力资本和心理资本的提出既是对马克思资本理论的继承，也是一种新的突破和发展。马克思的资本理论，从社会关系的宏观层面出发，以两大阶级对立、剥削与被剥削的社会关系为立论基础，认为资本家作为剥削阶级控制着生产资料，占有作为被剥削阶级的劳动者的劳动创造的全部剩余价值，投资和利润都属于资本家，劳动者获得的仅是满足生存需要的工资，劳动没有为劳动者产生和积累资本。而社会资本、人力资本和心理资本更强调个体劳动者的微观结构，相对淡化了剥削与被剥削的阶级属性，资本不再是资本家的专利。

一、社会资本

社会资本是一个跨学科概念，由经济学家格林洛瑞（Glen Loury）于 20 世纪 70 年代后期首次提出，随后法国社会学家皮埃尔·布尔迪厄（Pierre Bourdieu）于 1980 年发表《社会资本随笔》，首次对社会资本概念进行较为系统的研究和阐述。三十多年来，詹姆斯·科尔曼（James Coleman）、罗伯特·普特南（Robert Putnam）、福山（Fukuyama）、林南、边燕杰等一大批国内外学者对社会资本开展了广泛研究，主要有两种研究视角，一是从集体层面研究社会资本对个体的影响和作用，布尔迪厄、科尔曼、普特南等是代表；二是从个体角度探讨社会资本的投资和功用，罗纳德·博特（Ronald Burt）、亚历山德罗·波茨（Alejandro Portes）、林南等是代表。视角不同，社会资本概念也不同。具体而言，学界对社会资本概念的界定主要有四类观点。（见表 3.1）

一是资源说。布尔迪厄认为社会资本是一种通过占有体制化关系网络而获得的实际或潜在的资源集合体；林南认为社会资本是嵌入于一种社会结构中，可以在有目的的行动中汲取或动员的资源。二是能力说。波茨认为社会资本是处于一定社会结构中的个人动员稀有资源的能力。三是结构功能说。科尔曼认为社会资本是个人拥有的社会结构资源；博特认为社会资本是网络结构中的行动者提供信息和资源控制的程度。四是文化规范说。普特南等认为社会资本是社会组织内部存在的信用、规范、价值观和网络，这些能协调组织行动，提高组织效率。

当前，国内外学界比较通用的社会资本概念一般表述为：处于社会网络

表 3.1　社会资本概念分类比较列表 [①]

分类	研究者及年代	社会资本概念
资源说	皮埃尔·布尔迪厄，1980	社会资本是一种通过对体制化关系网络的持久占有而获取的实际或潜在的资源集合体。[②]
	纳比特（Nahapiet）和戈沙尔（Ghoshal），1998	社会资本是嵌入个人或社会单位所拥有的关系网络中的事实上或潜在的资源的总和。[③]
	林南，2001	社会资本是通过占据战略网络位置和 / 或重要组织位置的社会关系而获取的资源，可操作化定义为行动者在行动中获取和使用的嵌入在社会网络中的资源，它代表着嵌入在社会关系中而不是个人中的资源，这些资源的获取和使用取决于行动者。[④]
	边燕杰，2004	社会资本的存在形式是社会行动者之间的关系网络，其本质是这种关系网络所蕴含的、在社会行动者之间可转移的资源。任何社会行动者都不能单方拥有这种资源，必须通过关系网络发展、积累和运用这种资源。[⑤]
能力说	亚历山德罗·波茨，1987/1998	社会资本是处在社会网络或更广泛的社会结构中的个人动员稀有资源的能力。[⑥]
结构功能说	詹姆斯·科尔曼，1988	社会资本是个人拥有的社会结构资源，它内嵌于人与人之间的社会关系结构中，既不依附于独立的个人，也不存在于物质生产过程中。社会资本是生产性的，可以使某些特定目的的实现成为可能，而在缺乏社会资本时，这些目的将不可能实现或者实现的代价非常高昂。[⑦]

[①] 根据有关资料整理，参考康小明：《人力资本、社会资本与职业发展成就》，北京大学出版社 2009 年版，第 63 页。

[②] Pierre Bourdieu, "Le Capital Social: Notes Provisoires," *Actes de la Recherche en Sciences Sociales* 31, 1980.

[③] J. Nahapiet, S. Ghoshal, "Social Capital, Intellectual Capital, and the Organizational Advantage," *Academy of Management Review* 23(2), 1998.

[④] 〔美〕林南：《社会资本：关于社会结构与行动的理论》，张磊译，上海人民出版社 2005 年版，第 24 页。

[⑤] 边燕杰：《城市居民社会资本的来源及作用：网络观点与调查发现》，《中国社会科学》2004 年第 3 期。

[⑥] Alejandro Portes, "The Social Origins of the Cuban Enclave Economy of Miami," *Sociological Prospectives* 30(4), 1987. A. Portes, "Social Capital: Its Origins and Applications in Modern Sociology," *Annual Review of Sociology* 24(1), 1998.

[⑦] James S. Coleman, "Social Capital in the Creation of Human Capital," *American Journal of Sociology* 94, 1988.

续表

分类	研究者及年代	社会资本概念
结构功能说	罗纳德·博特	提出"结构洞"的社会资本论，社会资本为网络结构中的行动者提供信息和资源控制的程度。[1]
文化规范说	罗伯特·普特南，1993	社会资本指的是社会组织的特征，例如信任、网络和规范等。它们能够通过推动协调和合作行动来提高社会效率，也可以提高投资于物质资本和人力资本的收益。[2]
	世界银行（World Bank），1998	社会资本"包括组织机构、关系、态度与价值观念，它们支配人们之间的行为，并有利于经济和社会的发展"。
	福山，1999	社会资本是从社会或社区中流行的信任中产生的能力，而信任是从一个规矩、诚实、合作的行为组成社区中产生出的一种期待。社会资本是群体成员之间共享的非正式的价值观念和规范，能够促进他们之间的相互合作。如果全体的成员与其他人将会采取可靠和诚实的行动，那么他们就会逐渐相互信任。信任就像是润滑剂，可以使人和群体或组织更高效地运作。[3]
	杜尔劳夫（Durlauf）和法肯姆普斯（Fafchamps），2003	社会资本就是基于网络过程所形成的行为规范和人们之间的信任，它们能促成产生好的社会和经济结果。
	约瑟夫·斯蒂格里茨（Joseph E. Stiglitz），1999	社会资本是关系网的集合，是一种达成的共识，它在一定程度上是产生凝聚力、认知力和共同意志的社会纽带。社会资本是声誉的聚集和区分声誉的途径，同时也是管理者通过各种管理方式发展起来的组织资本。
	经合组织（OECD），2001	社会资本是网络以及共享的规范、价值观念和理解，它们有助于促进群体内部或群体之间的合作。

---

[1] 张文宏:《社会资本：理论争辩与经验研究》,《社会学研究》2003 年第 4 期。

[2] Robert D. Putnam, "The Prosperous Community: Social Capital and Public Life," *The American Prospect* 4(13), 1993.

[3] 〔美〕弗朗西斯·福山:《信任：社会美德与创造经济繁荣》,彭志华译，海南出版社 2001 年版，序，第 4 页。

或更广泛的社会结构中的人们所能动用的为自己或组织带来经济效益的社会资源。社会资本的核心要素是行动者在社会网络中能够接触到并动员的结构性的资源，这种资源不直接为个体占有，而是通过个体的社会关系而获取，拥有此种资源可以使个体更好地满足自身生存和发展的需要。[1] 一般的社会关系并不都是社会资本，只有那种相互信任的社会关系网络才可能生成社会资本。[2] 如家庭社会资本主要来自父母对个体的期望以及关系强度。[3] 学者们比较认同的社会资本不同于物质资本的差异主要表现在四个方面：一是社会资本不会因使用但会由于不使用而枯竭；二是社会资本难以观察和度量；三是社会资本不容易通过外部干预而形成；四是全国和区域性政府机构强烈影响着个人追求长期发展目标所需要的社会资本的类型和范围。[4]

社会资本理论比较有代表的主要为弱关系理论、强关系理论以及社会资源理论。

美国学者马克·格拉诺维特（Mark Granovetter）在 20 世纪 70 年代通过调查美国波士顿郊区职业工人发现，劳动力市场普遍存在供需信息不对称现象，信息不可能被合理分配传递，求职者单靠市场很难获得与自身条件匹配的信息资源和职业地位，个体的弱社会关系网络（互动频率低、情感程度低、密切程度低、互惠交换少）由于其松散型、异质性、不易重复性，能够为其提供具有价值和帮助作用的求职信息，而互动较多、关系亲密、同质性的强关系网络在这方面的作用却相当有限，并不比弱关系强；[5] 作为两个独立社会边界的桥梁，"弱关系力量"可以帮助解决信息不对称的问题，弱关系

① Nan Lin, Mary Dumin, "Access to Occupations Through Social Ties," *Social Networks* 8(4), 1986.

② Roger D. Goddard, "Relational Networks, Social Trust, and Norms: A Social Capital Perspective on Students' Chances of Academic Success," *Educational Evaluation and Policy Analysis* 25(1), 2003.

③ K. Marjoribanks, M. Mboya, "Family Capital, Goal Orientations and South African Adolescents' Self-Concept: A Moderation-Mediation Model," *Educational Psychology* 21(3), 2001.

④ 曹荣湘编选：《走出囚徒困境——社会资本与制度分析》，上海三联书店 2003 年版，第 31 页。

⑤ M. Granovetter, "The Strength of Weak Ties," *American Journal of Sociology* 78(6), 1973.

可能获得异质的信息和资源，因而可能得到工作机会。[①]

　　20 世纪 90 年代，边燕杰通过在中国和新加坡调研发现，社会资本在文化传统和国情不同的中国和西方社会发挥着不同的作用。处于社会转型中的中国，社会资本不仅仅能传递职业信息，而且能帮助求职者得到雇用方及其决策者的照顾和偏好，在信息决策阶段，强社会关系可以有效影响决策者，从而让求职者获得更好的职业地位，如果缺乏强社会关系，即便在信息传递阶段获得了有效信息，但在决策阶段没有决策者的照顾，求职者也很可能无法达成目标。[②]强社会关系资本可进一步细分为天赋强关系资本和后天强关系资本，前者是个体家庭所拥有、不需要个体经过后天努力就能得到的关系资本，主要包括其父母、亲属所拥有的社会关系；后者是个体在社会网络中通过自己的力量建立起来的强关系资本。较之格拉诺维特"弱关系力量"假设，边燕杰"强关系力量"假设更契合中国国情，更贴近现实，也更具有解释力和实际意义。当然，我们也应看到，两种假设是对信息传递和信息决策两个不同阶段社会资本的功能和作用的理论概括。

　　20 世纪 80 年代，美籍华裔学者林南在调研美国纽约城市居民"就业与未就业"情况过程中，进一步修正和发展了格拉诺维特的弱关系理论，提出社会资源理论。该理论认为，资源可以通过劝服、请愿或强制而被共识或影响赋予不同的价值；如果有机会，所有行动者都会采取行动维持和获得有价值资源，以促进他们的自我利益；维持和获得有价值资源是行动的两个主要动机，维持比获得更重要。[③]这是林南关于有价值资源的三个原则假定。阶层相同，资源相似性低，资源跨度越大，越能为阶层低者提供连接高地位者

---

①　M. Granovetter, *Getting a Job: A Study of Contacts and Careers*, Cambridge MA: Harvard University Press, 1974, pp. 1-22.

②　YanJie Bian, "Bringing Strong Ties Back in: Indirect Ties, Network Bridges, and Job Searches in China," *American Sociological Review* 62(3), 1997.

③　〔美〕林南：《社会资本：关于社会结构与行动的理论》，张磊译，上海人民出版社 2005 年版，第 28—31 页。

的通道，从而获得较高质量的社会资源，阶层相差越大，越可能是弱联系。[①]弱联系可以提供很好的信息渠道、就业契机[②]、知识信息[③]。每一种社会资本都具有达高性（即通过社会关系获取的最顶端位置的资源）、异质性（即通过社会关系最高和最低可触及的资源的纵向幅度）、广泛性（即可触及的位置及其嵌入性资源的数量与多样性），它不仅可以通过直接关系也可以通过间接关系被获取，去找并不拥有某一资源但知道谁有的人同样可以实现或有助于实现行动目的，它既包括他人拥有的个人永久性资源，也包括其通过等级制结构中的位置控制的资源，同样实力的个体在不同组织中任职，其社会资本存在质的差异。社会结构由一系列根据某些规范认可的有价值资源来确定等级次序的位置组成，靠近结构上部的位置更能获取和控制有价值资源；每一种有价值资源界定一个特定的等级制，但这些等级制往往是一致的，具有可转换性，跨纬度资源交换是可能的、明确的、被期待的；等级制结构往往是金字塔状的，上层的占据者比下层的少。这是社会资源理论的三个宏观假定。社会资源理论还有两个中观微观假定，即社会互动更可能发生同质互动，更可发生在相似的与临近的等级制层级的个体之中；理论必须考虑行动与互动之间的一致性或张力，表达性行动驱动着个体去寻找相似特征和生活方式的人，引起同质互动，工具性行动驱使一个人去寻找更有非相似、更好的特征和生活方式的人，引起异质互动。[④]

对于社会资本的测量，由于不同层面的社会资本的组成要素不同，宏观层面上社会资本强调规则、信任和价值观念，中观、微观层面上社会资本强调通过社会关系投资而形成的社会结构资源、社会关系网络，对应的社会资本

---

① Nan Lin, "Social Resources and Instrumental Action," in *Social Structure and Network Analysis*, Beverly Hills, CA: Sage Publications Ins, 1982, pp. 131-147.

② Nan Lin, *Social Resources and Social Mobility*, NY: Cambridge University Press, 1990, pp. 56-57.

③ Wayne E. Baker, *Networking Smart*, NY: McGraw-Hill, 1994, pp. 34-37.

④ 边燕杰：《城市居民社会资本的来源及作用：网络观点与调查发现》，《中国社会科学》2004年第3期。

测量方法必然存在差别。总体而言，社会资本测量主要有三类方法，一是总量测量法，即直接测量给定社会或社区内的关系网络、协会和地方性组织等的数量及其成员人数等，组织数量及其成员总数是社会资本的替代指标；二是信任及参与度测量法，即直接测量给定社会或社区内人们之间的信任水平以及决策制定过程的参与程度；三是社会关系网络维度法，即在中观、微观层面测量个体的社会关系网络的广度和深度，以及个体在形成此网络过程中积累起来的人际关系能力和协调管理能力，具体又分为定名法和定位法两种，定名法通过询问被研究的个体与交往者的角色关系、交往内容、亲密程度等情况列出交往者名单，再据此确定被研究个体与交往者、交往者与交往者之间的关系以及交往者的特征等，从而测定被研究个体所拥有的社会资本，定位法通过询问被研究个体在社会结构性地位中（如职业、工作单位或部门）不同等级的交往者及与交往者之间的关系，依据这种社会结构性位置测量被研究个体所拥有的社会资本，如测量接触的职位数目（网络规模、广泛度）、最高可接触职位的声望（网络顶端、达高度）、接触的最高最低职位的声望分数幅度（网络差异、声望幅度）。

　　对于社会资本与就业的关联性，人们关注较早，上述三大社会资本理论也都源于此。我国人情传统浓厚，研究社会资本与就业的关系问题具有特殊意义。张应强认为，我国高校毕业生就业难是社会阶层结构性问题，就业难易程度与个人及其家庭的社会资本密切相关。[①]围绕社会资本对高校毕业生就业的影响，陈成文、谭日辉，管静娟，姜继红、汪庆尧，乔志宏等，苏丽锋、孟大虎等学者主要从就业机会、求职形式、就业质量等方面开展实证研究，[②]

---

① 张应强：《中国高等教育大众化及其后续效应》，《中国高等教育评论》2012 年第 3 期。

② 陈成文、谭日辉：《社会资本与大学生就业关系研究》，《高等教育研究》2004 年第 4 期。
管静娟：《社会资本与大学生就业关系研究》，《青年探索》2007 年第 2 期。姜继红、汪庆尧：《社会资本与就业行为的实证研究》，《扬州大学学报》（人文社会科学版）2007 年第6 期。乔志宏等：《人力资本和社会资本与中国大学生就业的相关研究》，《中国青年研究》2011 年第 4 期。苏丽锋、孟大虎：《强关系还是弱关系：大学生就业中的社会资本利用》，《华中师范大学学报》（人文社会科学版）2013 年第 5 期。

部分研究涉及社会资本对高校毕业生就业观念的影响，如闫凤桥、毛丹认为，家庭和个人社会资本广泛度越高，毕业生对工作满意的概率越高，[①]尉建文提出，家庭收入越高，大学生"入企"意愿越高。[②]随着研究的不断深入，社会资本理论逐步应用到高校毕业生就业、个人在劳动力市场的收入提高和职位晋升等方面，但直接用于研究高校毕业生就业观的相关成果甚少。就业观是社会资本影响就业结果的前提和关键环节，了解社会资本对就业观的影响，对于理解就业观形成机理、社会资本影响就业质量等均具有重要的基础性的理论价值和实践意义。

社会资本能得到回报的市场可以是经济的、政治的，也可以是劳动的、社区的。本书研究社会资本对高校毕业生就业观的影响，主要基于就业市场。

二、人力资本

人力资本是个体后天通过教育、培训、保健、迁移等支出而获得的能够带来经济收益的知识、技术、能力、资历、经验、健康等因素的总称。朴素的人力资本思想在我国较早就已出现，如《管子·权修》有言"一树百获者，人也"。较系统的人力资本理论主要是随着西方经济学研究而逐步发展起来的。英国古典政治经济学创始人威廉·配第（William Petty，1623—1687）在17世纪中叶就把人的技艺与土地、物力资本、劳动等同等看待，并且认为是教育和培训造成了个体劳动生产能力的巨大差别。[③]亚当·斯密（Adam Smith，1723—1790）把"社会上一切人民学到的有用才能"看作固

---

① 阎凤桥、毛丹：《影响高校毕业生就业的社会资本因素分析》，《复旦教育论坛》2008年第4期。
② 尉建文：《父母的社会地位与社会资本——家庭因素对大学生就业意愿的影响》，《青年研究》2009年第2期。
③ 〔英〕约翰·伊特韦尔等编：《新帕尔格雷夫经济学大辞典》（第2卷），陈岱孙等译，经济科学出版社1992年版，第736页。

定资本的组成部分，并认为"学习的时候，固然要花一笔费用，但可以得到偿还，赚取利润"。[①]西尼尔（Nassan William Senior，1790—1864）进一步认为，"我们智力和精神的资本，不但在重要意义上，甚至在生产力上，都已远远超过有形资本"，甚至决定了国家财富。[②]马歇尔（Alfred Marshall，1842—1924）把人的能力作为一类资本，认为人力资本投资的动力主要来自利益驱动。[③]马克思认为，"从直接生产过程的观点来考察，充分发展个人就是生产固定资本，这种固定资本就是人类自身"[④]。

首次提出人力资本概念的是欧文·费雪（Irving Fisher）1906 年发表的论文《资本的性质和收入》。1960 年西奥多·W. 舒尔茨（Theodore W. Schultz）在美国经济学年会上发表题为《人力资本投资》的演讲，1962 年在《政治经济学杂志》上发表《对人的投资》，他认为人力资本体现于人身体上的知识、能力和健康，是人作为生产者和消费者的能力[⑤]，而学校教育则是对人力资本最大的投资[⑥]；加里·贝克尔（Gary S. Becker）认为，人力资本除了才干、知识和技能，还意味着时间、健康和寿命，强调人力资本的时间价值，[⑦]他于 1964 年出版专著《人力资本》，人们一般把这些事件作为现代人力资本理论诞生的标志。舒尔茨、贝克尔和雅各布·明塞尔（Jacob Mincer）是人力资本理论的三大奠基者。其中舒尔茨系统阐述了人力资本的概

---

① 〔英〕亚当·斯密：《国民财富的性质和原因的研究》（上卷），郭大力、王亚南译，商务印书馆 1972 年版，第 257—258 页。

② 〔英〕西尼尔：《政治经济学大纲》，蔡受百译，商务印书馆 1977 年版，第 202—203 页。

③ A. Marshall, *Principles of Economics*, Edition by C. W. Guillebaud, London: Macmillan Co., for the Royal Economics Society, 1961, pp. 351-362.

④ 〔德〕马克思：《政治经济学批判大纲（草稿）》（第二分册），刘潇然译，人民出版社 1962 年版，第 364 页。

⑤ T. W. Schultz, "Investment in Human Capital," *American Economic Review* 51(1), 1961.

⑥ T. W. Schultz, *The Economic Value of Education*, New York: Columbia University Press, 1963, p. 11.

⑦ G. S. Becker, "Investment in Human Capital: A Theoretical Analysis," *Journal of Political Economy* 70(5), 1962.

念、投资形式、计量方式；贝克尔全面研究了人力资本的供给理论、收益－分配理论、职业选择理论，提出人力资本投资收益率计算公式、年龄－收入曲线；明塞尔创建了明塞尔收益率模型、人力资本收入函数，至今仍沿用于相关研究。

人力资本是马克思资本理论的继承与发展，林南将马克思的资本理论称为古典资本理论，将人力资本等称为新资本理论。[①] 资本作为产生利润的资源投资，期望在市场中得到回报，这一点是两类资本理论一脉相承的。劳动者生产能力增加（知识、技能等人力资本增加），工资相应提升，其产生的使用价值也增长，只要使用价值增幅高于工资增幅，资本家的资本仍会增加。就这一点来说，人力资本理论在本质上仍与马克思资本理论保持一致。另一方面，马克思的劳动价值论把创造价值的劳动区分为简单劳动、复杂劳动，简单劳动是"每个没有任何专长的普通人的机体平均具有的简单劳动力的耗费"[②]，而要使劳动力获得"一定劳动部门的技能和技巧，成为发达的和专门的劳动力，就要有一定的教育或训练，而这就得花费或多或少的商品等价物。劳动力的教育费随着劳动力性质的复杂程度而不同"[③]。复杂劳动是倍加的简单劳动，是需要耗费物质、精神和时间代价去获取知识、技巧，亦即需要经过专门训练、具有一定技术专长才能从事的劳动，在同样的劳动时间里，复杂劳动比简单劳动创造的价值要高得多。就这一点来说，复杂劳动与人力资本概念之间也存在诸多相通之处。但是，在人力资本理论看来，资本已不再只是资本家的专利，每个人都可以投资并获得资本，有技能、有知识的劳动者本身就拥有资本，劳动者可以通过接受教育、职业培训、积累工作经验，通过保持身体健康和强壮，通过移居到需求更高的地方，等等，从而

---

① 〔美〕林南：《社会资本：关于社会结构与行动的理论》，张磊译，上海人民出版社 2005 年版，第 4—17 页。

② 中共中央马克思恩格斯列宁斯大林著作编译局译：《马克思恩格斯全集》（第 23 卷），人民出版社 1982 年版，第 57—58 页。

③ 同上注，第 195 页。

获得人力资本，成为潜在的资本家，并结合自己的行动意愿，在付出劳动过程中获得用于维持生活花费之外的剩余价值和利润，成为现实的资本家。当家庭初始财富达到一定水准时，还可通过对孩子进行人力资本投资，使后代达到较高的收入水平。[1]

人力资本分析的核心领域就是研究教育与收益之间的关系，"其核心存在于教育与劳动力市场的联系之中"[2]，包括宏观层面的社会收益（如促进技术创新和社会生产率提升[3]）、微观层面的个人收益（如个人收入与其所接受的教育水平紧密相关[4]），教育成为个人在劳动力市场的主要资本，劳动力市场是嵌入劳动者中的人力资本的供给与需求的交换场所。现有研究对人力资本要素与高校毕业生就业后收入以及职业发展成就进行了一定探讨，如毕业高校质量与声誉对毕业生职业发展成就的影响、大学课程差异及成绩好坏对毕业生劳动力市场收入的影响、学用匹配程度对毕业生收入的影响、读书期间从事兼职工作对毕业后就业和收入的积极影响等，[5]但研究人力资本与高校毕业生就业观之间关系的文献较少。

三、心理资本

心理资本概念首先是在社会学、经济学和投资学中使用，后来才被应用到心理学和组织行为学领域。美国管理学会前主席弗雷德·路桑斯教授（Fred Luthans）创造性地将积极心理学延展到人力资源管理和组织行为学领

[1] Oded Galor, Joseph Zeira, "Income Distribution and Macroeconomics," *Review of Economic Studies* 60(1), 1993.

[2] M. Carnoy, *International Encyclopedia of Economics of Education*, Elsevier Science Ltd., 1995, p. 9.

[3] Daron Acemoglu, "Patterns of Skill Premia," *Review of Economic Studies* 70(2), 2003.

[4] J. Mincer, "Technology and the Labor Market," *Reviews of Economic of the Household* 1, 2003.

[5] M. E. Canabal, "College Students' Degree of Participation in the Labor Force: Determinants and Relationship to School Performance," *College Student Journal* 32(4), 1998.

域，提出积极组织行为学（positive organizational behavior，POB），首次将心理资本概念拓展到组织管理领域，并将心理资本定义为个体在成长和发展过程中表现出来的一般积极性的核心心理要素，"具体表现为符合积极组织行为标准的心理状态，它超出了人力资本和社会资本，并能够通过有针对性的投资和开发而使个体获得竞争优势"[①]。

　　目前国内外学者对心理资本概念研究尚不多，概念界定也存在分歧，主要有三类，一是特征类（trait-like），认为心理资本类似于个体的人格特征，具有相对稳定性和持久性。如胡森（Hosen）、科尔（Cole）等认为，心理资本是个体通过学习等途径获得的心理基础构架，是一种影响个体行为与产出的人格特质。[②] 这类看法与传统心理学研究思路是基本一致的；二是状态类（state-like），认为心理资本类似于个体的心理状态，是能够测量、投资开发和有效管理的，此类观点具有后现代心理学的研究倾向，在心理资本研究中占主流地位，路桑斯、阿沃利奥（Avolio）是重要的代表，本书也主要采用了该类观点；三是综合论，将前两类融合为一体，比如认为心理资本的状态与特质实际上是同一维度上的两个极端，是先天因素和后天因素综合影响下形成的能够显现创新绩效的可测量可开发的心理品质。总体而言，三类观点都基于积极心理学和积极组织行为学的视角来关注个体心理，认为心理资本是一种资本，超越了人力资本与社会资本，具有投资和收益特性，可以进行投资与开发，其内容非常广泛，能给个体与组织带来积极结果的心理和行为都可纳入心理

[①]　F. Luthans, B. J. Avolio, F. O. Walumbwa, W. Li, "The Psychological Capital of Chinese Workers: Exploring the Relationship with Performance," *Management and Organization Review* 1(2), 2005.

[②]　R. Hosen, D. Solovey-Hosen, L. Stern, "Education and Capital Development: Capital as Durable Personal, Social, Economic and Political Influences on the Happiness of Individuals," *Education* 123(3), 2003. K. Cole, "Wellbeing, Psychological Capital, and Unemployment: An Integrated Theory," the joint annual conference of the International Association for Research in Economic Psychology (IAREP) and the Society for the Advancement of Behavioral Economics (SABE), Paris, France, 2006.

资本。

对于心理资本的结构组成，目前学界尚未有一致看法，可归纳为四类。（见表3.2）一是二元结构，比如戈德史密斯（Goldsmith）认为心理资本由自尊和控制点两个因素构成；二是三元结构，比如路桑斯、詹森（Jensen）认为心理资本由希望、乐观和坚韧性（复原力）构成；三是四元结构，持此观点的学者较多，各自的结构要素也存在差异，比如路桑斯（2007）、埃维（Avey）、詹森（2003）等人认为心理资本由自我效能/信心、乐观、希望、韧性/复原力等四个构念所组成，而贾奇（Judge）等则认为是自尊、自我效能感、控制点、情绪稳定性；四是多元结构，如莱彻（Letcher）认为心理资本由情绪稳定性、外向性、开放性、宜人性、责任感等五个要素构成。本书研究采用多元结构的观点。

目前，主要采用自我报告法、观察法或专家评价法、结果变量的测量等三种方式测量心理资本，分别通过问卷测量或实验研究法来收集心理资本状况的相关资料、通过第三方获得被评价者个体心理资本状况的资料、通过测量与心理资本相关的结果变量了解心理资本的状况。在心理资本测量工具方面，国外学者取得了一定的研究成果，比较有代表的包括戈德史密斯、拉森（Larson）等的心理资本量表（1997、2004）、贾奇等的核心自我评价构念量表（2001）、詹森的心理资本评价量表（2003）、莱彻（Letcher）的大五人格评价量表（2004）、佩奇（Page）等的积极心理资本评价量表（2004）、路桑斯等的心理资本问卷（PCQ-24）（2007）和积极心理状态量表（2006）、埃维等的心理资本状态量表（2006），国内在起步阶段主要是使用国外学者开发的量表，如仲理峰、张红芳等均使用了心理资本问卷（PCQ-24），其后才修订国外成熟量表和开发本土量表，如温磊等对 PCQ-24 项目和结构进行了初步修订，柯江林、田喜洲、张阔等开发了符合中国国情的本土心理资本量表。

大量研究表明，心理资本与就业及职业发展密切相关，比如企业员工的心理资本可以有效预测个体的工资水平，个体的心理资本与其生产率和实际

表 3.2 心理资本结构要素分类比较列表 [①]

分类	结构要素	研究者及年份	量表名称
二元结构	自尊、控制点 [②]	戈德史密斯等（1997）	心理资本量表
	个体心理资本、群体心理资本 [③]	张红芳等（2009）	心理资本问卷（PCQ-24）
	事务型心理资本、人际型心理资本 [④]	柯江林等（2009）	本土心理资本量表
三元结构	自我效能感、乐观、复原力 [⑤]	拉森等（2004）	心理资本量表
	希望、乐观、复原力 [⑥]	詹森等（2006）	心理资本状态量表
	希望、乐观、复原力 [⑦]	路桑斯等（2006）	积极心理状态量表
	希望、乐观、坚韧 [⑧]	仲理峰（2007）	心理资本问卷（PCQ-24）
四元结构	希望、乐观、自信、复原力 [⑨]	詹森（2003）	心理资本评价量表
	希望、乐观、自信、复原力 [⑩]	佩奇等（2004）	积极心理资本评价量表

① 根据有关资料整理，参见赵丽华：《职业适应期高校毕业生就业稳定性研究——基于心理资本视角》，天津大学博士学位论文，2011 年。

② A. H. Goldsmith, J. R. Veum, W. Darity, "The Impact of Psychological and Human Capital on Wages," *Economic Inquiry* 35(4), 1997.

③ 张红芳、吴威、杨畅宇：《论心理资本的维度与作用机制》，《西北大学学报》（哲学社会科学版）2009 年第 6 期。

④ 柯江林等：《心理资本：本土量表的开发及中西比较》，《心理学报》2009 年第 9 期。

⑤ M. D. Larson, F. Luthans, "Beyond Human and Social Capital: The Additive Value of Psychological Capital on Employee Attitudes," Working Paper, Gallup Leadership Institute, University of Nebraska-Lincoln, 2004.

⑥ S. M. Jensen, F. Luthans, "Relationship between Entrepreneurs' Psychological Capital and Their Authentic Leadership," *Journal of Managerial Issues* 18(2), 2006.

⑦ F. Luthans, J. B. Avey, B. J. Avolio, "Psychological Capital Development: Toward a Micro-Intervention," *Journal of Organizational Behavior* 27(3), 2006.

⑧ 仲理峰：《心理资本对员工的工作绩效、组织承诺及组织公民行为的影响》，《心理学报》2007 年第 2 期。

⑨ S. M. Jensen, "Entrepreneurs as Leaders: Impact of Psychological Capital and Perceptions of Authenticity on Venture Performance," Un-published dissertation of University of Nebraska, 2003.

⑩ L. F. Page, and R. Bonohue, "Postive Psychological Capital: A Preliminary Exploration of the Construct," Working Paper of department of management of Monash University, 2004.

续表

分类	结构要素	研究者及年份	量表名称
四元结构	希望、自我效能感、乐观、积极归因[①]	阿沃利奥等（2004）	
	希望、乐观、复原力、自我效能感[②]	埃维等（2006）	心理资本状态量表
	希望、乐观、自我效能/信心、韧性[③]	路桑斯等（2007）	心理资本问卷（PCQ-24）
	自尊、自我效能感、控制点、情绪稳定性[④]	贾奇等（2001）	核心自我评价构念量表
	自信、希望、韧性、乐观[⑤]	温磊等（2009）	心理资本问卷（PCQ-24）修订
	自信、希望、乐观、坚韧[⑥]	田喜洲等（2010）	本土心理资本量表
	自我效能、韧性、希望、乐观[⑦]	张阔等（2010）	本土心理资本量表
多元结构	情绪稳定性、外向性、开放性、宜人性、责任感[⑧]	莱彻（2004）	大五人格评价量表
	自主性（独立性）、判断力、心理承受能力、自信心、乐观	本书	本土心理资本量表

[①] B. J. Avolio, W. L. Gardner, F. O. Walumbwa, "Unlocking the Mask: A Look at the Process by Which Authentic Leaders Impact Follower Attitudes and Behaviors," *Leadership Quarterly* 15(6), 2004.

[②] J. B. Avey, J. L. Patera, B. J. West, "The Implications of Positive Psychological Capital on Employee Absenteeism," *Journal of Leadership & Organizational Studies* 13(2), 2006.

[③] F. Luthans, C. M. Youssef, B. J. Avolio, *Psychological Capital: Developing the Human Capital Edge*, Oxford, UK: Oxford University Press, 2007, pp. 33-143.

[④] T. A. Judge, J. E. Bono, "Relationship of Core Self-Evaluations Traits-Self-Esteem, Generalized Self-Efficacy, Locus of Control, and Emotional Stability—With Job Satisfaction and Job Performance: A Meta-Analysis," *Journal of Applied Psychology* 86(1), 2001.

[⑤] 温磊等:《心理资本问卷的初步修订》,《中国临床心理学杂志》2009 年第 2 期。

[⑥] 田喜洲等:《企业员工心理资本结构维度的关系研究》,《北京理工大学学报》(社会科学版) 2010 年第 2 期。

[⑦] 张阔等:《积极心理资本：测量及其与心理健康的关系》,《心理与行为研究》2010 年第 1 期。

[⑧] L. Letcher, B. Niehoff, "Psychological Capital and Wages: A Behavioral Economic Approach," Paper submitted to be considered for presentation at the Midwest Academy of Management, Minneapolis, MN, 2004.

工资之间具有显著正相关关系，而且与人力资本相比，心理资本对个体的实际工资水平的影响更大；心理资本及希望、乐观和坚韧性等维度对领导以及员工的工作绩效具有积极影响；员工的心理资本与其工作满意度显著正相关，员工的心理资本比人力资本和社会资本对工作态度的影响作用大，希望、乐观和坚韧性三种心理状态对工作态度有显著影响；员工的心理资本与主动离职行为具有显著负相关关系，即心理资本水平越高，主动离职率就越低，但是员工的心理资本与非主动离职没有相关性。

本书在心理资本操作化方面较多地借鉴了路桑斯的相关研究。路桑斯认为，心理资本具有积极导向、科学的（以理论与研究为基础）、可测量、可开发（状态类的个体特征）、影响绩效（绩效导向）等特性，其四项主要构成部分各有不同含义、功能和开发渠道。

自我效能／信心（confidence or self-efficacy）表现为，在面对充满挑战性的工作时，有信心并能付出必要的努力来获得成功，它是"个体对自己在特定的情境里能够激发动机、调动认知资源并采取必需的行动来成功完成某一项特定工作的信念或信心"[①]，也是一种能使人在压力、恐惧和挑战之下有效行动的重要因素，与工作绩效之间有强的正相关，可以通过熟练掌握与成功体验、替代学习／模仿、社会说服和积极反馈、生理和心理唤醒及健康等渠道来开发，它与具体领域有关，总有提升的空间，受他人影响，是变化的，要避免过度自信。

乐观（optimism）是一种归因模式，即用个体的、永久的、普遍性的原因来解释积极的事件，而用外部的、临时的、与情景关联的原因来解释消极的事件，可以通过包容过去、珍惜现在、寻找未来的机会等方式来开发工作场所中现实的乐观，要避免盲目乐观。

希望（hope）是在成功的动因（指向目标的能量水平）与路径（实现目标的计划）交叉产生的体验的基础上形成的一种积极的动机状态，表现为对

---

① 〔美〕路桑斯等：《心理资本》，李超平译，中国轻工业出版社 2008 年版，第 14—15 页。

目标锲而不舍，为取得成功在必要时能调整实现目标的途径，其开发方法主要包括设定有挑战性的延伸目标、制订权变计划、在必要时为避免不切实际的希望而重新设定努力方向，要避免虚假希望的威胁。

韧性（resiliency）则表现为，当身处逆境和被问题困扰时，能够持之以恒，迅速复原并超越，以取得成功，它是一种可开发的能力，能使人从逆境、冲突和失败中，甚至从积极事件、进步以及与日俱增的责任中快速回弹或恢复过来。开发工作场所的韧性的三种策略，包括关注韧性资产的策略、关注危害因素的策略、关注过程的策略。具有职业韧性的员工"不仅信奉持续学习的理念，而且随时准备改造自己以跟上变革的步伐；不仅对自己的职业发展负责，而且愿意为组织的成功承担责任"；按照职业韧性策略，组织对传统的雇用契约不再负有责任，但对员工的"就业能力"负有责任，组织不仅仅只给员工提供常规的培训，还可以通过开发以及支持员工的终身学习，来增强员工在组织内或组织外的机会，这样就可以提高员工的"就业能力"。①

路桑斯认为，心理资本主要由上述四项能力组成，但又远远超出这些能力范畴，是更高层次的核心构念，其整体作用大于各个部分的作用之和。心理资本的各项能力之间相互作用，既累加，又协同，相互影响。比如，心怀希望的人，可能更有韧性；有韧性的人更乐观；自信的人更能把希望、乐观和韧性迁移并运用到具体任务中去；自信、希望和韧性，有助于形成乐观的解释风格。现有研究认为，除了已经证实的四类心理资本之外，还有四类有待进一步研究的积极心理能力可以划归为潜在的心理资本：认知优势（创造力、智慧）、情感优势（主观幸福感、沉浸体验、幽默）、社会优势（感恩、宽恕、情绪智力）、更高层次的优势（精神性、真实性、勇气）。

研究心理资本的宗旨是追求在工作场所中实现人类机能的最优化，提出心理资本的底线是必须能对心理资本进行可靠而有效的测量、心理资本应该

---

① 〔美〕路桑斯等：《心理资本》，李超平译，中国轻工业出版社 2008 年版，第 116—117 页。

是可开发的而且能够证明其对绩效的影响。为此，为了更好地体现我国高校毕业生就业心理特点，方便被调查者接受，本研究从自主性（独立性）、判断力、心理承受能力、自信心、乐观等五个维度来测量心理资本，其中心理承受能力与韧性、自信心与自我效能／信心基本对应。

四、三个资本之间的关系

资本是资源的另一种表现形式，具有开发投资、收益回报等特性，不同资本反映行为者与资源的不同关系。社会资本、人力资本、心理资本都是与物质资本相对而言的，物质资本是行为者外在的各种形式的财富，社会资本则是存在于行为者与行为者之间的联系之中的，人力资本、心理资本是内化于行为者的。人力资本实质上就是凝聚在个体身上的知识、技能、经验积累等，由个人所拥有的资源组成，强调的是能够产生利润的个人资源投资，个人可以自由地、不需要补偿地使用和处置它们，没有关注和回答个体与其周边社会网络之间的关系。而社会资本是期望在市场中得到回报的社会关系投资，它不同于从宏观层面出发的基于阶级分析的马克思古典资本，也不同于从个体微观层面出发的作为新资本理论的人力资本，社会资本拓展了这一个体化的视角，它是通过社会关系获得的资本，是一种嵌入在社会结构中的社会财产，需借助于行动者所在网络或所在群体中的联系和资源而起作用。心理资本是对人力资本、社会资本的一种超越。人力资本关注"你知道什么"，社会资本关注"你认识谁"，而心理资本关注"你是什么样的人""你相信自己能够做什么""你会去做什么""你在成为什么样的人"。"你是什么样的人"，实际上既可以包括知识、技能、专长、经验等人力资本，也可以包括社会支持、关系网络等社会资本，人力资本、社会资本反映的是现实自我，但心理资本还包括"你在成为什么样的人"，即从现实自我向可能自我的转变与发展。就此而言，人力资本、社会资本是心理资本的构成部分，整体的心理资本能带来比其各个构成部分包括人力资本、社会资本更大的影响，并且它还是一种动态资源，能随着时间的推移而增长，并得到维持。

社会资本是个体的社会关系和社会声誉等；人力资本是个体通过接受教育或经验积累而逐步掌握的知识、技能及其他素质；心理资本是个体核心的积极心理要素。三者对个人和组织的绩效、发展和成功均有重要作用和影响，均能对个体发展和经济增长起到积极的推动作用。总体而言，社会资本、人力资本、心理资本是一种更全面、更高层次的概念架构，三者的协同集约是实现人的就业潜能、达到可能自我的关键所在。

第二节　变量及其操作化

在第四章分析高校毕业生就业观对就业质量的影响中，自变量为就业观，因变量为就业质量。在第五章分析高校毕业生就业观的影响因子中，自变量为常数项和社会资本、人力资本、心理资本，因变量为就业观。

为确保变量测量指标设计的科学性与严谨性，本书采取德尔菲法（Delphi Technique），将初步设计的所有变量指标以及研究假设、研究背景材料，用通信的方式分别寄给国内有经验的 7 位高校毕业生就业问题专家进行函询调查（专家间不存在横向讨论），然后收集、归纳专家们的答复意见，再将综合修改后的意见反馈给专家们，来回反复四次，最后专家们对变量测量指标设计形成了较为理想的一致看法。在指标提出初期和专家反馈过程中，笔者还组织部分专家（不包括 7 位函询专家）进行座谈讨论，对变量指标体系的优化设计发挥了一定作用。

一、社会资本、人力资本与心理资本操作化

社会资本是处于社会网络或更广泛的社会结构中的高校毕业生所拥有的社会关系网络和社会声誉，具体操作化为 10 个子项，分别为进入高校学习前的城乡背景（0 为非城镇、1 为城镇）、大学期间是否担任学生干部、是否

参加社团组织、是否参加志愿服务活动（0为否，1为是）、父亲受教育程度、母亲受教育程度（1为小学及以下、2为初中、3为高中及职高技校、4为大专、5为本科、6为研究生）、父亲职业状况、母亲职业状况（0为体制外，包括在乡务农、在外打工、自主创业、在家赋闲、其他；1为体制内，包括在国有企事业单位工作、政府机构工作）、父母亲年收入［1为2万元以下、2为2万—5万元、3为5万—10万元（不含5万）、4为11万—20万元、5为20万元以上］、社会关系广泛度（五点计分，依广泛度由小到大的顺序赋值，最低分为1分，视为"非常少"，最高分为5分，视为"非常广泛"；五点计分的表述，下同）。

人力资本是凝聚在高校毕业生身上的知识、技能、经验等因素的总称，具体操作化为14个子项，分别为大学期间是否为中共党员、是否获得奖学金、是否有过兼职经历、是否有过职业生涯规划、是否辅修第二专业或更高学历学位（0为否，1为是）、最后学历（1为大专、2为本科、3为硕士、4为博士）、毕业的高校类型（1为专科高职院校、2为一般本科院校、3为非"985工程"的"211工程"院校、4为"985工程"院校）、文科、工科（把哲学、经济学、法学、教育学、文学、历史学、管理学、艺术学等8个学科统称为文科，把工学、医学、军事学、农学等4个学科统称为工科，把理学称为理科，以理科为参照，回归分析文科和工科）、所学专业与兴趣爱好的一致程度、专业满意度（五点计分，1为很不一致、很不满意，5为很一致、很满意）、大学学习成绩班级排名（1为后30%、2为前31%—70%、3为前11%—30%、4为前10%）、大学期间获得的考级证书（五点计分，1为没有、2为很少<1—2个>、3为一般<3个>、4为较多<4—5个>、5为多<5个以上>）、就业能力（五点计分，1为非常差、5为非常好）。

心理资本是高校毕业生在成长和发展过程中表现出来的可投资开发并能使个体获得竞争优势的积极心理要素，具体操作化为5个子项，分别为自主性（独立性）、判断力、心理承受能力、自信心、乐观，均采用五点计分，1为很不好、5为非常好。

二、就业观测量指标操作化

就业观测量指标操作化为 4 个部分 24 个子项。

一是就业条件观，具体包括 13 项：① 所学专业与兴趣爱好一致程度（五点计分，1 为很不一致、2 为不太一致、3 为一般、4 为比较一致、5 为很一致）；② 对自己所学专业满意程度（五点计分，1 为很不满意，5 为很满意）；③ 大学期间学习成绩班级排名认知（1 为后 30%、2 为前 31%—70%、3 为前 11%—30%、4 为前 10%，数字越大成绩越好）；④ 就业能力自我判断（五点计分，1 为非常差，5 为非常好）；⑤ 找工作的社会关系自我认知（五点计分，1 为非常少，5 为非常广泛）；⑥ 外貌条件自我判断（五点计分，1 为非常差，5 为非常好）；⑦ 心理素质自我认知（测量自主性、判断力、心理承受能力、自信心、乐观五项，五点计分，1 为很不好，5 为非常好）；⑧ 自己就业形势总体感觉（五点计分，1 为非常严峻，5 为很乐观）；⑨ 就业政策认知（对国家促进高校毕业生就业政策和国家鼓励扶持大学生创业政策了解情况、目前就业政策对毕业生求职帮助情况、从相关就业政策受益情况，均采用五点计分，1 为一点都不了解，5 为非常了解）；⑩ 就业政策评价（岗位稳定政策、岗位创造政策、创业激励政策、就业吸纳优惠政策、特岗就业倾斜政策、就业援助政策、反就业歧视政策等七项，采用五点计分，1 为很不满意，5 为很满意）；⑪ 就业指导服务认知（求职过程中面临的问题、校友帮助自己求职方面的作用、对学弟学妹就业提供帮助的意愿、大学生是否有必要接受就业指导教育、对人才招聘会双选会效果认知，分数越大认知程度越高）；⑫ 母校就业指导服务评价（整体情况、就业指导／创业指导课、职业咨询／辅导、校园招聘活动、就业信息提供与发布、就业手续办理、其他就业指导服务等七项，采用五点计分，1 为很不满意，5 为很满意）；⑬ 政府公共就业服务评价（提供就业信息、促进人职匹配、职业指导与培训、人事合同管理、失业保险与救助、制定就业创业政策法规等六项，采用五点计分，1 为很不满意，5 为很满意）。

在第四章分析就业观对就业质量的影响中，作为自变量的就业观，其操作化只选择了前八项，即所学专业与兴趣爱好一致程度、对自己所学专业满意程度、大学期间学习成绩班级排名认知、就业能力自我判断、找工作的社会关系自我认知、外貌条件自我判断、心理素质自我认知、自己就业形势总体感觉等；在第五章分析就业观影响因子的操作化中，由于前七项绝大部分指标已经从客观事实陈述的视角（非主观认知视角）被列入人力资本、社会资本、心理资本，所以在作为因变量的就业观操作化中不再重复使用和计算，只采用后六项，即自己就业形势总体感觉、就业政策认知、就业政策评价、就业指导服务认知、母校就业指导服务评价、政府公共就业服务评价。

二是就业价值观，包括就业目的（为了生计、奠定建立家庭的经济基础，合并为生存型，计分 0；出于兴趣爱好、服务社会实现自身价值，合并为发展型，计分 1）、理想的工作类型取向（稳定的工作、舒适安逸的工作，合并为安稳型，计分 0；有挑战性的工作、能发挥自己才能的工作，合并为挑战型，计分 1）、择业决策时考虑的首要因素（经济收入、生活环境，合并为物质待遇，计分 0；个人发展机会、专业知识运用、工作稳定性，合并为职业发展与稳定，计分 1）、高质量就业指标评价（测量对 11 项就业质量指标的重视程度，分别为劳动报酬、工作条件与环境、工作稳定性、社会保障与利益表达机制、晋升培训机会、组织文化、行业岗位好、就业地理位置、就业单位社会声望、人职匹配度、工作带来的成就感及人生价值的实现；五点计分，1 为不重要，5 为非常重要，数字越大，对就业质量要求越高、越重要）。

三是就业目标观，包括就业单位性质取向（私营企业、中外合资或外资企业、社会组织、自主创业／个体经营户、其他，合并为非国有体制内就业，计分 0；政府机构、事业单位、国有企业、国防军工单位，合并为国有体制内就业，计分 1）、月收入期望（1 为 2000 元以内、2 为 2001—3500 元、3 为 3501—6000 元、4 为 6001—8000 元、5 为 8000 元以上）、就业地域取向（1 为边远或农村地区、2 为内地中小城市、3 为中小型省会城市、4 为经济发达的大城市，数字越大越为大城市）。

四是就业伦理观，包括就业诚信态度（评价"可以不诚信求职""违反就业协议不是什么大不了的事"，五点计分，1为很赞同，5为很不赞同，分数越大越诚信）、求职正当竞争态度（评价"可以不择手段诋毁求职竞争对手""求职就业中拉关系走后门是必要的"，五点计分，1为很赞同，5为很不赞同，分数越大越赞同正当竞争）、就业自主性（测量求职就业决策时最愿意听取意见的对象，首先、其次、再次三项中，选择自己的分别计分3、2、1，选择父母家人、老师、同学朋友、专业咨询机构及其就业指导专家、其他等均计分0；评价"找不到合适的工作可以继续'啃老'吃救济"，五点计分，1为很赞同，5为很不赞同，分数越大越自主）、就业代价观（可接受的求职花费标准100元以内计分1，500元以内计分2，1000元以内计分3，2000元以内计分4，5000元以内计分5，1万元以内计分6；评价"为了找个好工作可以不计代价"，五点计分，1为很赞同，5为很不赞同，分数越大越赞同适度高价求职）。

三、其他变量操作化

其他变量主要涉及就业质量、常数项等。

高校毕业生就业质量操作化为人职匹配度、工作稳定性、劳动报酬、福利保障、劳动条件、晋升机会、工作挑战性、工作决策空间、利益表达机制、工作满意度等10个子项。具体测量指标如下：

通过测量已就业毕业生对"目前从事的工作与理想的职业是一致的""对目前的工作感兴趣""目前工作是自己擅长的领域""目前从事的工作与自己所学的专业相关""自己的性格特质适合目前的工作"等五项陈述的评价，来计量毕业生就业后的人职匹配度，五点计分，1为很不符合，5为很符合，分数越大，人职匹配度越高。

从三个方面来测量高校毕业生就业后的工作性质，一是是否有编制（正式员工）；二是是否与用人单位签订书面劳动合同；三是工作稳定性，测量单位变动、地域变动和职业变动（工种或岗位变动）次数，次数越少越稳定，同时测量所在单位员工离职率高低，五点计分，1 为很高，5 为很低，分数越大，工作稳定性越高。

从当前月工资（含奖金）、相较其他相同职位自己工资水平高低评价、在职期间工资涨幅的合理性与满意度评价、传统节假日和纪念日特别福利发放情况等四个方面来测量高校毕业生获取的劳动报酬，分数越大，劳动报酬越高。

从能否享受工伤、失业、医疗、养老、生育保险以及住房公积金、免费职业技能培训、带薪年假、福利房/经济适用房等住房福利、工作餐/餐补、班车/交通补贴等 11 个子项来测量福利保障情况，0 为不能，1 为能，分数越大福利保障越好。

从工作时间类型、工作安全性两个方面来测量高校毕业生就业后的劳动条件。工作时间类型分为非正常白班和正常白班，分别计分 0 和 1；工作安全性用工作危险系数自评、工作环境对身体健康影响程度自评来计量，均采取五点计分，分数越大，工作安全性越好。

采取两种方式测量晋升机会，一是毕业生自评目前所在岗位是否具有晋升空间，完全没有、空间较小、一般、有较大空间、具有很大空间等分别赋值 1—5；二是对"平时关注岗位晋升""已具备晋升的条件""所在单位的职业培训机会多""所在单位的外出进修机会多""所在单位的晋升机会公平"等情况进行评价，五点计分，1 为不符合，5 为很符合，分数越大，晋升机会越多。

采用两种方式测量就业后高校毕业生的工作挑战性，一是了解工作时他人帮助需要情况，五点计分，完全不需要、很少需要、一般、大多时候需要、经常需要分别计分 1—5；二是结合自身状况评价"目前的工作具有挑战性""愿意接受更有难度的工作"，五点计分，前者 1 为不符合、5 为很符合，后者相反计分，分数越大，工作挑战性越强。

"单位做出涉及您工作的决定时能及时通知您""工作决策或建议会被单

位采纳""决定／想法／感受能得到同事的认可""能根据自己实际情况灵活地调整个人工作日程""在制订某项工作计划时会受到单位的限制""自己职权范围内的工作却无权决策""自己的日常工作对整个单位的工作进程有影响"，通过了解已就业高校毕业生对以上陈述的自评情况测量其工作决策空间，前四项反向五点计分，后三项正向五点计分，分数越大，工作决策空间越大。

从两个方面来测量就业后毕业生所在单位的利益表达机制，一是了解其工作后是否有合法的利益表达渠道，0 为没有，1 为有；二是了解其目前工作中的利益表达渠道是否畅通、所在单位对员工利益诉求是否会做出相应回应、单位处理利益诉求的时间长短、单位在薪水制度方面征求员工意见情况，均采取五点计分，分数越大，利益表达机制越健全。

通过了解工作环境、工作人际关系、工作单位日常规章制度、工作单位管理人员的管理水平、工作单位处理员工利益诉求、工作自主性、工作带来的成就感、工作学习培训机会、工作能力和知识提高、工作岗位晋升空间、"五险一金"、工作福利、工作薪酬、工作量、工作时间、工作加班等 16 个子项，来测量就业后的高校毕业生工作满意度，采取五点计分，1 为很不满意，5 为很满意。

常数项操作化为性别（0 为女，1 为男）、是否独生子女（0 为否，1 为是）。

第三节　理论模型建构

一、研究假设

假设 1：高校毕业生就业观显著影响其就业质量，并具有预测作用。

假设 2：高校毕业生社会资本、人力资本、心理资本存量同其就业条件观显著相关，并具有预测作用。

假设 3：高校毕业生社会资本、人力资本、心理资本存量与其就业价值观显著相关，并具有预测作用。

假设 4：高校毕业生社会资本、人力资本、心理资本存量与其就业目标观显著相关，并具有预测作用。

假设 5：高校毕业生社会资本、人力资本、心理资本存量与其就业伦理观显著相关，并具有预测作用。

假设 1 将在第四章进行论证，假设 2—5 将在第五章进行论证。

二、计量模型

采用统计软件 SPSS19.0 进行数据处理和统计分析。根据因变量特点，相应建立线性回归模型（因变量为数值型变量）和二元逻辑斯蒂回归模型（因变量为二分名义变量）进行计量检验。

多元线性回归分析的模型为：

$$y=\alpha+\beta_1 x_1+\beta_2 x_2+...\beta_n x_n+\varepsilon \tag{1}$$

在假设 1 论证中，因变量 y 分别指代就业质量的相关操作项（表 4.21 中模型 1 至模型 6，模型 7-2、8-2、9-3、10-1、10-2 等 11 个模型的因变量），自变量 x 分别指代就业观的 19 个操作项，ε 表示随机误差项。

在假设 2—5 论证中，因变量 y 分别指代就业条件观、就业价值观、就业目标观、就业伦理观的相关操作项（表 5.2、表 5.3、表 5.11 中模型的因变量），自变量 x 分别指代毕业生社会资本、人力资本、心理资本以及性别、是否独生子女等 31 个操作项，ε 表示随机误差项。

逻辑斯蒂回归分析的模型为：

$$logit\, p=\ln(p/1-p)=\alpha+\beta_1 x_1+\beta_2 x_2+...\beta_n x_n+\varepsilon \tag{2}$$

在假设 1 论证中，因变量 ln(p/1-p) 分别指代就业质量的相关操作项（表 4.21 中模型 7-1、8-1、9-1、9-2 等 4 个模型的因变量），自变量 x 分别指代就业观的 19 个操作项，ε 表示随机误差项。

在假设 2—5 论证中，因变量 ln(p/1-p) 分别指代就业条件观、就业价值观、就业目标观、就业伦理观的相关操作项（表 5.1、表 5.4 至表 5.10 中模型的因变量），自变量 x 分别指代毕业生社会资本、人力资本、心理资本以及性别、是否独生子女等 31 个操作项，ε 表示随机误差项。

三、数据来源与样本结构

本研究采用的数据来源于面访问卷调查和网络问卷调查，调查于 2014 年 6—8 月实施。面访问卷调查的对象为毕业一年以后的 2013 届普通高校毕业生，我们依据毕业生身份证号码的后四位编号，从湖南省普通高校 2013 届毕业生就业数据库中（包含博士毕业生、硕士毕业生、本科毕业生、高职专科毕业生四类样本人群），随机抽取样本个案。面访问卷调查具体实施中，先通过电话、短信等方式与被调查者进行初步沟通，再约请被调查者当面填写调查问卷，部分被抽样本个案不能接受调查的，按照同伴推动抽样法（RDS），由被调查者推荐同质（如性别、毕业高校类型、学历等均需相同）、有限（不超过 3 个）样本个案接受调查，最后的有效个案为 1030 个。网络问卷调查的对象为当时即将毕业离校的湖南省普通高校 2014 届毕业生。我们把调查问卷制成专题网页，将调查问卷网页地址群发到湖南省普通高校 2014 届毕业生的 QQ 邮箱，收到毕业生回复的有效问卷为 36428 份（在后文分项统计中，数据可能有细微差别，原因是个别毕业生未能完整回答）。

面访问卷调查 1030 份有效个案的具体分布结构为：

性别：男性 487 人，占 47.3%；女性 543 人，占 52.7%。

就业地（调研地）：长沙 493 人，占 47.9%；长沙以外的 13 个市州 537 人（最少的为张家界，9 人），占 52.1%。

涉及有毕业生的高校 30 所，其中长沙 4 所，长沙以外的 13 个市州每个 2 所；高校类型包括 1 所"985 工程"院校，1 所"211 工程"院校，14 所本科院校和 14 所高职院校。

年龄：20—24 岁 762 人，占 74.0%；25—30 岁 249 人，占 24.2%；31—40 岁 15 人，占 1.4%；系统缺失 4 人，占 0.4%。

是否独生子女：是的 379 人，占 36.8%；不是的 644 人，占 62.5%；系统缺失 7 人，占 0.7%。

入学前的城乡背景：城市 229 人，占 22.2%；城镇 326 人，占 31.7%；农村 473 人，占 45.9%；系统缺失 2 人，占 0.2%。

最后学历：大专 176 人，占 17.1%；本科 651 人，占 63.2%；硕士 160 人，占 15.5%；博士 42 人，占 4.1%；系统缺失 1 人，占 0.1%。

毕业高校类型："985 工程"院校毕业生 92 人，占 8.9%；非"985 工程"的"211 工程"院校毕业生 190 人，占 18.5%；一般本科院校毕业生 540 人，占 52.4%；专科高职院校毕业生 203 人，占 19.7%；系统缺失 5 人，占 0.5%。

学科门类：文科 695 人，占 67.5%；工科 277 人，占 26.9%；理科 51 人，占 4.9%；系统缺失 7 人，占 0.7%。

父母亲年收入：2 万元以下 118 人，占 11.4%；2 万—5 万元 344 人，占 33.4%；5 万—10 万元（不含 5 万）348 人，占 33.8%；11 万—20 万元 128 人，占 12.4%；20 万元以上 78 人，占 7.6%；系统缺失 14 人，占 1.4%。

父母亲受教育程度：小学及以下的父母分别为 93 人、占 9%，160 人、占 15.5%；初中分别为 340 人、占 33%，371 人、占 36%；高中（职高技校）分别为 331 人、占 32.2%，282 人、占 27.4%；大专分别为 149 人、占 14.5%，116 人、占 11.3%；本科分别为 67 人、占 6.5%，51 人、占 5%；研究生分别为 23 人、占 2.2%，20 人、占 1.9%；系统缺失分别为 27 人、占 2.6%，30 人、占 2.9%。

父母亲退休前的职业或主要从事的工作：国有企事业单位工作人员分别为 170 人、占 16.5%，149 人、占 14.5%；政府机构工作人员分别为 114 人、占 11.1%，64 人、占 6.2%；在乡务农分别为 213 人、占 20.7%，259 人、占 25.1%；在外打工分别为 207 人、占 20.1%，169 人、占 16.4%；自主创业人员分别为 205 人、占 19.9%，173 人、占 16.8%；在家赋闲分别为 28 人、占 2.7%，113 人、占 11%；其他分别为 64 人、占 6.2%，69 人、占 6.7%；系统缺失分别为 29 人、占 2.8%，34 人、占 3.3%。

网络问卷调查 36428 份有效个案的具体分布结构为：

性别：男性 18083 人，占 49.6%；女性 18345 人，占 50.4%。

是否独生子女：是的 20634 人，占 56.6%；不是的 15794 人，占 43.4%。

入学前的城乡背景：城市 7329 人，占 20.1%；城镇 9480 人，占 26%；农村 19619 人，占 53.9%。

最后学历：大专 17188 人，占 47.2%；本科 17151 人，占 47.1%；硕士 1929 人，占 5.3%；博士 160 人，占 0.4%。

毕业高校类型："985 工程"院校毕业生 2192 人，占 6%；非"985 工程"的"211 工程"院校毕业生 378 人，占 1%；一般本科院校毕业生 19143 人，占 52.6%；专科高职院校毕业生 14715 人，占 40.4%。

学科门类：文科 14739 人，占 40.5%；工科 20072 人，占 55.1%；理科 1617 人，占 4.4%。

父母亲年收入：2 万元以下 9305 人，占 25.5%；2 万—5 万元 13720 人，占 37.7%；5 万—10 万元（不含 5 万）9609 人，占 26.4%；11 万—20 万元 2917 人，占 8%；20 万元以上 876 人，占 2.4%；系统缺失 1 人，占 0%。

父母亲受教育程度：小学及以下的父母分别为 5548 人、占 15.2%，9203 人、占 25.3%；初中分别为 14945 人、占 41%，15242 人、占 41.8%；高中（职高技校）分别为 10805 人、占 29.7%，8403 人、占 23.1%；大专分别为 2971 人、占 8.2%，2298 人、占 6.3%；本科分别为 1965 人、占 5.4%，1182 人、占 3.2%；研究生分别为 192 人、占 0.5%，99 人、占 0.3%；系统缺失分别为 2 人、占 0%，1 人、占 0%。

父母亲退休前的职业或主要从事的工作：国有企事业单位工作人员分别为 4334 人、占 11.9%，3442 人、占 9.4%；政府机构工作人员分别为 2215 人、占 6.1%，1319 人、占 3.6%；在乡务农分别为 10756 人、占 29.5%，12408 人、占 34.1%；在外打工分别为 9906 人、占 27.2%，8229 人、占 22.6%；自主创业人员分别为 5689 人、占 15.6%，4805 人、占 13.2%；在家赋闲分别为 592 人、占 1.6%，3118 人、占 8.6%；其他分别为 2935 人、占 8.1%，3106 人、占 8.5%；系统缺失分别为 1 人、占 0%，1 人、占 0%。

第四章　高校毕业生就业观现状及对就业质量的影响

近年来，随着我国高等教育规模的大幅扩张，高校毕业生就业问题受到广泛关注。就实质而言，高校毕业生找到一份工作并不难，难的是找到一份与自己就业期望相符的满意的工作。党的十八大明确提出，要推动实现更高质量的就业。更高质量就业是一个相对概念，既与就业岗位的声望、层次、回报等质量指标密切相关，也与就业主体的心理预期、主观感受等就业观念直接关联。就业观是高校毕业生对求职就业的根本看法和态度，是其世界观、人生观、价值观的重要组成部分和具体体现，是就业行为的先导，不同的就业观产生不同的就业行为并有着不一样的就业结果。因此，研究就业观与就业质量之间的关联性，对于理解和掌握高校毕业生就业观以及推动毕业生实现更高质量就业具有重要的理论价值和实践意义。本章以问卷调查结果为依据，描述了当代高校毕业生就业观的现状，回归分析了就业观对其就业质量的影响情况。

第一节　高校毕业生就业观现状描述

一、就业条件观现状

调查结果显示，85% 的高校毕业生不认为自己的求职形势严峻。面向两届已经经历求职的高校毕业生调查"您对自己求职形势的总体感觉"，结果出乎意料，毕业生对就业形势的自我判断日趋理性、客观。2013届高校毕业生中选择"很乐观""比较乐观"的分别占6.6%（68人）、37.5%（384人）；选择"比较严峻""非常严峻"的分别只占11.8%（121人）、1.9%（19人）。2014届高校毕业生中选择"很乐观""比较乐观"的分别占15.4%（5598人）、41.7%（15193人）；选择"比较严峻""非常严峻"的只分别占13.2%（4826人）、2.3%（825人）。如果简化分类，趋势可能更明显。把"很乐观""比较乐观"合并统计为乐观，其他合并统计为非乐观，2013届高校毕业生对自己求职形势总体感觉乐观的为452人，占44.1%，非乐观的为572人，占55.9%，基本上各占半边天；2014届高校毕业生总体感觉乐观的20791人，占57.1%，非乐观的15636人，占42.9%，乐观比例较上届提高13%，接近六成的毕业生对自己的求职形势持乐观态度。把"非常严峻""比较严峻"合并统计为严峻，其他合并统计为非严峻，2013届高校毕业生总体感觉严峻的140人，占13.7%，非严峻的884人，占86.3%；2014届高校毕业生总体感觉严峻的5651人，占15.5%，非严峻的30776人，占84.5%，两届严峻比例仅相差1.8%，超过八成的毕业生不认为自己的求职形势严峻。（见表4.1）

表 4.1　高校毕业生求职形势自我判断分布

求职形势自我判断	2013 届		2014 届	
	人数（人）	比重（%）	人数（人）	比重（%）
很乐观	68	6.6	5598	15.4
比较乐观	384	37.5	15193	41.7
一般	432	42.2	9985	27.4
比较严峻	121	11.8	4826	13.2
非常严峻	19	1.9	825	2.3
合计	1024	100.0	36427	100.0

　　仅半数毕业生喜好和满意所学专业。专业学习情况是高校毕业生求职就业的重要基础条件,对所学专业的认知与评价情况既是毕业生就业观的组成部分,也是毕业生就业观形成的基石。我们设计了两个问题来了解毕业生对所学专业的认知与评价:"您所学专业与您的兴趣爱好一致吗""您对自己所学专业满意吗"。2013届高校毕业生认为自己所学专业与兴趣爱好"很一致"的仅占13.1%(131人),选择"比较一致"的为37.3%(383人),两项合计为50.4%,仅有半数的毕业生认为所学专业与自己的兴趣爱好一致;选择"不太一致"的占12%(123人),"很不一致"的为4.2%(43人),两项合计为16.2%,有近两成的毕业生明确表示所学专业不符合自己的兴趣爱好;选择中间状态"一般"的占33.4%(342人),超过三成的毕业生对自己所学专业说不上喜好或不喜好。毕业生对所学专业的满意度同其喜好情况变化趋势基本一致,选择"很满意""比较满意"的比例分别为11.6%(119人)、37.9%(389人),合计为49.5%,仅有接近半数的毕业生对所学专业满意;"不太满意""很不满意"的分别为9.3%(95人)、1.9%(20人),两项合计11.2%;而持"一般"态度的高达39.3%(403人),接近四成。2014届高校毕业生的比例分布与上届基本一致。(见表4.2)高等教育大众化时代,学生

表 4.2　高校毕业生对所学专业的喜好与满意情况

	与兴趣爱好的一致性		满意情况	
	2013 届人数 (人)/比重(%)	2014 届人数 (人)/比重(%)	2013 届人数 (人)/比重(%)	2014 届人数 (人)/比重(%)
很一致/满意	134/13.1	5059/13.9	119/11.6	5249/14.4
比较一致/满意	383/37.3	14167/38.9	389/37.9	14548/40.0
一般	342/33.4	11583/31.8	403/39.3	13506/37.1
不太一致/满意	123/12	4129/11.3	95/9.3	2488/6.8
很不一致/满意	43/4.2	1490/4.1	20/1.9	637/1.7
合计	1025/100	36428/100	1026/100	36428/100

缴费上学，理应有选择专业的受教育权利，但由于教育资源限制以及社会观念束缚，很大一部分毕业生学非所爱、学非所用，学习效率、求职效率自然大打折扣，他们对所学专业不高的满意度必然影响其满意就业。

七成毕业生自评学习成绩班级排名前三成。调查显示，2013届、2014届高校毕业生认为自己大学学习成绩排在班级"前10%"的比例分别为26.1%（264人）、30.4%（11053人），选择"前11%—30%"区间的比例分别为44.1%（445人）、41.5%（15134人），两项合计，即大学学习成绩班级排名前30%的被调查者占比分别达70.2%、71.9%，两届比例基本一致，七成毕业生自评成绩排班级前三成，四成毕业生过高评价了自己的大学学习成绩。相应的，自评大学学习成绩排在班级"前31%—70%"的，两届分别只有24.7%（250人）、23.4%（8539人），比例反差分别为15.3%、16.6%；认为自己成绩排在班级"后30%"的分别只有5.1%（52人）、4.7%（1701人），分别相差24.9%、25.3%。（见表4.3）这也从一个方面说明，高校毕业生对自己的学习成绩较为自信。

表 4.3 高校毕业生学习成绩班级排名自我判断分布

	2013 届		2014 届	
	人数（人）	比重（%）	人数（人）	比重（%）
前 10%	264	26.1	11053	30.4
前 11%—30%	445	44.1	15134	41.5
前 31%—70%	250	24.7	8539	23.4
后 30%	52	5.1	1701	4.7
合计	1011	100.0	36427	100.0

95%的毕业生不认为自己就业能力和外貌条件差。与学习成绩自评班级排名结果相比较而言，高校毕业生对自身就业能力评价在自信中包含更多的理性，表现最突出的是，选择中间状态"一般"的2013届高校毕业生占比为49.4%（508人），几近半数；认为自己就业能力"非常好"的仅占

5.1%（52人），选择"非常差"的只有2人，占0.2%；40.7%（418人）的毕业生认为自己就业能力"比较好"，4.6%（47人）的毕业生认为自己就业能力"比较差"。（见表4.4）这是比较典型的杠果形分布结构，中间最大最多，接近半数的毕业生认为自己的就业能力一般；一头偏大，接近半数（45.8%）的毕业生认为自己的就业能力好（包括"非常好""比较好"）；一头偏小，只有不足一成（4.8%）的毕业生认为自己的就业能力差（包括"非常差""比较差"），反之，亦即有95.2%的高校毕业生不认为自己的就业能力差。高校毕业生对自身外貌条件的总体判断也呈杠果形分布，60.5%（618人）的高校毕业生认为自己外貌条件"一般"，认为自己外貌条件好的有352人，占比34.5%（其中"非常好"47人，占4.6%；"比较好"305人，占29.9%），认为自己外貌条件差的只有51人，占5%（其中"非常差"10人，占1%；"比较差"41人，占4%）。就业能力和外貌条件的好与差具有一定的相对性，比如以毕业生就业期望值作为参照，期望值高，求职对就业能力和外貌条件的要求高，毕业生对自身就业能力和外貌条件的评价相对走低，反之亦然。

八成毕业生认为自己找工作的社会关系不广泛。求职就业是一个多方面因素综合作用的复杂过程，高校毕业生自身的专业喜好满意情况、学习

表4.4　2013届高校毕业生就业能力与外貌条件自我判断分布

	就业能力		外貌条件	
	人数（人）	比重（%）	人数（人）	比重（%）
非常好	52	5.1	47	4.6
比较好	418	40.7	305	29.9
一般	508	49.4	618	60.5
比较差	47	4.6	41	4.0
非常差	2	0.2	10	1.0
合计	1027	100.0	1021	100.0

成绩、就业能力等直接影响求职结果，毕业生的社会关系、外貌条件以及心理素质也会以一定方式影响求职过程及其结果。调查显示，高校毕业生对自身社会关系的评价呈纺锤形分布，2013届、2014届高校毕业生选择中间状态"一般"的分别占54.7%（557人）、50.8%（18499人），中间大，超过半数；认为自己找工作的社会关系"非常广泛"的分别仅占3.9%（40人）、3.4%（1256人），"非常少"的只占7.4%（75人）、10.6%（3871人），两个极端的占比非常小；认为自己找工作的社会关系"广泛"的分别为16.6%（169人）、14%（5093人），选择社会关系"少"的分别为17.4%（177人）、21.2%（7708人），均处于从两头小到中间大的过渡水平。综合来看，两届分别有24.8%、31.8%的毕业生认为自己找工作的社会关系少（包括"非常少""少"），相反，七成毕业生（分别为75.2%、68.2%）不认为自己找工作的社会关系少；20.5%、17.4%的毕业生认为自己找工作的社会关系广泛（包括"非常广泛""广泛"），相反，八成毕业生（分别为79.5%、82.6%）认为自己找工作的社会关系不广泛。（见表4.5）

六成高校毕业生认为自己就业心理素质好，自主性、乐观自评尤佳。我们选择自主性（独立性）、判断力、心理承受能力、自信心、乐观等五个项目来具体调查高校毕业生就业心理素质。总体而言，六成左右毕业生认为自

表 4.5　高校毕业生社会关系广泛度自我判断

	2013 届		2014 届	
	人数（人）	比重（%）	人数（人）	比重（%）
非常广泛	40	3.9	1256	3.4
广泛	169	16.6	5093	14.0
一般	557	54.7	18499	50.8
少	177	17.4	7708	21.2
非常少	75	7.4	3871	10.6
合计	1018	100.0	36427	100.0

己就业心理素质好，三成左右认为自己就业心理素质一般，约有一成毕业生认为自己就业心理素质不好，即九成左右的毕业生不认为自己的就业心理素质不好。具体而言，2013届高校毕业生认为自己自主性（独立性）好的占64.7%（658人）（其中选择"非常好"的208人，占20.5%；"比较好"的450人，占44.2%），在五项心理素质中自我评价好的比例最高，也是自我评价不好比例最低者，仅46人，只占4.5%（其中选择"不太好"的39人，占3.8%；"很不好"的7人，占0.7%）；63.2%（643人）的毕业生认为自己的乐观心理素质好（其中选择"非常好"的185人，占18.2%；"比较好"的458人，占45%），在五项心理素质中自我评价好的比例仅次于自主性，排第二位；自我评价好的比例排名后三位的是心理承受能力、判断力和自信心，它们的占比分别为59.5%（其中选择"非常好"的133人，占13.1%；"比较好"的471人，占46.4%）、55.6%（其中选择"非常好"的100人，占9.8%；"比较好"的465人，占45.8%）、51.5%（其中选择"非常好"的126人，占12.4%；"比较好"的398人，占39.1%）。对心理素质自我评价不好（包括"不太好""很不好"）的占比较高的前四项依次为自信心、乐观、心理承受能力、判断力，分别为11%（其中选择"不太好"的100人，占9.8%；"很不好"的12人，占1.2%）、7.8%（其中选择"不太好"的58人，占5.7%；"很不好"的21人，占2.1%）、5.8%（其中选择"不太好"的52人，占5.1%；"很不好"的7人，占0.7%）、5.1%（其中选择"不太好"的47人，占4.6%；"很不好"的5人，占0.5%）。2014届高校毕业生对心理素质的自我评价比例分布同上届基本一致，自我评价好的项目排序，前两项同上届相反，乐观排第一，自我评价好的比例为69.5%，而自主性排第二，自我评价好的比例为69.1%，后三项排序完全一致；自我评价不好的占比排序除乐观、心理承受能力由2013届的第二、三位转变为第三、二位外，其他完全一致。总体而言，高校毕业生对自身自主性、乐观等心理素质评价更高，对自信心评价偏低。（见表4.6）

表 4.6　高校毕业生就业心理素质自我评价分布

	自主性（独立性）		判断力		心理承受能力		自信心		乐观	
	2013 届人数（人）/比重（%）	2014 届人数（人）/比重（%）	2013 届人数（人）/比重（%）	2014 届人数（人）/比重（%）	2013 届人数（人）/比重（%）	2014 届人数（人）/比重（%）	2013 届人数（人）/比重（%）	2014 届人数（人）/比重（%）	2013 届人数（人）/比重（%）	2014 届人数（人）/比重（%）
非常好	208/20.5	8973/24.6	100/9.8	4995/13.7	133/13.1	7453/20.5	126/12.4	6161/16.9	185/18.2	9766/26.8
比较好	450/44.2	16202/44.5	465/45.8	16332/44.8	471/46.4	16680/45.8	398/39.1	14558/40.0	458/45.0	15540/42.7
一般	313/30.8	10297/28.3	399/39.3	13921/38.2	352/34.7	10795/29.6	382/37.5	13120/36.0	295/29.0	9792/26.9
不太好	39/3.8	837/2.3	47/4.6	1093/3	52/5.1	1328/3.6	100/9.8	2305/6.3	58/5.7	1126/3.1
很不好	7/.7	118/.3	5/.5	86/.2	7/.7	171/.5	12/1.2	283/.8	21/2.1	203/.6
合计	1017/100	36427/100	1016/100	36427/100	1015/100	36427/100	1018/100	36427/100	1017/100	36427/100

二、就业价值观现状

六成毕业生的就业目的倾向于生存 – 社会型。高校毕业生就业目的至少有双重维度，一是时间上的短期目的和长远目的，也可表述为生存型目的和发展型目的；二是对象上的个人目的和社会目的。双重维度交叉而形成四类目的，即短期的个人目的，我们把它设计为"为了生计"；短期的社会目的，表述为"奠定建立家庭的经济基础"；长远的个人目的，表述为"出于兴趣爱好"；长远的社会目的，表述为"服务社会实现自身价值"。2013 届高校毕业生四类目的的占比分别为 25.7%、41.4%、17.9%、15.0%；2014 届高校毕业生四类目的的占比分别为 28.7%、35.4%、14.0%、21.9%。两届毕业生调查结果总体趋势基本一致。从时间维度来看，短期目的亦即生存型目的（为了生计、奠定建立家庭的经济基础）占比明显偏大，2013 届、2014 届高校毕业生分别达到67.1%、64.1%，虽然有降低趋势，但均超过六成；而长远目的亦即发展型目的（出于兴趣爱好、服务社会实现自身价值），两届毕业生仅分别占32.9%、35.9%，不足四成。就此分析可以认为，当前高校毕业生就业目的比较务实，能理性研判形势，通过就业先求生存再谋发展；同时也存在过于短视、缺乏长远眼光等问题，脚踏实地有余，仰望星空不足，这可能导致毕业生过于看重眼前物质待遇而忽略长远发展。从对象维度来看，个人目的（为了生计、出于兴趣爱好）占比偏小，2013届、2014届高校毕业生分别为43.6%、42.7%，不足半数，还有下降趋势；社会目的（奠定建立家庭的经济基础、服务社会实现自身价值），两届毕业生占比分别为56.4%、57.3%，接近六成。（见表4.7）绝大部分高校毕业生能从社会角度来考虑就业目的。这可能不同于部分已有研究结论和人们的一般评判。吴洪富从个人－社会和功利－理想两个维度调查分析认为，大学生职业价值整体上倾向于个人取向和理想取向，其中个体取向1085人，占55.9%，社会取向825人，占42.5%。[①]同本书调查结论基本相反。个中缘由主要是对个人－社会取向的具体操作化不同，其他研究强调把社会服务、社会福利、社会经济产业贡献等归为社会取向，而本书强调把"奠定建立家庭的经济基础"纳入社

表 4.7　高校毕业生就业目的分布

	2013 届		2014 届	
	人数（人）	比重（%）	人数（人）	比重（%）
为了生计	261	25.7	10457	28.7
出于兴趣爱好	182	17.9	5086	14.0
奠定建立家庭的经济基础	421	41.4	12906	35.4
服务社会实现自身价值	153	15.0	7978	21.9
合计	1017	100.0	36427	100.0

---

① 吴洪富:《大学生职业价值取向的调查研究》,《教育研究与实验》2013 年第 5 期。

会取向，家庭虽然是个人的家庭，但更是社会的细胞，家庭具有更多的社会属性。这样处理有利于我们更加客观科学地把握高校毕业生的就业目的和就业价值取向。

发挥才能和稳定是高校毕业生最理想的工作类型。采用不同的标准可以把工作分成不同的类型，从主体心理感受的角度，我们把工作区分为稳定的工作、有挑战性的工作、舒适安逸的工作、能发挥自己才能的工作等四种类型。调查显示，高校毕业生自认为最理想的工作是"能发挥自己才能的工作"，选择该项的接近或超过四成，2013届选择的人数、占比分别为378人、37.5%，2014届分别达到14851人、40.8%。排在第二位的是"稳定的工作"，2013届毕业生选择的人数为235人，占比23.3%，2014届选择的人数达到11380人，占比31.2%，较上届提高7.9个百分点。排在第三位的是"有挑战性的工作"，两届选择的人数分别为228人、6781人，占比相应为22.6%、18.6%，下降4个百分点。选择人数最少、比例最低的是"舒适安逸的工作"，2013届选择的人数、占比分别为167人、16.6%，2014届分别为3414人、9.4%，下降7.2个百分点。（见表4.8）总体而言，在求职就业中，高校毕业生最盼望的是能发挥自己才能，工作中可以学以致用，实现自身价值；他们也追求稳定的工作、有保障的生活，且这一愿望随着时间推移而得到明显强化；较之发挥才能、稳定这两个居中的核心要素，有挑战性、舒适安逸

表4.8　高校毕业生最理想的工作类型

	2013届		2014届	
	人数（人）	比重（%）	人数（人）	比重（%）
稳定的工作	235	23.3	11380	31.2
有挑战性的工作	228	22.6	6781	18.6
舒适安逸的工作	167	16.6	3414	9.4
能发挥自己才能的工作	378	37.5	14851	40.8
合计	1008	100.0	36426	100.0

则处于高校毕业生理想工作类型的两端,部分毕业生选择两端,但占比下降趋势明显,高校毕业生在工作类型的期望与选择上更趋理性与务实。

半数毕业生择业决策时考虑的首要因素是个人发展机会。"择业决策时,您考虑的首要因素是什么?"该问题可以反映毕业生求职就业最关注最看重的因素。为聚焦分析,备选答案只涉及个人需求,没有涉及社会需求。调查显示,高校毕业生择业决策时首要考虑的是个人发展机会,2013届、2014届高校毕业生分别为434人、占43.6%,19429人、占53.3%,接近或超过半数,且2014届提高近十个百分点;其次才是经济收入(两届分别为174人、占17.4%,7117人、占19.5%)、专业知识运用(两届分别为206人、占20.7%,4189人、占11.5%,2014届下降近十个百分点)、工作稳定性(两届分别为127人、占12.8%,3928人、占10.8%),排在最后的是生活环境,两届仅分别为55人、占5.5%,1764人、占4.9%,都不足一成。(见表4.9)作为年轻人,毕业生择业决策时,最关注的还是个人发展机会,为了美好的未来,他们可以暂时放弃考虑生活环境、工作稳定性甚至经济收入。至于专业知识运用,越来越多的毕业生接受了大众化甚至非专业化的就业观念,就业已随高等教育大众化而大众化,专业对口已越来越远离毕业生考虑的首要因素。

表4.9　高校毕业生择业决策时考虑的首要因素

	2013届		2014届	
	人数(人)	比重(%)	人数(人)	比重(%)
经济收入	174	17.4	7117	19.5
个人发展机会	434	43.6	19429	53.3
专业知识运用	206	20.7	4189	11.5
生活环境	55	5.5	1764	4.9
工作稳定性	127	12.8	3928	10.8
合计	996	100.0	36427	100.0

　　八成毕业生认为劳动报酬高是高质量就业的首要评价指标。什么样的就业才算高质量就业？不同毕业生有不同的评判指标，对于同一指标，不同毕业生的重视程度也不同。为了了解高校毕业生对高质量就业的认识和评价情况，我们设计了 11 项指标，测量高校毕业生对其在高质量就业评价中的重要程度。所有指标的评价答案均设计为五点计量，分别为"不重要""不太重要""一般""比较重要""非常重要"。为简化统计，突出趋势，我们将"不重要""不太重要"合并为"不重要"，将"比较重要""非常重要"合并为"重要"。频数分布显示，2013 届高校毕业生认为这 11 项指标对于高质量就业都重要，选择重要程度的占比均超过 50%，其中重要程度排在前列的分别为劳动报酬高、工作条件环境好、社会保障健全、晋升培训机会多、工作稳定性高、成就感及价值实现、有合适的组织文化、人职匹配度高，选择重要的占比分别为 80%、77%、75.7%、72.7%、72.1%、69.5%、65.6%、63.9%，均超过六成；选择重要的占比较低的分别为就业地理位置好、就业单位社会声望高，占比分别为 52.4%、53.4%，该两项选择"不重要"的占比最高，分别为 9.2%、8.2%。（见表 4.10）2014 届高校毕业生判断趋向同上届基本一致。在就业质量评价上，毕业生有理想主义倾向，希望就业好的方面越多越好，这是人之常情；综合权衡，绝大部分毕业生认为，评价就业质量最重要的指标仍然是劳动报酬，这既与市场经济的价值规律一致，也与就业的本质属性相符。

表 4.10　高校毕业生对高质量就业评价指标重要程度判断情况分布

	重要		一般		不重要	
	2013 届人数（人）/比重（%）	2014 届人数（人）/比重（%）	2013 届人数（人）/比重（%）	2014 届人数（人）/比重（%）	2013 届人数（人）/比重（%）	2014 届人数（人）/比重（%）
劳动报酬高	815/80	28285/77.7	186/18.2	7849/21.5	18/1.8	292/.8
工作条件环境好	784/77	27533/75.6	219/21.5	8422/23.1	15/1.5	472/1.3
社会保障健全	771/75.7	28524/78.4	209/20.5	7219/19.8	39/3.8	683/1.8

	重要		一般		不重要	
	2013 届人数（人）/比重（%）	2014 届人数（人）/比重（%）	2013 届人数（人）/比重（%）	2014 届人数（人）/比重（%）	2013 届人数（人）/比重（%）	2014 届人数（人）/比重（%）
晋升培训机会多	741/72.7	28916/79.4	230/22.5	6908/18.9	49/4.8	603/1.7
工作稳定性高	733/72.1	27291/74.9	253/24.9	8444/23.2	30/3	691/1.9
成就感及价值实现	708/69.5	27955/76.8	264/25.9	7702/21.1	47/4.6	769/2.1
有合适的组织文化	667/65.6	26513/72.8	299/29.4	9086/24.9	51/5	828/2.3
人职匹配度高	651/63.9	25008/68.7	305/29.9	9996/27.4	63/6.2	1423/3.9
行业岗位好	572/56.2	22730/62.4	378/37.1	12281/33.7	68/6.7	1416/3.9
单位社会声望高	544/53.4	20605/56.6	391/38.4	13600/37.3	84/8.2	2221/6.1
就业地理位置好	534/52.4	21563/59.2	391/38.4	12761/35	93/9.2	2103/5.8

三、就业目标观现状

国有单位是七成毕业生的理想选择。我们以首先、其次、再次的逻辑递减方式调查高校毕业生"最理想的就业单位"，2013 届 1030 个调查样本中，有部分被调查者没有回答该问题，有效个案分别为 990 个、975 个、970 个。"首先"项调查结果显示，政府机构是高校毕业生最理想的就业单位（332人，占 33.6%），随后是事业单位（201 人，占 20.3%）、国有企业（149 人，占 15.1%），三者合计占比高达 69%，接近七成；横向的"其次""再次"项中占比最高的分别是事业单位（285 人，占 29.2%）、国有企业（250 人，占 25.8%），与"首先"项调查结果排序可以相互印证，总体趋势非常明显，体制内国字号单位仍然最受高校毕业生青睐。在"首先"项中选择自主创业/个体经营户的有 133 人，占 13.4%，高校毕业生创业意愿大幅提升，近年来开展的创业教育成效初显。同为非国有企业，中外合资或外资企业比私营企业更受高校毕业生欢迎，前者被选为最理想的就业单位的频数高达 105 次，占 10.6%，而后者仅有 25 次，占 2.5%，相差 8.1 个百分点。作为当前就业主阵地的私营企业并没有真正进入毕业生的理想视野。28 人选择国防军工单位为最理想的就业单位，占 2.8%。社会组织排名最后，仅有 8 人选择为最理想的就业单位，占 0.8%。这一方面由于社会组织在国内没有很好地发展起来，规模相对较小，对毕业生的需求有限；另一方面也可能由于毕业生对社会组织不够了解，没有过多地关注和了解社会组织。面向 2014 年应届高校毕业生的网络调查，样本个案数达到 36428 人，有效个案 36383 人，有效率达 99.88%，他们对 9 类"最理想的就业单位"备选项的选择比例分布与 2013 届毕业生基本吻合，这进一步强化了上述观点的代表性。（见表 4.11）

表 4.11　高校毕业生最理想的就业单位分布

	首先		其次		再次	
	2013 届人数（人）/比重（%）	2014 届人数（人）/比重（%）	2013 届人数（人）/比重（%）	2014 届人数（人）/比重（%）	2013 届人数（人）/比重（%）	2014 届人数（人）/比重（%）
政府机构	332/33.6	11355/31.2	152/15.6	4809/13.2	101/10.4	3242/8.9
事业单位	201/20.3	6535/17.9	285/29.2	10520/28.9	140/14.4	5163/14.2
国有企业	149/15.1	7477/20.5	226/23.2	9147/25.1	250/25.8	7726/21.2
私营企业	25/2.5	1363/3.8	86/8.8	3846/10.6	108/11.1	5993/16.5
中外合资或外资企业	105/10.6	4038/11.1	108/11.1	4081/11.2	121/12.5	4500/12.4
社会组织	8/.8	304/.8	35/3.6	756/2.1	49/5.1	1730/4.7
自主创业/个体经营户	133/13.4	4038/11.1	52/5.3	2012/5.5	133/13.7	5299/14.6
国防军工单位	28/2.8	1014/2.8	27/2.8	967/2.6	42/4.3	1265/3.5
其他	9/.9	298/.8	4/.4	281/.8	26/2.7	1465/4.0
合计	990/100	36422/100	975/100	36419/100	970/100	36383/100

毕业生月薪期望偏高，但渐趋理性。2013 年我国城镇居民人均可支配

收入为 26955 元，每月 2246 元；[①]2013 年湖南城镇非私营单位从业人员、私营单位从业人员的平均工资分别为 3560 元 / 月、2303 元 / 月；[②] 人才数据机构 iPIN.com 调查显示，2013 年湖南省高校毕业生平均起薪为 3258 元 / 月；[③] 赶集网联合北京大学调查显示，2014 年 90 后毕业生的平均起薪为 2443 元 / 月。[④] 参考上述实际收入标准，我们可以把"2001—3500 元"确定为月薪期望适中，超过 3500 元的为月薪期望偏高。两届调查结果都表明，高校毕业生的月薪期望普遍偏高。"就您自身的条件而言，您期望的月收入（含奖金）为_____"，提供的五个备选区间中，占比最高的是"3501—6000 元"，两届分别为 47.3%（484 人）、46.2%（16835 人），接近半数；占比最低的是"2000 元以内"，两届分别只占 3.3%（34 人）、2.6%（958 人）。2013 届、2014 届毕业生期望月薪超过 3500 元的分别达到 84.3%、68%，超过 6000 元的分别达到 37%、21.8%，他们的期望月薪是全国城镇居民人均可支配月收入、毕业生实际月收入 2 倍以上。作为新生劳动力，高校毕业生仅凭多接受了几年高等教育就提出远远高于普通城镇居民的薪酬待遇，在高等教育已经大众化的当下显然是不现实不理性的。从发展趋势来看，毕业生期望月薪渐趋理性、务实。2014 届选择适中区间"2001—3500 元"的接近三成，是上届的 2.37 倍。从"8000 元以上""6001—8000 元"到"2001—3500 元"，2013 届的占比分别为 18.6%、18.4%、12.4%，排第二、三、四位；2014 届的占比分别为 7.9%、13.9%、29.4%，排第四、三、二位，标准越低，占比越高。三个备选区间的占比排序，两届恰恰相反。2014 届同比均低于 2013 届，其中"8000 元以上"的占比比 2013 届低 10.7%，"6001—8000 元"的低 4.5%。（见表 4.12）

---

① 中华人民共和国国家统计局：《中华人民共和国 2013 年国民经济和社会发展统计公报》，参见 http://news.xinhuanet.com/politics/2014-02/24/c_119477349_5.htm, 2014-02-24。

② 梁美兰：《湖南发布去年年平均工资数据，你拖后腿了吗》，参见 http://news.sina.com.cn/o/2014-05-28/092530247683.shtml?qq-pf-to=pcqq.c2c, 2014-05-28。

③ 刘银艳：《湖南高校毕业生起薪大调查》，《湖南日报》2014 年 8 月 15 日。

④ 中国青年网：《赶集网发布 90 后毕业生饭碗报告》，参见 http://news.youth.cn/gn/201407/t20140730_5575436.htm, 2014-07-30。

表 4.12　高校毕业生期望月薪（含奖金）分布

	2013 届毕业生		2014 届毕业生	
	人数（人）	比重（%）	人数（人）	比重（%）
2000 元以内	34	3.3	958	2.6
2001—3500 元	127	12.4	10708	29.4
3501—6000 元	484	47.3	16835	46.2
6001—8000 元	188	18.4	5041	13.9
8000 元以上	190	18.6	2885	7.9
合计	1023	100.0	36427	100.0

　　不同院校之间的毕业生期望月薪反差大，名校效应凸显。以 2014 届毕业生为例，"985 工程"院校、非"985 工程"的"211 工程"院校、一般本科院校、专科高职院校的毕业生期望月薪"2001—3500 元"的占比分别为 2.4%、12.2%、30%、33%，高低反差 30.6%；超过 3500 元的占比分别为 97.3%、87.5%、67.9%、63.2%，高低反差达 34.1%；6000 元以上的占比分别为 58.7%、27.3%、20.6%、17.6%，高低反差达 41.1%。名校效应可见一斑。即便在毕业生期望月薪大幅下降的背景下，"985 工程"院校 2014 届毕业生期望月薪 8000 元以上的仍然接近三成，达到 26.3%（2013 届达到 32.6%）。（见表 4.13）

　　八成毕业生希望到城市就业。就业地区是大部分高校毕业生求职就业时考虑的重要问题，只有超过一成的毕业生（2013 届、2014 届分别为 12.2%、12.6%）对就业地区没有要求，他们选择"无所谓，只要能找到比较合适的工作"，接近九成的毕业生（2013 届、2014 届分别为 87.8%、87.4%）对就业地区有不同的选择期望。城市是毕业生就业地的首选，超过八成的毕业生选择到城市就业（2013 届、2014 届分别为 84.2%、84.7%，如果排除没有地域要求的，占比会更高），把"急需人才的边远或农村地区"作为自己理想的就业地区的毕业生占比非常小，2013 届、2014 届分别仅为 3.6%、2.7%。高校毕

表 4.13　高校毕业生期望月薪院校分布

院校类型	届别	2000 元内（人 / %）	2001—3500 元（人 / %）	3501—6000 元（人 / %）	6001—8000 元（人 / %）	8000 元以上（人 / %）	总计（人 / %）
专科高职院校	2013	13/6.4	35/17.3	86/42.6	27/13.4	41/20.3	202/19.8
	2014	564/3.8	4860/33.0	6704/45.6	1532/10.4	1055/7.2	14715/40.4
一般本科院校	2013	13/2.4	64/12.0	279/52.2	97/18.1	82/15.3	535/52.6
	2014	386/2.0	5750/30.0	9059/47.3	2726/14.2	1222/6.4	19143/52.6
"211"院校	2013	2/1.1	18/9.5	85/45	47/24.9	37/19.6	189/18.6
	2014	1/0.3	46/12.2	227/60.2	72/19.1	31/8.2	377/1.0
"985"院校	2013	6/6.5	9/9.8	30/32.6	17/18.5	30/32.6	92/9.0
	2014	7/0.3	52/2.4	845/38.6	711/32.4	577/26.3	2192/6.0
合计	2013	34/3.3	126/12.4	480/47.2	188/18.5	190/18.6	1018/100
	2014	958/2.6	10708/29.4	16835/46.2	5041/13.9	2885/7.9	36427/100

（注："211""985"是"211 工程""985 工程"的简称，其中"211"院校特指非"985 工程"的"211 工程"院校）

业生最理想的就业地区是"竞争压力小但有一定发展潜力的内地中小城市"，402 名 2013 届毕业生选择到该地区就业，占 39.5%，接近四成，2014 届的人数和占比为 13370 人、36.7%，两届占比非常接近。相对较为理想的就业地区为"竞争较激烈的中小型省会城市""竞争激烈、经济发达的大城市，如北京、上海、广州、深圳"，2013 届选择的分别占 25.7%、19.0%，2013 届选择的分别占 22.6%、25.4%，两届略有变化，选择大城市就业的占比呈增长态势。（见表 4.14）

高校推荐是毕业生最理想的求职渠道。"您认为最理想的求职渠道是＿＿＿＿，其次是＿＿＿＿，再次是＿＿＿＿"，提供八个备选项。2013 届高校毕业生回答的三问中，各自占比最高的分别为"学校提供信息和推荐"（228 人，占 22.8%）、"现场招聘会和人才市场"（215 人，占 21.7%）、"熟人联系"

表 4.14　高校毕业生就业地域取向分布

	2013 届毕业生		2014 届毕业生	
	人数（人）	比重（%）	人数（人）	比重（%）
竞争激烈、经济发达的大城市	193	19.0	9255	25.4
竞争较激烈的中小型省会城市	261	25.7	8216	22.6
竞争压力小但有一定发展潜力的内地中小城市	402	39.5	13370	36.7
急需人才的边远或农村地区	37	3.6	991	2.7
无所谓，只要能找到比较合适的工作	124	12.2	4594	12.6
合计	1017	100.0	36426	100.0

（175 人，占 17.7%），依次代表了毕业生主观上从高到低三类理想的求职渠道。"最理想"栏中排在第二、三位的分别是"实习实践中获得机会"（221人，占 22.1%）、"招聘网络"（144 人，占 14.4%），与"其次""再次"栏中占比最高的求职渠道并不对应一致。"其次"栏中占比最高的"现场招聘会和人才市场"，在"最理想"栏中与"考试竞争"并列排在第五位，有 122人，占 12.2%。"再次"栏中占比最高的"熟人联系"，在"最理想"栏中排在第四位，有 127 人，占 12.7%。2014 届高校毕业生大样本网络调查结果反映的总体趋势同 2013 届基本一致，"最理想"栏中，除"考试竞争"显著低于"现场招聘会和人才市场"而排第六位外，其他占比排序同 2013 届完全相同；"其次"栏排位前四项有一定出入，后四项完全相同，均为"熟人联系""考试竞争""有关部门安排""其他"；"再次"栏除"考试竞争"与"现场招聘会和人才市场"互换位置外，其他占比大小排序同 2013 届完全一致。（见表 4.15）综上分析，我们至少可得到如下结论：第一，学校提供信息和推荐是高校毕业生最理想的求职渠道，两届毕业生均认可，占比增幅明显，2014 届接近三成。这说明，一方面毕业生认识到通过学校，求职成本低、针对性和安全性强、效率高；另一方面，近年来高校开展了大量就业指导服务工作，成效显著，在促进毕业生就业中发挥了重要作用，得到了毕

业生的高度认可。第二，招聘网络越来越受到高校毕业生的青睐，尽管它还存在诸多缺陷，不是最理想的求职渠道，但在当今信息网络时代，其促进年轻人就业创业的作用不可小觑。在"其次"栏中，该选项 2014 届比上届的 15.8% 提高了 6.6 个百分点，达到 22.4%，超过两成。第三，考试竞争项呈明显下降趋势，2014 届同上届相比，三栏占比均下降，降幅合计达 11%，其中"最理想"栏降幅达 5.8 个百分点。近年来公务员报考热降温是现实佐证。高校毕业生对考试竞争求职渠道渐趋理性。

表 4.15　高校毕业生最理想的求职渠道分布

	最理想		其次		再次	
	2013 届人数（人）/比重（%）	2014 届人数（人）/比重（%）	2013 届人数（人）/比重（%）	2014 届人数（人）/比重（%）	2013 届人数（人）/比重（%）	2014 届人数（人）/比重（%）
学校提供信息和推荐	228/22.8	10490/28.8	146/14.7	6078/16.7	121/12.2	4317/11.9
招聘网络	144/14.4	5257/14.5	157/15.8	8169/22.4	136/13.8	5557/15.3
熟人联系	127/12.7	4378/12.0	135/13.6	5578/15.3	175/17.7	7648/21.0
实习实践中获得机会	221/22.1	8530/23.4	172/17.3	5772/15.9	133/13.4	4520/12.4
现场招聘会和人才市场	122/12.2	4178/11.5	215/21.7	6875/18.9	167/16.9	7084/19.5
考试竞争	122/12.2	2339/6.4	106/10.7	2560/7.0	124/12.5	4007//11.0
有关部门安排	31/3.1	957/2.6	56/5.6	1122/3.1	98/9.9	2208/6.1
其他	5/.5	293/.8	6/.6	267/.7	36/3.6	1028/2.8
合计	1000/100	36422/100	993/100	36421/100	990/100	36369/100

四、就业伦理观现状

八成毕业生赞同诚信求职。"人而无信，不知其可也。"诚信是立国立身之本，是社会主义核心价值观的重要内容，更应是高校毕业生求职就业的基本准则。我们以求职中较常见的简历掺假、面试说谎、违反就业协议等为例，通过了解高校毕业生对不诚信求职的看法来调查掌握其就业诚信态度。
2013 届高校毕业生对"可以不诚信求职"持"很不赞同"态度的有 460 人，
占 45.4%，持"不太赞同"的有 332 人，占 32.8%，两项合计占 78.2%，近
八成毕业生不赞同不诚信求职，赞同不诚信求职的仅占 3.2%（其中"比较赞
同"的 22 人，占 2.2%；"很赞同"的 10 人，占 1%）；对于"违反就业协议不
是什么大不了的事"，367 人很不赞同，占 36.3%，不太赞同的有 358 人，占
35.4%，合计有 71.7% 的毕业生不赞同随意违反就业协议，赞同随意违反协议
的仅占 5.2%（其中"比较赞同"的 41 人，占 4.1%；"很赞同"的 11 人，占
1.1%）。2014 届高校毕业生对以上两个陈述持不赞同态度的合计占比分别为
77.6%、75.3%，持赞同态度的分别为 4.3%、5%，均与上届毕业生基本持平。
这说明高校毕业生就业诚信态度总体良好。但同时我们也应看到，对两类不
诚信就业行为持"一般"态度的毕业生高达两成左右，2013 届高校毕业生分
别为 18.6%、23.1%，2014 届分别为 18.1%、19.7%。（见表 4.16）面对不诚
信就业行为和现象，他们缺乏应有的态度和立场，当诚信需要付出一定代价，
或不诚信可以获得就业利好的时候，这部分毕业生的就业言行很容易陷入不

表 4.16　高校毕业生就业诚信态度

	可以不诚信求职（如简历掺假、面试说谎等）		违反就业协议不是什么大不了的事	
	2013 届人数（人）/比重（%）	2014 届人数（人）/比重（%）	2013 届人数（人）/比重（%）	2014 届人数（人）/比重（%）
很不赞同	460/45.4	19924/54.7	367/36.3	17457/47.9
不太赞同	332/32.8	8347/22.9	358/35.4	9962/27.4
一般	188/18.6	6595/18.1	234/23.1	7164/19.7
比较赞同	22/2.2	1166/3.2	41/4.1	1468/4.0
很赞同	10/1.0	394/1.1	11/1.1	375/1.0
合计	1012/100.0	36426/100.0	1011/100.0	36426/100.0

诚信。高校毕业生就业诚信教育以及相应的制度建设仍然任重道远。

八成毕业生不赞同诋毁求职竞争对手。对于"可以不择手段诋毁求职竞争对手",2013届高校毕业生选择"很不赞同"的有541人,占53.6%,"不太赞同"的有249人,占24.7%,不赞同合计占78.3%,近八成毕业生不赞同诋毁求职竞争对手,赞同诋毁求职竞争对手的仅占4.8%(其中"比较赞同"的38人,占3.8%;"很赞同"的10人,占1%);对于"求职就业中拉关系走后门是必要的",259人选择"很不赞同",占25.6%,"不太赞同"的有265人,占26.2%,合计有51.8%的毕业生不赞同求职就业中拉关系走后门,赞同求职就业中拉关系走后门的占15.8%(其中"比较赞同"的126人,占12.4%;"很赞同"的35人,占3.4%)。2014届高校毕业生对以上两个陈述持不赞同态度的合计占比分别为80.5%、56.8%,持赞同态度的分别为4.8%、11.9%,均与上届毕业生基本持平,且求职正当竞争取向稳中趋强。这说明高校毕业生求职正当竞争态度总体良好。但同时我们也应看到,2013届、2014届毕业生对不择手段诋毁求职竞争对手的不正当竞争行为持"一般"态度的比例分别达到16.9%、14.7%,而对求职就业中拉关系走后门持"一般"态度的比例竟分别高达32.4%、31.3%,超过三成。(见表4.17)这一方面由于受传统人情社会的国情影响;另一方面反映了毕业生求职正当竞争意识还有待增强。

高校毕业生就业自主性普遍较强。"在求职就业决策时,您最愿意听取谁的意见_____,其次是_____,再次是_____",提供六个备选项。2013届高校毕业生回答的三问中,各自占比最高的分别为"自己"(378人,占38.1%)、"父母家人"(334人,占34%)、"同学朋友"(262人,占27%),依次代表了毕业生主观上从高到低三类程度上愿意听取意见的对象。"最愿意"栏中排在第二、三位的分别是"父母家人"(267人,占26.9%)、"专业咨询机构及其就业指导专家"(136人,占13.7%),前者与"其次"栏中占比最高的对象一致,后者与"再次"栏中占比最高的对象没有对应一致,"再次"栏中占比最高的"同学朋友",在"最愿意"栏中排在第五位,有83人,占8.4%。2014届高校毕业生大样本网络调查结果反映的总体趋势

表 4.17　高校毕业生求职正当竞争态度

	可以不择手段诋毁求职竞争对手		求职就业中拉关系走后门是必要的	
	2013 届人数（人）/比重（%）	2014 届人数（人）/比重（%）	2013 届人数（人）/比重（%）	2014 届人数（人）/比重（%）
很不赞同	541/53.6	22777/62.5	259/25.6	12026/33.0
不太赞同	249/24.7	6542/18	265/26.2	8652/23.8
一般	171/16.9	5359/14.7	328/32.4	11419/31.3
比较赞同	38/3.8	1351/3.7	126/12.4	3419/9.4
很赞同	10/1.0	397/1.1	35/3.4	910/2.5
合计	1009/100	36426/100	1013/100	36426/100

同 2013 届基本一致，只是在"最愿意"栏中，"父母家人"（13104 人，占 36%）取代"自己"（10085 人，占 27.7%）而排第一，"自己"排第二，同上届的选择结果相反，其他占比排序同上届完全相同；"其次""再次"栏中占比最高项同 2013 届完全一致。（见表 4.18）综上分析，我们至少可以看出：第一，高校毕业生求职就业决策时自主性普遍较强。2013 届高校毕业生有近四成在就业决策时最愿意听取自己的意见，自己做主，六个选项中位列第一，2014 届的该项占比和排位虽然下降，但也仍有近三成，他们都相信自己能做出正确决策（当然，听取意见不同于决策本身，正因为如此，我们在自己选项占比未超过半数的情况下，结论为自主性强；如果提问角度转变为听谁决策，那就须做出相反的结论）。对于"找不到合适的工作可以继续'啃老'吃救济"，2013 届、2014 届高校毕业生持不赞同态度的占比分别为 77.4%（其中"很不赞同"519 人、占 51.2%，"不太赞同"265 人、占 26.2%）、79.8%（其中"很不赞同"22875 人、占 62.8%，"不太赞同"6204 人、占 17.0%），持"一般"态度的分别为 15.9%（161 人）、14.9%（5430 人），持赞同态度的仅占 6.7%（其中"很赞同"22 人、占 2.2%，"比较赞

表 4.18 高校毕业生求职就业决策时最愿意听取意见的对象分布

	最愿意		其次		再次	
	2013 届人数（人）/比重（%）	2014 届人数（人）/比重（%）	2013 届人数（人）/比重（%）	2014 届人数（人）/比重（%）	2013 届人数（人）/比重（%）	2014 届人数（人）/比重（%）
父母家人	267/26.9	13104/36	334/34.0	10883/29.9	210/21.6	5481/17.4
老师	115/11.6	4497/12.3	199/20.3	9668/26.5	184/18.9	5094/16.2
同学朋友	83/8.4	2154/5.9	171/17.4	6159/16.9	262/27.0	10345/33.0
自己	378/38.1	10085/27.7	182/18.5	6076/16.7	144/14.8	5902/18.8
专业咨询机构及其就业指导专家	136/13.7	6400/17.6	84/8.5	3341/9.2	124/12.8	3484/11.1
其他	13/1.3	182/.5	13/1.3	291/.8	48/4.9	1086/3.5
合计	992/100	36422/100	983/100	36418/100	972/100	31392/100

同"46 人、占 4.5%）、5.3%（其中"很赞同"465 人、占 1.3%，"比较赞同"1452 人、占 4.0%）。这也从一个方面说明高校毕业生就业自主性突出，他们认为，即使找不到合适工作，也要独立自主、自谋生路。第二，父母家人在高校毕业生求职就业决策中发挥着越来越重要的作用。在 2013 届调查中该备选项位列第二，到 2014 届则跃居第一，接近四成高校毕业生选择最愿意听取父母家人的意见。这可能由于 2014 届高校毕业生调查对象中独生子女高达 56.6%，比 2013 届的 37% 高出 19.6 个百分点，独生子女对父母家人的依赖性更强。第三，专业咨询机构及其就业指导专家在高校毕业生求职就业决策中的作用有待于进一步加强，两届毕业生的占比均不足两成，我国就业指导专业化、专家化还任重道远。

2000 元以内是七成毕业生最能接受的求职花费。对于"为了找个好工作可以不计代价"，2013 届被调查毕业生有 453 人很不赞同，占 44.7%，286 人不太赞同，占 28.2%，合计不赞同的占 72.9%；2014 届被调查毕业生有 20070 人很不赞同，占 55.1%，7974 人不太赞同，占 21.9%，合计不赞同的占 77%；两届选择"一般"项的占比分别为 19%（192 人）、16.9%（6158 人）；两届赞同比例仅分别为 8.1%（其中"比较赞同"63 人、占 6.2%，"很赞同"19 人、占 1.9%）、6.1%（其中"比较赞同"1747 人、占 4.8%，"很赞同"477 人、占 1.3%）。这说明高校毕业生就业代价观总体上是理性的。具体而言，"1000 元以内"是高校毕业生最能接受的求职花费，2013 届、2014 届被调查者选择此标准的人数分别为 268 人、9780 人，分别占 26.4%、26.8%，接近三成，占比均排名第一。占比最小的是"100 元以内"，2013 届、2014 届被调查者选择此标准的人数分别为 81 人、2716 人，分别占 8%、7.5%。2013 届被调查者选择"500 元以内""2000 元以内""5000 元以内""1 万元以内"等四项标准的比例相对较为均衡，分别为 17.8%、14.6%、13.3%、19.9%。2014 届被调查者选择"500 元以内""2000 元以内"标准的比例相对较高，分别为 22.8%、21.5%，均超过两成，排第二、三位；选择"5000 元以内""1 万元以内"标准的占比分别为 10.6%、10.8%，仅过一成，较上届明显下降。如果以花费上限为计量指标，则 2000 元以内的标准能为大多数毕业生所接受，占比接近或超过七成，两届的选择占比分别为 66.8%、78.6%。（见表 4.19）数据分析显示，绝大部分高校毕业生能够

表 4.19　高校毕业生可接受的找份好工作的花费分布

	2013 届		2014 届	
	人数（人）	比重（%）	人数（人）	比重（%）
100 元以内	81	8.0	2716	7.5
500 元以内	181	17.8	8310	22.8
1000 元以内	268	26.4	9780	26.8
2000 元以内	148	14.6	7814	21.5
5000 元以内	135	13.3	3869	10.6
1 万元以内	202	19.9	3938	10.8
合计	1015	100.0	36427	100.0

认识到，求职既不能不计代价，也不能投入太少，应根据需要量力而出，且对高价求职渐趋理性谨慎。此外，通过对比分析我们还发现，父母亲年收入越高，高校毕业生可接受的求职花费均值越高，他们越能接受较高的求职代价标准。

第二节　就业观影响就业质量的回归分析

就业观是毕业生就业行为的先导，不同的就业观产生不同的就业行为并有着不一样的就业结果。为此，我们采用二元逻辑回归和线性回归的统计分析方法，进一步探讨高校毕业生就业观对其就业结果亦即就业质量的影响。在高校毕业生就业观影响就业质量回归结果汇总表（见表4.21）中，模型1至模型6，模型7-2、8-2、9-3、10-1、10-2等11个模型（含子模型）为线性回归；模型7-1、8-1、9-1、9-2等4个模型为二元逻辑斯蒂回归。15个模型的总体显著性水平较低，模型总体有效。此外，为深入分析就业观对工作满意度的影响情况，我们先就工作满意度的16个子项进行因子分析。因子分析结果非常集中，第一类为单位管理满意度因子，包括对工作环境、工作人际关系、工作单位日常规章制度、工作单位管理人员的管理水平、工作单位处理员工利益诉求、工作自主性、工作带来的成就感等7个子项的满意度（系数均大于0.5）；第二类为工作福利满意度因子，包括对工作学习培训机会、工作能力和知识提高、工作岗位晋升空间、"五险一金"、工作福利、工作薪酬等6个子项的满意度（除薪酬系数为0.492外，其余系数均大于0.5）；第三类为工作强度因子，包括对工作量、工作时间、工作加班等3个子项的满意度（系数均大于0.5）。（见表4.20）再以上述三类因子为因变量，以就业观为自变量，建立三个线性回归模型进行分析检验。工作强度因子回归模型的Sig.值大于0.05，模型不具有推广价值；另两个模型的总

表 4.20 高校毕业生工作满意度因子分析表

变量	管理满意度因子	福利满意度因子	工作强度满意度因子	共量
工作薪酬满意度	.177	.492	.371	.411
工作量满意度	.242	.217	.827	.790
工作时间满意度	.296	.189	.834	.818
工作加班满意度	.214	.216	.797	.728
工作学习培训机会满意度	.274	.607	.375	.585
工作能力和知识提高满意度	.366	.656	.257	.630
工作岗位晋升空间满意度	.329	.728	.181	.672
工作"五险一金"满意度	.214	.784	.106	.672
工作福利满意度	.285	.763	.116	.677
工作环境满意度	.567	.360	.249	.513
工作人际关系满意度	.686	.181	.206	.546
工作单位日常规章制度的满意度	.773	.224	.270	.720
工作单位管理人员的管理水平的满意度	.770	.237	.189	.686
工作单位处理员工利益诉求的满意度	.737	.294	.202	.671
工作自主性的满意度	.683	.247	.251	.590
工作成就感的满意度	.678	.333	.081	.576
方差总贡献率	25.749	21.413	17.118	

体显著性水平小于 0.05，模型总体有效。

表 4.21 显示，自变量 Sig. 值小于 0.05 的有 56 项，19 条自变量中只有成绩班级排名认知、外貌条件自我判断两项没有显著影响就业质量，其余均有显著影响，其中就业条件观 25 项、就业价值观 11 项、就业目标观 8 项、就业伦理观 12 项，涉及因变量的频次分别为：人职匹配度 5 项、劳动报酬 5 项、福利保障 6 项、晋升机会 4 项、工作挑战性 4 项、工作决策空间 5 项、利益表达机制 9 项、劳动条件 3 项、工作性质 8 项、工作满意度 7 项。

一、以就业观为分析和描述维度

就业条件观显著影响就业质量。所学专业与兴趣爱好一致程度同人职匹配度显著正相关，专业与兴趣爱好一致的毕业生，其就业后的人职匹配度更高。专业满意度与人职匹配度、劳动报酬、福利保障、工作满意度之福利因子等显著正相关，毕业生专业满意度越高，就业后的人职匹配度、劳动报酬、福利保障、工作福利满意度越高。就业能力自我判断与人职匹配度、工作决策空间、利益表达机制之表达渠道、工作性质之劳动合同等显著正相关，认为自己就业能力强的毕业生，就业后的人职匹配度更高，工作决策空间更大，工作单位更可能有良好的利益表达渠道并签订劳动合同。社会关系自我认知与劳动报酬、晋升机会、工作挑战性、利益表达机制建设等显著正相关，认为自己求职社会关系广泛的毕业生，就业后的劳动报酬、工作挑战性更高，晋升机会更多，就业单位的利益表达机制建设更健全。心理素质自我评价与工作挑战性、工作决策空间等显著正相关，与工作性质之劳动合同显著负相关，认为自己心理素质好的毕业生，就业后的工作挑战性、工作决策空间更大，但签订劳动合同的可能性偏小。求职形势总体感觉与人职匹配度、劳动报酬、晋升机会、工作挑战性、工作决策空间、利益表达机制建设、劳动条件之工作安全性、工作性质之编制、工作满意度之福利因子等显著正相关，对求职形势总体感觉乐观的毕业生，就业后的人职匹配度、劳动报酬、工作挑战性、工作决策空间、工作条件的安全性、工作福利满意度更高更大，晋升机会更多，利益表达机制建设更健全，更可能有编制。（见表 4.21）综上所述，就业条件观 8 条测量指标中，仅有 2 条没有显著影响就业质量，因此，就业条件观显著影响就业质量的假设得到绝大部分验证。

就业价值观显著影响就业质量。就业目的与人职匹配度、利益表达机制建设、工作性质之劳动合同、工作满意度之管理因子和福利因子等显著正相关，持有发展型就业目的（为了兴趣爱好、服务社会、实现自身价值而就业）的毕业生，就业后的人职匹配度、单位管理及工作福利满意度更高，利益表达机制建设更健全，更可能签订劳动合同。工作类型取向与工作挑战性、工作满意度之管理因子等显著正相关，与福利保障显著负相关，倾向于选择挑战型（具有挑战性、能发挥自己才能）工作的毕业生，就业后的工作挑战性更大，单位管理满意度更高，而福利保障可能偏差。择业决策首虑因素与利益表达机制之表达渠道、工作满意度之管理因子等显著负相关，毕业生择业决策时倾向于首先考虑个人发展机会、专业知识运用、工作稳定性等职业发展与稳定，而不首先考虑经济收入、生活环境等物质待遇，其就业后的单位管理满意度偏低，就业单位更可能缺乏利益表达渠道。就业质量期待与利益表达渠道显著正相关，毕业生就业质量期待越高，其就业单位越可能有良好的利益表达渠道。（见表 4.21）就业价值观 4 条测量指标均显著影响就业质量，相关假设得到验证。

就业目标观显著影响就业质量。单位性质取向与晋升机会显著正相关，倾向于在国有体制内就业的毕业生就业后的晋升机会更多。月收入期望与劳动报酬、福利保障、工作性质之编制等显著正相关，与工作时间类型显著负相关，毕业生月收入期望越高，其就业后的劳动报酬、福利保障越好，越可能有编制，而工作时间类型越可能不是正常白班。就业地域取向与劳动报酬、利益表达机制建设等显著正相关，与单位管理满意度因子显著负相关，毕业生越倾向于到大城市就业，其就业后的劳动报酬越高，利益表达机制建设越健全，而单位管理满意度越低。（见表 4.21）就业目标观 3 条测量指标均显著影响就业质量，相关假设得到验证。

就业伦理观显著影响就业质量。就业诚信态度与就业单位利益表达机制建设显著负相关，毕业生越倾向诚信求职，其就业单位利益表达机制建设越可能不健全，利益表达渠道越可能不畅通，其工作单位越不能及时回应和处理员工利益诉求，不能主动征求员工意见。求职正当竞争态度与福利保障、工作性质之劳动合同等显著正相关，赞同正当竞争求职的毕业生就业后获得的福利保障更好，更可能签订劳动合同。就业自主性与工作决策空间、利益表达机制之表达渠道、劳动条件之工作安全性等显著正相关，与福利保障、晋升机会等显著负相关，毕业生就业自主性越强，其就业后的工作决策空间越大，工作单位越可能有良好的利益表达渠道，工作安全性越好，而其福利保障和晋升机会相对欠缺。就业代价观与福利保障、工作性质之劳动合同和稳定性显著正相关，与工作决策空间显著负相关，毕业生越赞同适度高代价求职，其就业后的福利保障和工作稳定性越好，越可能签订劳动合同，而其就业后的工作决策空间越可能偏小。（见表 4.21）就业伦理观 4 条测量指标均显著影响就业质量，相关假设得到验证。

二、以就业质量为分析和描述维度

所学专业与兴趣爱好一致程度、对自己所学专业满意度、就业能力自我判断、求职形势总体感觉、就业目的等同人职匹配度显著正相关，即所学专业与兴趣爱好一致、专业满意度高、就业能力自我评价好、求职形势乐观、持有发展型就业目的等五类毕业生就业后的人职匹配度更高。其中前四者均为就业条件观，毕业生对就业主客观条件的判断与评价显著影响其就业后的人职匹配度。

求职形势总体感觉、月收入期望等与是否有编制显著正相关，毕业生对自己求职形势评判越乐观，月收入期望越高，其就业后越可能有编制。对求职形势持乐观态度的毕业生往往拥有更多的就业优势，如专业行业需求、就业能力、社会资源等，发挥这些优势更有可能找到有编制的工作。就业能力自我判断、就业目的、求职正当竞争态度、就业代价观等与是否签订劳动合同显著正相关，即就业能力自我评价好、持有发展型就业目的、赞同求职正当竞争、赞同适度高代价求职等四类毕业生就业后更可能签订劳动合同。而心理素质与是否签订劳动合同显著负相关，毕业生对自己心理素质评判越好，其就业后越可能没有签订劳动合同。就业代价观与工作稳定性显著正相关，即毕业生越赞同适度高代价求职（1 万元以内，反对求职不计代价），其就业后工作越稳定，工作变动次数和单位员工离职率越低。

专业满意度、求职社会关系自我认知、求职形势总体感觉、月收入期望、就业地域取向等与劳动报酬显著正相关，即专业满意度高、社会关系自评广泛、求职形势总体感觉乐观、月收入期望高、倾向于大城市就业的毕业生就业后获得的劳动报酬更高。

专业满意度、月收入期望、求职正当竞争态度、就业代价观等与福利保障显著正相关，即专业满意度高、月收入期望高、赞同正当竞争求职、赞同适度高代价求职（1万元以内，反对求职不计代价）的毕业生就业后获得的福利保障更好。工作类型取向、就业自主性等与福利保障显著负相关，即毕业生就业自主性越强，越倾向于选择挑战型工作（具有挑战性、能发挥自己才能），而不是安稳型工作（稳定、舒适安逸），其就业后的福利保障越可能不好。

从工作时间类型和工作安全性两个方面来考察毕业生就业后的劳动条件。月收入期望与工作时间类型显著负相关，即毕业生月收入期望越高，其就业后的工作时间类型越可能不是正常白班。求职形势总体感觉、就业自主性等与工作安全性显著正相关，即毕业生求职形势自我评判越乐观、就业自主性越强，其就业后的工作安全性越好。

求职社会关系自我认知、求职形势总体感觉、单位性质取向等与晋升机会显著正相关，即认为自己社会关系广泛、求职形势乐观、倾向于在国有体制内就业的毕业生就业后的晋升机会更多。而就业自主性与晋升机会显著负相关，毕业生就业自主性越强，其就业后的晋升机会越少。

社会关系自我认知、心理素质、求职形势总体感觉、工作类型取向等与工作挑战性显著正相关，即毕业生越认为自己求职方面的社会关系广泛、心理素质好、求职形势乐观、倾向于选择挑战型工作（具有挑战性、能发挥自己才能），而不是安稳型工作（稳定、舒适安逸），其就业后的工作挑战性越强，越需要他人的帮助。

就业能力自我判断、心理素质、求职形势总体感觉、就业自主性等与工作决策空间显著正相关，即毕业生越认为自己就业能力强、心理素质好、求职形势乐观、就业自主性强，其就业后的工作决策空间越大。而就业代价观与工作决策空间显著负相关，毕业生越赞同适度高代价求职（1万元以内，反对求职不计代价），其就业后的工作决策空间越可能小。

从有无利益表达渠道、表达机制建设等两个方面，分析显著影响高校毕业生选择利益表达机制健全程度不同单位就业的就业观因素。就业能力自我判断、就业质量期待、就业自主性等与是否有合法的利益表达渠道显著正相关，即毕业生就业能力自我评判、就业质量期待、就业自主性越强，其就业单位越可能有合法的利益表达渠道。择业决策首虑因素与是否有合法的利益表达渠道显著负相关，即毕业生择业决策时越倾向于首先考虑个人发展机会、专业知识运用、工作稳定性等职业发展与稳定，而不是首先考虑经济收入、生活环境等物质待遇，其就业后越可能没有合法的利益表达渠道。求职社会关系自我认知、求职形势总体感觉、就业目的、就业地域取向等与就业单位利益表达机制建设显著正相关，即毕业生越认为自己求职社会关系广泛、求职形势乐观、持有发展型就业目的（出于兴趣爱好、服务社会实现自身价值而就业）、倾向于大城市就业，其就业单位的利益表达机制建设越健全，利益表达渠道越畅通，其工作单位越能及时回应和处理员工利益诉求，主动征求员工意见。就业诚信态度与就业单位利益表达机制建设显著负相关，即毕业生越倾向诚信求职，其就业单位利益表达机制建设越可能不健全，利益表达渠道越可能不畅通，其工作单位越不能及时回应和处理员工利益诉求，不能主动征求员工意见。

通过因子分析区分出三类因子，其中单位管理满意度因子、工作福利满意度因子回归结果显著有效。就业目的、工作类型取向等与单位管理满意度因子显著正相关，即毕业生越是持有发展型就业目的（出于兴趣爱好、服务社会实现自身价值而就业），倾向于选择挑战型工作（具有挑战性、能发挥自己才能），其就业后的单位管理满意度越高。择业决策首虑因素、就业地域取向等与单位管理满意度因子显著负相关，即毕业生越倾向于到大城市就业，择业决策时倾向于首先考虑个人发展机会、专业知识运用、工作稳定性等职业发展与稳定，而不是首先考虑经济收入、生活环境等物质待遇，其就业后的单位管理满意度越低。专业满意度、求职形势总体感觉、就业目的等与工作福利满意度因子显著正相关，即专业满意度高、求职形势乐观、持有发展型就业目的的毕业生对就业后的工作福利满意度更高。（以上分析详见表 4.21）

表 4.21　高校毕业生就业观影响就业质量回归结果汇总表

	模型 1: 人职匹配度	模型 2: 劳动报酬	模型 3: 福利保障	模型 4: 晋升机会	模型 5: 工作挑战性	模型 6: 工作决策空间	模型 7: 利益表达机制		模型 8: 劳动条件		模型 9: 工作性质			模型 10: 工作满意度	
							表达渠道	机制建设	工作时间类型	工作安全性	编制	劳动合同	稳定性	管理因子	福利因子
专业与兴趣一致	.998***/.156	-.066/.145	.160/.189	.214/.186	.066/.068	-.112/.137	-.092/.105	.151/.119	.036/.114	.031/.083	-.036/.098	-.002/.107	.088/.067	-.018/.047	-.006/.045
专业满意度	.443*/.179	.634***/.167	.407*/.206	.185/.214	.078/.078	.228/.157	.114/.120	.205/.137	-.030/.130	-.064/.096	.140/.113	-.219/.123	-.072/.077	.068/.053	.121*/.051
成绩班级排名认知	-.072/.153	-.010/.143	-.212/.177	.074/.183	.027/.067	.030/.134	.163/.103	-.080/.117	.107/.110	.066/.081	.004/.096	.039/.103	-.064/.065	.007/.045	-.050/.044
就业能力自我判断	.834***/.226	.377/.212	.348/.268	.458/.270	.167/.099	.640**/.198	.339*/.151	.187/.172	.209/.166	-.047/.121	.163/.142	.422**/.157	.033/.096	.118/.067	.031/.064
社会关系自我认知	.216/.160	.408***/.150	-.120/.183	1.319***/.192	.364***/.070	.252/.140	.065/.108	.390**/.122	-.071/.120	-.163/.085	.159/.101	-.060/.110	-.121/.068	-.031/.047	-.003/.045
外貌条件自我判断	.353/.199	.217/.185	.333/.226	.154/.236	-.121/.087	-.037/.174	-.206/.136	-.173/.152	.224/.150	-.051/.106	-.145/.127	.044/.138	-.120/.084	-.020/.059	-.023/.057
心理素质自评	.074/.047	.026/.044	-.038/.054	.094/.057	.075***/.021	.082*/.041	-.025/.032	.054/.036	-.066/.035	.002/.025	-.054/.030	-.106**/.033	-.009/.020	-.003/.014	-.019/.014
求职形势总体感觉	.418*/.177	.809***/.162	.286/.209	.586*/.211	.152*/.077	.473**/.154	.148/.119	.336*/.134	.166/.131	.275**/.094	.246*/.110	.193/.121	.041/.075	.088/.052	.160**/.050
就业目的	.610*/.275	-.212/.253	-.226/.311	-.029/.328	.207/.120	.249/.239	.139/.188	.444*/.208	.214/.209	.005/.146	-.096/.173	.396*/.193	.137/.116	.198*/.081	.262*/.078
工作类型取向	-.185/.263	-.050/.242	-1.105***/.307	.186/.315	.458***/.115	.204/.230	.150/.174	-.127/.199	.369/.188	.032/.139	.004/.165	-.097/.179	-.023/.111	.210**/.078	-.120/.075
择业决策自主因素	-.347/.303	-.273/.279	-.211/.351	.008/.360	.161/.132	-.196/.264	-.513*/.216	-.288/.229	.017/.219	.082/.160	.005/.192	-.011/.206	-.167/.127	-.212*/.089	-.036/.086
就业质量期待	.011/.021	-.037/.020	.025/.025	-.002/.026	-.013/.009	.016/.019	.040**/.015	.015/.016	.022/.016	-.002/.011	.022/.014	.027/.015	.014/.009	.005/.006	.003/.006

续表

	模型1: 人职匹配性质取向	模型2: 劳动报酬	模型3: 福利保障	模型4: 晋升机会	模型5: 工作挑战性	模型6: 工作决策空间	模型7: 利益表达机制		模型8: 劳动条件		模型9: 工作性质			模型10: 工作满意度	
							表达渠道	机制建设	工作时间类型	工作安全性	编制	劳动合同	稳定性	管理因子	福利因子
就业单位性质取向	.270/.278	.104/.258	-.124/.330	.737*/.334	-.053/.122	.171/.243	-.116/.188	-.090/.211	-.188/.210	-.101/.148	-.016/.174	.024/.187	.165/.116	.013/.082	-.033/.079
月收入期望	.064/.128	.490***/.119	.345*/.150	.100/.155	.060/.056	-.088/.112	-.067/.087	-.047/.097	-.201*/.094	-.054/.068	.220**/.082	-.028/.087	.010/.054	.001/.038	.052/.036
就业地域取向	.120/.151	.357*/.139	.282/.177	.340/.181	.115/.066	-.002/.132	.023/.101	.273*/.115	.115/.112	.030/.080	.060/.096	.017/.102	-.057/.064	-.104*/.044	.025/.043
就业诚信态度	-.149/.102	.088/.095	.068/.120	-.048/.124	.087/.045	-.134/.089	.021/.068	-.159*/.077	-.034/.075	-.040/.054	-.050/.065	.051/.068	.042/.044	-.021/.030	-.003/.029
决职正当竞争态度	.035/.105	-.122/.098	.301*/.124	.045/.125	-.023/.046	.004/.092	.001/.070	.104/.080	-.002/.077	.005/.056	.084/.066	.144*/.071	.037/.045	-.003/.031	-.022/.030
就业自主性	-.157/.086	-.030/.080	-.221*/.101	-.229*/.105	.025/.038	.224**/.075	.144*/.058	-.049/.066	.041/.063	.147**/.046	-.053/.054	-.021/.059	.043/.037	.016/.025	-.044/.024
就业代价观	-.102/.075	-.045/.069	.405***/.089	-.023/.089	-.007/.033	-.131*/.066	.053/.051	-.042/.057	-.077/.055	-.043/.040	.032/.047	.133*/.051	.073*/.032	-.002/.022	.031/.021
(常量)	6.465***/1.570	5.762***/1.456	-2.599/1.758	7.184***/1.872	5.491***/.684	15.714***/1.373	-2.846**/1.057	9.442***/1.195	.174/1.135	6.765***/.829	-2.128*/.990	-1.811/1.067	6.570***/.661	-.537/.463	-.466/.445
R²/-2对数似然值	0.255	0.183	0.144	0.180	0.181	0.127	877.659a	0.109	769.744a	0.048	969.893a	858.369a	0.046	0.058	0.081
调整后R²	0.236	0.162	0.109	0.158	0.160	0.104	19	0.086	19	0.024	19	19	0.020	0.033	0.057
F/X²	13.329	8.524	4.181	8.399	8.663	5.632	46.066	4.747	30.562	1.949	33.618	43.189	1.796	2.357	3.414

（注：N=1030；表中数字格式：回归系数/标准误；*、**、*** 分别代表显著性水平为 p < 0.05，p < 0.01，p < 0.001；模型综合 Sig. 值：模型1至模型6、7-2、10-2为0.000ᵃ，模型7-1为0.000，模型8-1为0.045，模型8-2为0.009ᵃ，模型9-1为0.020，模型9-2为0.001，模型9-3为0.020ᵃ，模型10-1为0.001ᵃ）

第五章　高校毕业生就业观影响因子实证分析

　　个体是就业观最基本的载体，对高校毕业生个体就业观形成与发展的研究不仅可以为群体、社会就业观的研究提供直接依据，更是科学就业观教育必须关注的前提。毕业生个体就业观的形成是一定历史条件、社会环境与个体条件互动的产物，并随着这些内外条件的变化而发展变化。毕业生个体就业观形成和发展变化的影响因子（因素是指构成事物本质的成分、决定事物成败的原因或条件等，在科学试验中一般用因子来表示，主要指影响试验指标的要素或原因。在本书的实证分析部分，主要采用因子一词），既涉及个体本身的生理特征、心理素质等，也包括经济关系、政治制度、思想文化等外部条件，它们相互联系、交互作用，共同影响毕业生个体就业观的形成和变化。这些影响因子名目繁多、错综复杂，任何单项研究都不可能穷尽，本章着重从高校毕业生主体自身所拥有的社会资本、人力资本、心理资本来实证探讨内外环境对其就业观形成变化的影响。

第一节　就业条件观影响因子分析

　　我们着重从就业形势认知、就业政策认知、就业政策评价、就业指导服务认知、母校就业指导服务评价、政府公共就业指导服务评价等六个方面，来具体分析社会资本、人力资本、心理资本对就业条件观的影响。

一、就业形势认知

以高校毕业生社会资本、人力资本、心理资本以及性别、独生子女等常数项为自变量，以就业形势自我判断为因变量，建立二元逻辑回归模型。为确保判断趋势更简洁明显，我们把"很乐观""比较乐观"合并统计为"乐观取向"，把"非常严峻""比较严峻"合并统计为"严峻取向"。这样就获得两个回归统计结果。两个模型的系数综合检验 Sig. 值均小于 0.05，模型总体有效。回归结果显示，共有 13 项自变量的 Sig. 值小于 0.05，其中社会资本 5 项、人力资本 7 项、心理资本 1 项，表明它们显著影响高校毕业生就业形势认知。（见表 5.1）

在社会资本指标中，参加志愿服务活动、父亲体制内从业等与就业形势严峻取向显著正相关，城镇背景、社会关系广泛与就业形势严峻取向显著负相关，母亲受教育程度与就业形势乐观取向显著负相关，此外，在严峻取向回归模型中，父亲体制内从业的幂值 Exp(B) 为 2.433，这意味着父亲体制内从业每提高一个单位，毕业生严峻取向就提高 1.433 倍。这说明越是参加过志愿服务活动的毕业生、父亲在体制内国有企事业单位和政府机构工作的毕业生，越可能认为就业形势严峻，母亲受教育程度越高，毕业生对就业形势的判断越不乐观，而越是城镇生源、社会关系广泛的毕业生，越不认为就业形势严峻。

在人力资本指标中，专业满意度、就业能力等与就业形势乐观取向显著正相关，与就业形势严峻取向显著负相关，即专业满意度高、就业能力强的毕业生，更可能认为就业形势乐观，而不认为就业形势严峻。在乐观取向模型中，就业能力的幂值 Exp(B) 高达 4.362，这意味着就业能力每提高一个单位，其乐观取向就提高 3.362 倍。兼职经历与就业形势乐观取向显著正相关，辅修第二专业或更高学历学位与就业形势乐观取向显著负相关，工科与就业形势严峻取向显著负相关，即有过兼职经历的毕业生对就业形势的判断更乐观，辅修过第二专业或更高学历学位的毕业生对就业形势的判断更不乐观，越是工学、医学、军事学、农学等工科类毕业生越不认为就业形势严峻。

在心理资本指标中，只有乐观与就业形势乐观取向显著正相关，即毕业生乐观心理素质越好，对就业形势的判断越乐观。其他指标相关性不显著。

综上分析，我们可以认为，母亲教育程度低、对自己所学专业满意、大学期间有过兼职经历、没有辅修第二专业或更高学历学位、就业能力强、乐观的毕业生，对就业形势的判断更乐观；农村生源、大学期间参加过志愿服务活动、父亲体制内从业、社会关系不广泛、非工科、对自己所学专业不满意、就业能力不强的毕业生，对就业形势的判断更严峻。

二、就业政策认知与评价

通过调查毕业生对国家促进高校毕业生就业政策和国家鼓励扶持大学生创业政策了解情况、目前就业政策对毕业生求职帮助情况、从相关就业政策受益情况等四个方面来测量高校毕业生就业政策认知情况，均采用五点计分，1 为一点都不了解（没有帮助、没有受益），5 为非常了解（很有帮助、受益很多）。就业政策评价涉及七个子项，包括岗位稳定政策（如用人单位裁员经济补偿政策、裁员优先预留人员政策等）、岗位创造政策、创业激励政策、就业吸纳优惠政策、特岗就业倾斜政策（如西部志愿服务人员、三支一扶人员、农村义务教育阶段学校特岗教师等方面的政策）、就业援助政策（如求职补贴和费用减免政策、公益性岗位安置政策、公益性岗位补贴政策、社会保险补贴政策等）、反就业歧视政策等。采用五点计分，1 为很不满意，5 为很满意。总体而言，分数越大，就业政策认知和评价越好。两个线性回归模型的 Sig. 值均小于 0.05，模型总体显著性水平较低，模型总体有效。回归结果显示，共有 13 项自变量的 Sig. 值小于 0.05，其中社会资本 4 项、人力资本 6 项、心理资本 3 项，表明它们显著影响高校毕业生就业政策认知就业政策评价。（见表 5.2）

在社会资本指标中，城镇背景、社会关系广泛与就业政策认知显著正相关，即城镇生源、求职社会关系广泛的毕业生，就业政策认知程度更高，他们对就业创业政策更了解，就业政策对其帮助更大，毕业生从中受益更多；父母亲年收入与就业政策认知显著负相关，父母亲年收入越高，毕业生就业政策认知程度越低，他们对就业创业政策越缺乏了解，就业政策对其帮助、毕业生从中受益越少；参加社团组织与就业政策评价显著正相关，即大学期间参加过社团组织的毕业生，对就业政策的满意度更高。

表 5.1　高校毕业生就业形势自我判断二元逻辑回归结果

自变量	模型 1：乐观取向		模型 2：严峻取向	
	Beta	S.E.	Beta	S.E.
性别－男	-.154	.176	.230	.245
独生子女	.001	.190	.493	.272
城乡背景－城镇	.094	.201	-.648*	.294
大学期间担任学生干部	.088	.199	.235	.265
大学期间参加社团组织	-.311	.234	-.518	.309
大学期间参加志愿服务活动	-.157	.185	.551*	.263
父亲受教育程度	.150	.106	-.017	.142
母亲受教育程度	-.219*	.105	-.096	.147
父亲职业－体制内从业	-.169	.249	.889**	.324
母亲职业－体制内从业	-.133	.266	.018	.345
父母亲的年收入	.079	.087	-.070	.125
社会关系广泛程度	.190	.103	-.510***	.140
大学期间为中共党员	-.130	.182	-.263	.261
最后学历	-.094	.146	.232	.215
毕业的高校类型	-.132	.121	.078	.177
文科	-.101	.375	-.627	.405
工科	.102	.397	-1.109*	.458
所学专业与兴趣爱好一致	.072	.100	.007	.132

续表

自变量	模型 1：乐观取向		模型 2：严峻取向	
	Beta	S.E.	Beta	S.E.
对自己所学专业满意	.320**	.118	-.634***	.156
大学学习成绩班级排名	-.033	.112	.238	.154
大学期间获得奖学金	.001	.195	-.047	.278
大学期间有过兼职经历	.417*	.203	-.161	.270
大学期间有过职业生涯规划	-.223	.187	.204	.250
辅修二专业或更高学历学位	-.450*	.196	-.160	.281
大学期间获得的考级证书多	.038	.091	-.217	.127
就业能力	1.473***	.148	-.854***	.201
自主性（独立性）	.196	.121	-.163	.171
判断力	-.067	.146	.114	.206
心理承受能力	.008	.141	.057	.202
自信心	.141	.138	-.305	.191
乐观	.295*	.127	-.121	.176
常量	-8.579***	.920	6.151***	1.162

（注：N=908；Sig.=0.000；df=1；*、**、*** 分别代表显著性水平为 $p < 0.05$、$p < 0.01$、$p < 0.001$；模型 1：-2 对数似然值 =979.334^a，X^2=267.019；模型 2：-2 对数似然值 =582.163^a，X^2=145.513）

在人力资本指标中，大学期间为中共党员、所学专业与兴趣爱好一致、对自己所学专业满意、辅修第二专业或更高学历学位、大学期间考级证书多等与就业政策认知显著正相关，即中共党员、所学专业与兴趣爱好一致、对自己所学专业满意、辅修过第二专业或更高学历学位、大学期间考级证书多的毕业生，就业政策认知程度更高，他们对就业创业政策更了解，就业政策对其帮助更大，毕业生从中受益更多。毕业高校类型与就业政策评价显著负相关，即越是层次较高的"985 工程""211 工程"院校毕业生，对就业政策的评价及其满意度越低。

在心理资本指标中，乐观与就业政策认知显著负相关，与就业政策评价显著正相关，即毕业生越乐观，其就业政策认知程度越低，对就业创业政策欠了解，就业政策对其帮助、毕业生从中受益较少，但他们对就业政策的满意度普遍偏高；自主性（独立性）与就业政策评价显著负相关，即毕业生自主性（独立性）越强，对就业政策的满意度越低。

表 5.2　高校毕业生就业政策认知与评价线性回归结果

自变量	模型 1：就业政策认知		模型 2：就业政策评价	
	Beta	S.E.	Beta	S.E.
性别 – 男	.200	.220	-.597	.320
独生子女	-.309	.240	.161	.349
城乡背景 – 城镇	.605*	.251	-.303	.362
大学期间担任学生干部	-.227	.245	-.281	.355
大学期间参加社团组织	-.169	.293	1.474***	.421
大学期间参加志愿服务活动	.289	.233	.340	.337
父亲受教育程度	-.161	.131	-.001	.190
母亲受教育程度	.104	.129	-.044	.188
父亲职业 – 体制内从业	-.169	.309	.436	.449
母亲职业 – 体制内从业	.343	.331	-.111	.481
父母亲的年收入	-.336**	.106	-.110	.155
社会关系广泛程度	1.099***	.124	-.298	.181
大学期间为中共党员	.498*	.228	-.125	.330
最后学历	-.066	.182	.414	.261
毕业的高校类型	-.211	.148	-.563**	.211
文科	-.380	.448	-1.144	.663

续表

自变量	模型1：就业政策认知		模型2：就业政策评价	
	Beta	S.E.	Beta	S.E.
工科	.039	.478	-1.296	.707
所学专业与兴趣爱好一致	.262*	.125	.095	.181
对自己所学专业满意	.596***	.143	.161	.209
大学学习成绩班级排名	.012	.140	.209	.203
大学期间获得奖学金	-.044	.247	.134	.358
大学期间有过兼职经历	.189	.250	.144	.360
大学期间有过职业生涯规划	-.028	.231	.512	.334
辅修二专业或更高学历学位	1.177***	.240	.133	.349
大学期间获得的考级证书多	.442***	.114	.133	.164
就业能力	.326	.172	.341	.249
自主性（独立性）	.007	.151	-.614**	.222
判断力	.284	.182	-.049	.264
心理承受能力	-.124	.177	.092	.256
自信心	.102	.173	-.269	.250
乐观	-.381*	.159	.485*	.227
常量	6.390***	.996	20.023***	1.450

（注：Sig.=0.000[a]，*、**、*** 分别代表显著性水平为 $p < 0.05$、$p < 0.01$、$p < 0.001$；模型1：$R^2=0.288$，调整后 $R^2=0.263$，F=11.232；模型2：$R^2=0.090$，调整后 $R^2=0.058$，F=2.760）

综上分析，我们可以认为，城镇生源、父母亲年收入低、社会关系广泛、大学期间为中共党员、所学专业与兴趣爱好一致、对自己所学专业满意、辅修过第二专业或更高学历学位、大学期间获得的考级证书多、不乐观的毕业生，对就业政策的认知更高；大学期间参加过社团组织、毕业高校类型层次低、自主性不强、乐观的毕业生，对就业政策的评价更高。

三、就业指导服务认知与评价

就业指导服务认知主要通过四个子项来测量：求职过程中面临的问题（备选项包括岗位信息少、技能不足、专业冷门、自己定位不对、专业不一致、缺少社会关系、求职费用太高、缺乏实践经验；选项越多，认知越好）、校友帮助自己求职方面的作用（五点计分，1 为没作用，5 为作用很大），对学弟学妹就业提供帮助的意愿（五点计分，1 为不愿意，5 为很愿意），大学生是否有必要接受就业指导教育（三点计分，1 为没必要，3 为非常有必要），对人才招聘会双选会效果认知（五点计分，1 为非常差，5 为非常好）。母校就业指导服务评价涉及七个子项，包括整体情况、就业指导/创业指导课、职业咨询/辅导、校园招聘活动、就业信息提供与发布、就业手续办理、其他就业指导服务等（五点计分，1 为很不满意，5 为很满意）。政府公共就业指导服务评价涉及六个子项，包括提供就业信息、促进入职匹配、职业指导与培训、人事合同管理、失业保险与救助、制定就业创业政策法规等（五点计分，1 为很不满意，5 为很满意）。总体而言，分数越大，认知和评价越高。三个线性回归模型的 Sig. 值均小于 0.05，模型总体显著性水平较低，模型总体有效。回归结果显示，共有 18 项自变量的 Sig. 值小于 0.05，其中常数项 2 项、社会资本 6 项、人力资本 7 项、心理资本 3 项，表明它们显著影响高校毕业生就业指导服务认知或母校就业指导服务评价、政府公共就业指导服务评价。（见表 5.3）

在社会资本指标中，大学期间参加社团组织、求职社会关系等与就业指导服务认知显著正相关，即大学期间参加过社团组织、社会关系广泛的毕业生，对就业指导服务的认知程度更高，自我认为求职中面临的问题更多，更认可就业指导教育、招聘会以及校友帮助就业的作用，也更乐意帮助学弟学妹就业。参加社团组织与政府公共就业指导服务评价显著正相关，母亲职业与政府公共就业指导服务评价显著负相关，即大学期间参加过社团组织的毕业生，对政府公共就业指导服务更满意，评价更高，母亲越是在体制内政府机构、事业单位、国有企业工作，毕业生对政府公共就业指导服务越不满意，评价越低。父母亲年收入与就业指导服务认知、母校就业指导服务评价等显著负相关，即父母亲年收入越高，毕业生对就业指导服务的认知和对母校就业指导服务的评价越低，自我认为求职中面临的问题越少，越不认可就业指导教育、招聘会以及校友帮助就业的作用，也越不乐意帮助学弟学妹就业。

在人力资本指标中，专业满意度、大学期间考级证书多、就业能力等与就业指导服务认知、母校就业指导服务评价等显著正相关，即专业满意度高、大学期间考级证书多、就业能力强的毕业生，就业指导服务认知程度更高，对母校就业指导服务评价越高，越满意；专业满意度与政府公共就业指导服务评价等显著正相关，即毕业生对所学专业越满意，对政府公共就业指导服务的评价越高。

在心理资本指标中，判断力与就业指导服务认知显著正相关，即毕业生判断力越强，其就业指导服务认知程度越高；自主性（独立性）、心理承受能力等与政府公共就业指导服务评价显著负相关，即毕业生自主性（独立性）、心理承受能力越强，对政府公共就业指导服务越不满意，评价越低。

在常数项指标中，性别与政府公共就业指导服务评价显著负相关，即男性毕业生对政府公共就业指导服务更不满意，评价趋低。独生子女与母校就业指导服务评价显著负相关，即越是独生子女毕业生，对母校就业指导服务越不满意。

综上分析，我们可以看出，大学期间参加过社团组织、父母亲年收入低、社会关系广泛、对自己所学专业满意、大学期间获得的考级证书多、就业能力强、判断力强的毕业生，对就业指导服务的认知更好；不是独生子女、父母亲年收入低、对自己所学专业满意、大学期间获得的考级证书多、就业能力强的毕业生，对母校就业指导服务的评价更高；女性、大学期间参加过社团组织、母亲不在体制内从业、对自己所学专业满意、自

表5.3 高校毕业生就业指导服务认知与评价线性回归结果

	模型1：就业指导服务认知		模型2：母校就业指导服务评价		模型3：政府公共就业指导服务评价	
	Beta	S.E.	Beta	S.E.	Beta	S.E.
性别－男	.013	.158	-.205	.353	-.738**	.269
独生子女	-.135	.173	-.780*	.383	-.039	.295
城乡背景－城镇	.097	.179	.300	.398	.318	.305
大学期间担任学生干部	-.082	.175	-.251	.390	-.358	.298
大学期间参加社团组织	.461*	.208	.785	.472	.727*	.355
大学期间参加志愿服务活动	-.134	.166	.486	.370	.346	.284
父亲受教育程度	.047	.094	.226	.209	-.133	.160
母亲受教育程度	.122	.092	-.010	.206	.138	.157
父亲职业－体制内从业	.357	.222	.184	.492	.630	.378
母亲职业－体制内从业	-.198	.238	-.991	.532	-1.071**	.405
父母亲的年收入	-.260**	.076	-.362*	.169	-.197	.129
社会关系广泛程度	.285**	.090	.117	.204	.229	.152
大学期间为中共党员	-.108	.163	-.260	.364	.070	.278
最后学历	.062	.128	.302	.291	.222	.219
毕业的高校类型	.103	.104	-.060	.236	-.133	.178
文科	.325	.322	-1.254	.696	-.848	.549
工科	.290	.343	-.894	.746	-.776	.586
所学专业与兴趣爱好一致	.044	.089	-.088	.200	-.053	.152
对自己所学专业满意	.323**	.103	1.169***	.230	.498**	.174
大学学习成绩班级排名	.034	.100	-.213	.222	.005	.171
大学期间获得奖学金	.043	.177	.052	.394	.028	.301

续表

	模型 1：就业指导服务认知		模型 2：母校就业指导服务评价		模型 3：政府公共就业指导服务评价	
	Beta	S.E.	Beta	S.E.	Beta	S.E.
大学期间有过兼职经历	.196	.178	.131	.394	-.193	.303
大学期间有过职业生涯规划	.095	.164	.204	.369	.408	.281
辅修二专业或更高学历学位	-.039	.172	.397	.383	.505	.292
大学期间获得的考级证书多	.180*	.081	.451*	.183	.083	.139
就业能力	.734***	.123	.541*	.273	.346	.210
自主性（独立性）	-.149	.108	-.233	.244	-.446*	.185
判断力	.314*	.130	-.349	.290	.241	.221
心理承受能力	.012	.126	-.559	.290	-.433*	.215
自信心	-.117	.124	.504	.283	-.006	.211
乐观	.170	.113	-.088	.266	.139	.192
常量	11.730***	.715	16.959***	1.597	15.623***	1.217

（注：Sig.=0.000[a]，*、**、*** 分别代表显著性水平为 $p < 0.05$、$p < 0.01$、$p < 0.001$；模型 1：$R^2=0.178$，调整后 $R^2=0.149$，F=6.052；模型 2：$R^2=0.117$，调整后 $R^2=0.083$，F=3.487；模型 3：$R^2=0.085$，调整后 $R^2=0.052$，F=2.590）

主性不强、心理承受能力不强的毕业生，对政府公共就业指导服务的评价更高。

四、就业条件观影响因子假设验证

社会资本、人力资本、心理资本的 29 项测量指标中，只有 8 项没有显著影响毕业生就业条件观，它们分别是社会资本的大学期间担任学生干部、父亲受教育程度、人力资本的最后学历、文科、大学学习成绩班级排名、大学期间获得奖学金、大学期间有过职业生涯规划、心理资本的自信心，其余 21 项均显著影响毕业生就业条件观。因此，假设 2 得到大部分验证，高校毕业生社会资本、人力资本、心理资本存量与其就业条件观显著相关，并具有预测作用。

第二节 就业价值观影响因子分析

从就业目的、工作类型取向、择业决策时考虑的首要因素、高质量就业指标评价等四个方面，来具体分析社会资本、人力资本、心理资本对就业价值观的影响。

一、就业目的

高校毕业生就业目的可分为四类，即短期的个人目的"为了生计"、短期的社会目的"奠定建立家庭的经济基础"、长远的个人目的"出于兴趣爱好"、长远的社会目的"服务社会实现自身价值"。为凸显趋势，我们把就业目的分为生存型就业目的（包括为了生计、奠定建立家庭的经济基础）、发展型就业目的（包括出于兴趣爱好、服务社会实现自身价值），分别赋值 0、1，建立就业目的二元逻辑回归模型。模型系数综合检验的 Sig. 值小于 0.05，模型总体显著性水平较低，模型总体有效。回归结果显示，有 3 项自变量的 Sig. 值小于 0.05，其中常数项 1 项、社会资本 1 项、人力资本 1 项，表明它们显著影响毕业生就业目的。（见表 5.4）

在常数项中，性别与就业目的显著负相关，这意味着男性毕业生不倾向于发展型就业目的，可能更倾向于生存型，他们更关注生计和建立家庭的经济基础，而女性毕业生的就业目的倾向于发展型，她们更注重兴趣爱好、服务社会和实现自身价值。初看似与常识不符，一般认为男性事业心更重。事实上，实证结论一方面说明女性地位和觉悟大幅度提升，女性毕业生更加愿意和有条件参与社会建设管理，追求个人理想和自身价值的实现；另一方面也说明男性作为顶梁柱的传统思想观念仍在被男性毕业生自觉传承，他们看重未来事业发展，但更觉得迫切需要先解决自我生存和建立家庭的燃眉之急。

表 5.4 高校毕业生就业目的二元逻辑回归结果

	Beta	S.E.	Wals	Sig.	Exp (B)
性别－男	-.436	.172	6.397	.011	.647
独生子女	.333	.187	3.172	.075	1.395
城乡背景－城镇	-.294	.194	2.293	.130	.745
大学期间担任学生干部	-.054	.192	.078	.780	.948
大学期间参加社团组织	-.425	.222	3.660	.056	.654
大学期间参加志愿服务活动	.305	.183	2.787	.095	1.357
父亲受教育程度	.081	.103	.617	.432	1.084
母亲受教育程度	-.179	.101	3.148	.076	.836
父亲职业－体制内从业	-.358	.245	2.123	.145	.699
母亲职业－体制内从业	.480	.258	3.466	.063	1.616
父母亲的年收入	.045	.083	.296	.586	1.046
社会关系广泛程度	.289	.098	8.675	.003	1.336
大学期间为中共党员	-.050	.175	.083	.773	.951
最后学历	-.228	.136	2.794	.095	.796
毕业的高校类型	-.039	.111	.126	.722	.961
文科	-.296	.337	.769	.380	.744
工科	-.297	.362	.674	.412	.743
所学专业与兴趣爱好一致	.169	.098	2.957	.085	1.184

	Beta	S.E.	Wals	Sig.	Exp (B)
对自己所学专业满意	.246	.113	4.718	.030	1.279
大学学习成绩班级排名	.171	.110	2.396	.122	1.186
大学期间获得奖学金	.317	.191	2.757	.097	1.373
大学期间有过兼职经历	-.033	.193	.029	.864	.968
大学期间有过职业生涯规划	.215	.183	1.384	.239	1.240
辅修二专业或更高学历学位	-.185	.185	.999	.318	.831
大学期间获得的考级证书多	-.098	.088	1.260	.262	.906
就业能力	.183	.134	1.884	.170	1.201
自主性（独立性）	-.014	.118	.014	.905	.986
判断力	.137	.141	.943	.332	1.147
心理承受能力	.160	.137	1.359	.244	1.173
自信心	.201	.136	2.184	.139	1.223
乐观	-.143	.123	1.339	.247	.867
常量	-3.968	.788	25.356	.000	.019

（注：N=899；Sig.=0.000；df=1；-2 对数似然值 =1036.409[a]，X^2=95.651）

在社会资本指标中，社会关系广泛程度与就业目的显著正相关，即毕业生求职社会关系越广泛，其就业目的越趋向于发展型，越注重个体兴趣爱好和服务社会、实现自身价值。社会关系广泛的毕业生，要么自己综合素质较高，善于交际交流，培育和发展了较好的自致资源，要么由于家庭等影响拥有较好的先赋资源。不管是自致还是先赋，广泛的社会关系能为其求职和发展提供更多的选择机会，生存的压力、找到工作的压力，相对变小，他们把就业目的和着力点聚焦于找到一份与自己兴趣爱好相符、能发挥所长服务社会的好工作，聚焦于职业发展和人生价值的实现。

大学期间参加志愿服务活动、母亲职业或其从事的主要工作都对毕业生选择发展型就业目的具有正向影响，显著性水平虽然没有小于 0.05，但均在 0.1 以下。因此，从研究中我们可以看出，社会资本与高校毕业生就业目的正相关，社会资本越丰富，毕业生越倾向于发展型就业观。

在人力资本指标中，专业满意度与就业目的显著正相关，即对所学专业越满意，毕业生越倾向于选择发展型就业目的观。毕业生喜欢所学专业，专业学习与兴趣爱好一致，他们就会更倾向于遵循爱好，选择一份专业对口、学以致用的工作，而不会仅仅把就业当作谋生的手段。

综上分析，女性、社会关系广泛、对自己所学专业满意的毕业生，更倾向于选择发展型就业目的。

二、工作类型取向

从主体心理感受的角度，我们把工作类型区分为稳定的工作、有挑战性的工作、舒适安逸的工作、能发挥自己才能的工作等四种类型。以稳定的工作、有挑战性的工作、能发挥自己才能的工作为因变量，分别建立二元逻辑回归模型，以进一步探究高校毕业生工作类型取向特点。其中后两个模型的系数综合检验 Sig. 值小于 0.05，模型总体显著性水平较低，模型总体有效；另一个模型的系数综合检验 Sig. 值大于 0.05，其结果不显著，只能作为辅助参考。有效模型回归结果显示，有 10 项自变量的 Sig. 值小于 0.05，其中常数项 1 项、社会资本 5 项、人力资本 2 项、心理资本 2 项，表明它们显著影响毕业生工作类型取向。辅助模型有 3 项自变量的 Sig. 值小于 0.05，分别为常数项的性别、社会资本的参加志愿服务活动、人力资本的辅修第二专业或更高学历学位，这三项均与其他项同时显著，能起辅助证明作用。（见表5.5）

常数项中，性别与有挑战性的工作选项显著正相关，即男性毕业生倾向于选择有挑战性的工作，而女性毕业生则可能倾向于做相反的选择。辅助模型结果显示，性别与稳定的工作选项负相关，即男性毕业生不倾向于选择稳定的工作。这可做补充，也与常识吻合，与社会性别角色分工特点一致。

在社会资本指标中，城镇背景、社会关系广泛程度等与能发挥自己才能的工作显著负相关，即越是城镇生源、社会关系广泛的毕业生，越不倾向于选择能发挥自己才能的工作。社会关系广泛程度与有挑战性的工作选项显著正相关，即社会关系越广泛，毕业生越倾向于选择有挑战性的工作。毕业生拥有的社会资源多，更有信心面对挑战，期望高风险高回报，他们更在乎用好社会资源获得成功，并不在乎能否发挥自己的才能。大学期间参加志愿服务活动、父亲职业等与能发挥自己才能的工作选项显著正相关，即参加过志愿服务活动，父亲在体制内政府机构、事业单位、国有企业工作的毕业生，更倾向于选择能发挥自己才能的工作。辅助模型结果显示，大学期间参加志愿服务活动与稳定的工作选项负相关，参加过志愿服务活动的毕业生不倾向于选择稳定的工作，可做辅助证明。参加志愿服务活动的毕业生应有更强的奉献精神、主动作为意识，他们不会满足于只过安稳的日子。

在人力资本指标中，毕业高校类型与有挑战性的工作选项显著负相关，即越是"985 工程""211 工程"院校毕业生，越不会选择从事有挑战性的工作。辅修第二专业或更高学历学位与能发挥自己才能的工作选项显著负相关，即辅修过第二专业或更高学历学位的毕业生更不倾向于选择能发挥自己才能的工作。辅助模型回归结果显示，辅修第二专业或更高学历学位与稳定的工作选项负相关，即辅修过第二专业或更高学历学位的毕业生更不倾向于选择稳定的工作。

在心理资本指标中，自信心与有挑战性的工作选项显著正相关，即毕业生自信心越强，越倾向于选择有挑战性的工作。这与常识吻合，也符合一般的逻辑推理。心理资本理论认为，自我效能/信心表现为在面对充满挑战性的工作时，有信心并能付出必要的努力来获得成功。乐观与有挑战性的工作选项显著负相关，即毕业生越乐观，越不倾向于选择有挑战性的工作。乐观是一种积极归因模式，强调用个体的、永久的、普遍性的原因来解释积极的事件，用外部的、临时的、与情景关联的原因来解释消极的事件。乐观的人总能看到美好的未来，他们可能认为没有必要特意去选择有挑战性的工作。

表 5.5　高校毕业生工作类型取向二元逻辑回归结果

	辅助模型：稳定的工作		模型 1：有挑战性的工作		模型 2：能发挥自己才能的工作	
	Beta	S.E.	Beta	S.E.	Beta	S.E.
性别－男	-.406*	.186	.677***	.190	-.148	.160
独生子女	.125	.202	-.146	.202	.258	.176
城乡背景－城镇	-.063	.211	.321	.212	-.432*	.182
大学期间担任学生干部	-.142	.204	.124	.218	-.025	.175
大学期间参加社团组织	.167	.247	-.032	.245	-.075	.211
大学期间参加志愿服务活动	-.401*	.190	-.154	.200	.372*	.169
父亲受教育程度	.040	.110	.005	.114	-.095	.095
母亲受教育程度	.036	.108	-.003	.113	-.087	.094
父亲职业－体制内从业	-.081	.259	-.430	.275	.484*	.225
母亲职业－体制内从业	-.132	.280	.109	.290	.167	.240
父母亲的年收入	.050	.088	.044	.090	-.024	.078
社会关系广泛程度	.132	.104	.263*	.109	-.244**	.090
大学期间为中共党员	.334	.190	.196	.197	-.255	.165
最后学历	-.152	.156	.045	.148	.135	.131
毕业的高校类型	.071	.123	-.262*	.124	.023	.107
文科	-.056	.369	.618	.495	-.342	.319
工科	-.295	.399	.677	.511	-.242	.340
所学专业与兴趣爱好一致	-.153	.104	.098	.107	.093	.090
对自己所学专业满意	.136	.123	.026	.122	.004	.104

续表

	辅助模型：稳定的工作		模型 1：有挑战性的工作		模型 2：能发挥自己才能的工作	
	Beta	S.E.	Beta	S.E.	Beta	S.E.
大学学习成绩班级排名	.090	.118	-.042	.121	.094	.102
大学期间获得奖学金	-.041	.207	-.307	.212	.067	.178
大学期间有过兼职经历	.033	.207	.045	.212	-.099	.181
大学期间有过职业生涯规划	-.006	.193	-.066	.198	.157	.167
辅修二专业或更高学历学位	-.532*	.216	.262	.200	-.405*	.177
大学期间获得的考级证书多	.009	.094	.022	.098	-.051	.082
就业能力	.174	.145	-.096	.148	.013	.124
自主性（独立性）	-.119	.126	.025	.136	.145	.109
判断力	.052	.153	.161	.161	-.152	.131
心理承受能力	-.252	.145	.090	.158	.206	.128
自信心	.040	.147	.354*	.158	-.209	.126
乐观	.184	.132	-.305*	.139	.197	.116
常量	-1.799*	.831	-3.853***	.911	-.480	.728

（注：N =908；Sig.=0.166［辅助模型］，Sig.= 0.000［模型 1］，Sig.= 0.001［模型 2］；df=1；*、**、*** 分别代表显著性水平为 p < 0.05、p < 0.01、p < 0.001；辅助模型：-2 对数似然值 =926.466[a]，X^2=38.534；模型 1：-2 对数似然值 =870.626[a]，X^2=74.043；模型 2：-2 对数似然值 =1152.273[a]，X^2=62.066）

逻辑回归结果显示，男性、社会关系广泛、不是重点高校毕业、自信、非乐观等五类毕业生更倾向于选择有挑战性的工作，农村生源、参加过志愿服务活动、父亲在体制内国有单位工作、社会关系不广泛、没有辅修第二专业或更高学历学位等五类毕业生更倾向于选择能发挥自己才能的工作。辅助模型显示，女性、没有参加志愿服务活动、没有辅修第二专业或更高学历学位等三类毕业生更倾向于选择稳定的工作。

三、择业决策时考虑的首要因素

从个人需求出发，以经济收入、个人发展机会、专业知识运用、工作稳定性等四个备选的择业决策时首要考虑因素为因变量，分别建立四个二元逻辑回归模型，探讨毕业生三类资本与其择业决策取舍态度的关系。四个模型的系数综合检验 Sig. 值均小于 0.05，模型总体显著性水平较低，模型总体有效。回归结果显示，有 19 项自变量的 Sig. 值小于 0.05，其中常数项 3 项、社会资本 1 项、人力资本 8 项、心理资本 7 项，表明它们是显著影响毕业生择业决策的首要因素。（见表 5.6）

常数项中的性别、独生子女均与择业决策取舍态度显著相关。男性与经济收入选项显著正相关，与工作稳定性选项显著负相关，即男性毕业生在择业决策时更倾向于首要考虑经济收入，不首要考虑工作稳定性，而女性毕业生却相反，她们更倾向于首要考虑工作稳定性，不首要考虑经济收入。这符合常识，也支持了社会性别理论的基本观点。社会性别理论认为，男女之间的文化差异较之生理差异更重要更突出，社会文化要求男女按不同性别角色期望采取行动，形成相应的社会所赋予的行为模式。男性被赋予坚韧、责任、挑战等特征和品性，而女性则需要温和、安稳和包容。中国传统文化对男女性别也有相似的社会角色要求。因此，男性毕业生首要看重的是经济收入而不是工作稳定性，女性做出相反的选择，这就不难理解了。另外，独生子女与经济收入选项正相关，独生子女择业决策时首要考虑的因素更可能是经济收入。长大后的独生子女是家庭的唯一支柱，他们可能更多更早感受到了来自家庭的责任和压力，也更希望经济独立。

在社会资本 10 个自变量中，只有城镇背景与个人发展机会选项显著负相关，其他均不显著。越是城镇生源毕业生，择业决策时越不倾向于首要考虑个人发展机会，农村生源毕业生更注重个人发展机会。来自农村的毕业生更能吃苦耐劳，更渴望有干事创业的机会和平台，更希望通过自己的努力来改变人生命运。

在人力资本 14 个自变量中，毕业高校类型、所学专业与兴趣爱好一致性、兼职经历、辅修第二专业或更高学历学位、考级证书、就业能力等均与择业决策取舍态度显著相关。毕业高校类型与经济收入选项显著正相关，与专业知识运用显著负相关，即越是层次较高的"985 工程""211 工程"院校毕业生，择业决策时越倾向于首要考虑经济收入，而不首要考虑专业知识运用。所学专业同兴趣爱好的一致性，与经济收入显著负相关，与专业知识运用选项显著正相关，即所学专业与兴趣爱好越一致，择业决策时越不首要考虑经济收入，越注重专业知识运用。干自己喜好的事，人们往往容易醉心其中，更多地关注如何运用所学所长把事情干好，而不注重外在的报酬和待遇。兼职经历与个人发展机会显著负相关，即越是有过兼职经历的毕业生，择业决策时越不可能首要考虑个人发展机会。辅修第二专业或更高学历学位、考级证书多等与专业知识运用选项显著正相关，即越是辅修过第二专业或更高学历学位、大学期间获得的各类考级证书多的毕业生，择业决策时越可能首要考虑专业知识运用。是否选择辅修，主要依据毕业生个人意愿，现行制度并无明确规定和约束。毕业生既然选择辅修，这说明辅修的专业或更高学历学位是他所喜欢的或是他认为有用的，在择业这一重大决策中，他自然会更多想到运用所学专业知识。每一份考级证书都是毕业生所学知识技能的标识与证明，证书越多，说明毕业生相关专业知识积累越多，也越用功用心。就业能力与专业知识运用显著负相关，就业能力强的毕业生，择业决策时不倾向于首要考虑专业知识运用。能力不同于知识，是知识的内化、运用与提升，就业能力强的毕业生自然不会看重处于较低层次的专业知识运用。

表 5.6　高校毕业生择业决策时考虑的首要因素二元逻辑回归结果

	模型 1：经济收入		模型 2：个人发展机会		模型 3：专业知识运用		模型 4：工作稳定性	
	Beta	S.E.	Beta	S.E.	Beta	S.E.	Beta	S.E.
性别－男	.589**	.209	.004	.156	.211	.211	-953***	.248
独生子女	.469*	.224	.066	.170	-.351	.233	.052	.257
城乡背景－城镇	.141	.240	-.356*	.177	.262	.240	.130	.266
大学期间担任学生干部	-.366	.225	.303	.173	-.336	.239	-.027	.251
大学期间参加社团组织	.165	.272	-.146	.207	.356	.288	.530	.325
大学期间参加志愿服务活动	-.233	.215	.248	.165	-.083	.228	-.430	.232
父亲受教育程度	.094	.125	-.021	.093	.091	.126	-.137	.140
母亲受教育程度	-.089	.121	-.090	.092	-.042	.124	.060	.137
父亲职业－体制内从业	-.074	.291	.004	.219	.064	.300	.272	.325
母亲职业－体制内从业	.092	.307	.243	.235	-.400	.327	-.037	.351
父母亲的年收入	-.062	.100	.096	.075	-.031	.103	-.100	.114
社会关系广泛程度	-.162	.115	-.017	.088	.184	.123	.029	.130
大学期间为中共党员	-.168	.222	-.159	.161	.325	.218	.167	.237
最后学历	-.124	.185	-.225	.130	.282	.152	.126	.197
毕业的高校类型	.408**	.138	.004	.104	-.304*	.137	.027	.163
文科	-.561	.385	.205	.322	-.313	.416	.702	.553
工科	-.764	.420	.118	.343	.008	.440	.297	.594
所学专业与兴趣爱好一致	-.267*	.115	-.070	.088	.526***	.128	-.224	.129
对自己所学专业满意	.142	.135	-.042	.101	-.066	.139	-.100	.153
大学学习成绩班级排名	-.059	.129	.123	.099	-.188	.139	.186	.148
大学期间获得奖学金	-.341	.233	.244	.175	.145	.246	-.216	.258
大学期间有过兼职经历	.302	.239	-.391*	.175	-.111	.237	-.080	.254

	模型 1: 经济收入		模型 2: 个人发展机会		模型 3: 专业知识运用		模型 4: 工作稳定性	
	Beta	S.E.	Beta	S.E.	Beta	S.E.	Beta	S.E.
大学期间有过职业生涯规划	-.383	.209	.205	.163	.168	.231	-.143	.235
辅修二专业或更高学历学位	-.213	.248	-.240	.170	.609**	.212	-.256	.268
大学期间获得的考级证书多	.017	.107	-.150	.080	.347**	.112	-.114	.119
就业能力	.276	.164	.121	.122	-.476**	.168	-.153	.183
自主性（独立性）	-.001	.144	-.241*	.108	.371*	.154	.250	.162
判断力	-.368*	.165	.035	.129	.398*	.188	-.001	.194
心理承受能力	.146	.171	.313*	.127	-.442**	.166	-.309	.179
自信心	.088	.163	-.038	.125	.092	.167	-.238	.178
乐观	.118	.150	.139	.115	-.444**	.143	.175	.163
常量	-1.492	.941	-.525	.710	-2.997**	.936	-.319	1.088

（注：N=908；模型 1、3 的 Sig.= 0.000，模型 2、4 的 Sig. 值分别为 0.015、0.001；df=1；
*、**、*** 分别代表显著性水平为 $p < 0.05$、$p < 0.01$、$p < 0.001$；模型 1：-2 对数似然值
=752.939^a，X^2=73.807；模型 2：-2 对数似然值 =1195.733^a，X^2=50.619；模型 3：-2 对数似然
值 =727.433^a，X^2=127.282；模型 4：-2 对数似然值 =645.676^a，X^2=63.417）

在调查的 5 项心理资本中，自主性、判断力、心理承受能力、乐观等与
择业决策取舍态度显著相关，只有自信心的相关性不显著。自主性（独立
性）与个人发展机会显著负相关，与专业知识运用显著正相关，即越是独立
自主的高校毕业生，择业决策时越不可能首要考虑个人发展机会，越可能首
要考虑专业知识运用。自主性强的毕业生，可能更有信心自主把握自己的发
展命运，他们可能认为学以致用、用其所长才是人生制胜的法宝。判断力与
经济收入显著负相关，与专业知识运用显著正相关，即越是评价自我判断力
好的高校毕业生，择业决策时越不可能首要考虑经济收入，越可能首要考虑
专业知识运用。相反，判断力不强的毕业生就更可能首要考虑经济收入，而

不是专业知识运用，这可能由于毕业生认为就业现实复杂多变，而经济收入相对牢靠、直接，不需要更多地辨别和判断。心理承受能力与个人发展机会显著正相关，与专业知识运用显著负相关，即越是评价自我心理承受能力强的高校毕业生，择业决策时越可能首要考虑个人发展机会，越不可能首要考虑专业知识运用。心理承受能力强，顺境逆境都能应付，辛劳困苦也能承受，只要有个人发展机会，至于能不能专业对口、学以致用，更不是什么大不了的事。乐观与专业知识运用显著负相关，即自我评价越乐观，毕业生择业决策时越不可能首要考虑专业知识运用。乐天派相信"车到山前必有路，船到桥头自然直"，专业知识自有有用时，它不应是择业决策时考虑的首要因素。

通过上述分析，我们可以发现，择业决策时，男性、独生子女、来自重点大学、所学专业与兴趣爱好不一致、自我评价判断力不强的五类毕业生更可能首要考虑经济收入，农村生源、大学期间没有兼职经历、自我评价自主性不好、心理承受能力强的四类毕业生更可能首要考虑个人发展机会，来自非重点高校、所学专业与兴趣爱好一致、辅修过第二专业或更高学历学位、大学期间获得的各类考级证书多、就业能力自我评价不好、自我评价自主性好、判断力强、心理承受能力不好、不乐观的九类毕业生更可能首要考虑专业知识运用，女性毕业生更可能首要考虑工作稳定性。

四、高质量就业指标评价

测量高质量就业指标评价涉及 11 项指标，分别为劳动报酬、工作条件与环境、工作稳定性、社会保障与利益表达机制、晋升培训机会、组织文化、行业岗位好、就业地理位置、就业单位社会声望、人职匹配度、工作带来的成就感及人生价值的实现；五点计分，1 为不重要，5 为非常重要，数字越大，对就业质量要求越高、越重要。以高质量就业评价指标为因变量，分别建立 11 个二元逻辑回归模型，可以据此分析不同类型毕业生对高质量就业评价指标的不同重视程度。11 个模型系数综合检验 Sig. 值均小于 0.05，模型总体显著性水平较低，模型总体有效。回归结果显示，自变量 Sig. 值有 56 项小于 0.05，其中常数项 4 项、社会资本 20 项、人力资本 12 项、心理资本 20 项，表明它们均显著影响毕业生对就业质量指标的评价。（见表 5.7）

在常数项中，性别与工作条件环境好、工作稳定性高、社会保障健全、行业岗位好显著负相关，即越是男性毕业生，越认为上述四项指标在高质量就业评价中的重要程度不高，与女性毕业生相比，他们不重视工作条件与环境、工作稳定性、社会保障、行业岗位等情况。

在社会资本指标中，城镇背景与工作条件环境好显著正相关，与有合适的组织文化显著负相关，城镇生源毕业生更认为工作条件环境好才是高质量就业，有合适的组织文化对高质量就业并不重要。在工作条件环境好模型中，城镇背景的幂值 Exp(B) 为 2.149，这意味着城镇生源毕业生幂值每提高一个单位，其对工作条件环境好的重视程度就提高 1.149 倍。大学期间担任学生干部与劳动报酬高、工作条件环境好、工作稳定性高、晋升培训机会多、行业岗位好、地理位置好、社会声望高等七项指标均显著正相关，越是担任过学生干部的毕业生，在高质量就业评价中，越重视上述指标。在劳动报酬高模型中，担任学生干部的幂值 Exp(B) 为 2.006，这意味着幂值每提高一个单位，其对劳动报酬高的重视程度就提高 1.006 倍。参加志愿服务活动与晋升培训机会多、有合适的组织文化等显著正相关，参加过志愿服务活动的毕业生更加重视晋升培训机会和组织文化。父亲受教育程度与社会保障健全指标显著正相关，父亲受教育程度越高，毕业生越重视社会保障。母亲受教育程度与社会保障健全、晋升培训机会多等显著负相关，母亲受教育程度越高，毕业生越不看重上述指标。父母亲年收入与有合适的组织文化选项显著正相关，父母亲年收入越高，毕业生越重视组织文化。社会关系广泛与工作稳定性高、社会保障健全、晋升培训机会多、人职匹配度高、成就感及价值实现等五项显著负相关，社会关系越广泛，毕业生越不重视上述指标。

在人力资本指标中，大学期间为中共党员与劳动报酬高、工作条件环境

表 5.7　高校毕业生高质量就业指标评价二元逻辑回归结果

	模型 1: 劳动报酬高	模型 2: 工作条件环境好	模型 3: 工作稳定性高	模型 4: 社会保障健全	模型 5: 晋升培训机会多	模型 6: 组织文化合适	模型 7: 行业岗位好	模型 8: 地理位置好	模型 9: 社会声望高	模型 10: 人职匹配度高	模型 11: 成就感
性别—男	-.071(.208)	-.535**(.193)	-.505**(.175)	-.380*(.186)	-.277(.185)	-.246(.167)	-.374*(.158)	-.209(.156)	-.140(.157)	-.231(.165)	-.164(.174)
独生子女	-.119(.229)	-.278(.212)	-.256(.193)	-.215(.202)	.093(.202)	-.109(.181)	.324(.173)	.238(.170)	.113(.170)	.041(.178)	.027(.190)
城乡背景—城镇	.445(.237)	.765**(.224)	.379(.200)	.201(.210)	-.386(.212)	-.427*(.189)	-.178(.179)	-.178(.177)	.062(.177)	-.002(.184)	-.051(.196)
担任学生干部	.688**(.226)	.664**(.212)	.622**(.192)	-.098(.209)	.548**(.206)	.263(.186)	.451*(.176)	.364*(.174)	.421*(.174)	-.031(.183)	.132(.194)
参加社团组织	-.173(.267)	-.478(.262)	-.191(.229)	.256(.236)	-.2329(.244)	.172(.217)	-.098(.211)	.111(.206)	-.116(.208)	.191(.214)	.250(.223)
参加志愿服务	.164(.215)	.163(.202)	.165(.182)	.028(.198)	.540**(.195)	.393*(.175)	.048(.167)	-.146(.165)	.192(.165)	.084(.172)	.157(.183)
父亲受教育程度	.098(.125)	.010(.116)	.046(.105)	.229*(.114)	.157(.113)	.088(.100)	.077(.095)	.079(.093)	.165(.093)	.166(.099)	-.082(.105)
母亲受教育程度	-.149(.122)	-.173(.114)	.078(.103)	-.275*(.112)	-.273*(.111)	.011(.099)	-.128(.094)	.048(.092)	.048(.092)	-.086(.098)	.065(.104)
父亲职业—体制内	.359(.306)	.182(.285)	.212(.256)	.247(.270)	.153(.270)	-.151(.233)	.286(.225)	-.055(.219)	-.166(.220)	.073(.231)	.016(.245)
母亲职业—体制内	.134(.325)	.204(.303)	-.169(.268)	.305(.290)	.153(.287)	.413(.253)	-.162(.240)	-.054(.234)	-.014(.236)	.086(.249)	.332(.268)
父母亲的年收入	.000(.100)	.059(.094)	.015(.085)	.111(.091)	.152(.090)	.201*(.082)	.062(.076)	.037(.075)	-.056(.076)	.058(.079)	.118(.085)
社会关系广泛程度	-.205(.124)	-.154(.114)	-.238*(.102)	-.317*(.111)	-.276*(.111)	-.071(.096)	.036(.089)	.123(.088)	.078(.089)	-.234*(.095)	-.238*(.102)
中共党员	-.897***(.225)	-.577***(.205)	-.517**(.186)	-.338(.195)	-.522***(.198)	-.229(.175)	-.155(.163)	-.079(.161)	-.132(.162)	-.250(.171)	-.362*(.183)
最后学历	.213(.172)	-.088(.151)	-.161(.139)	.092(.148)	-.244(.144)	-.042(.134)	.059(.128)	.150(.127)	-.102(.127)	.143(.135)	-.017(.139)
毕业高校类型	-.077(.137)	.213(.128)	-.094(.114)	-.009(.120)	.221(.123)	-.010(.110)	-.045(.104)	-.160(.103)	.051(.104)	-.082(.108)	.043(.115)
文科	.349(.413)	.300(.393)	.141(.365)	-.721(.475)	.092(.396)	.455(.335)	.161(.320)	.120(.315)	.436(.318)	.295(.331)	.767**(.333)
工科	-.036(.435)	.563(.420)	.093(.385)	-.950(.490)	.032(.417)	.573(.359)	.106(.341)	.060(.337)	.245(.340)	.601(.356)	.996**(.360)
专业与兴趣爱好一致	-.097(.118)	-.095(.110)	-.036(.098)	-.067(.105)	.073(.105)	.161(.094)	.040(.088)	.162(.088)	.125(.088)	.103(.092)	.018(.098)

续表

	模型1：劳动报酬高	模型2：工作条件环境好	模型3：工作稳定性高	模型4：社会保障健全	模型5：晋升培训机会多	模型6：组织文化合适	模型7：行业岗位好	模型8：地理位置好	模型9：社会声望高	模型10：人职匹配度高	模型11：成就感
对自己所学专业满意	-.159(.137)	-.032(.126)	.029(.114)	-.165(.122)	-.274*(.125)	-.210(.110)	-.059(.103)	-.099(.101)	-.011(.102)	.071(.106)	-.016(.114)
大学成绩班级排名	-.024(.132)	-.062(.124)	-.179(.111)	-.074(.118)	.033(.118)	-.015(.106)	-.152(.100)	-.066(.099)	-.123(.099)	.065(.104)	-.032(.111)
大学期间获得奖学金	.312(.232)	.063(.217)	.355(.198)	.331(.208)	.330(.212)	.322(.187)	-.023(.177)	.016(.174)	-.080(.175)	.214(.183)	.281(.196)
大学期间有过兼职经历	.414(.224)	.112(.214)	.147(.196)	.290(.204)	-.334(.210)	-.054(.187)	.006(.178)	-.207(.176)	-.029(.177)	.033(.183)	-.167(.197)
大学有过职业生涯规划	-.140(.215)	.166(.199)	.052(.181)	-.137(.196)	.189(.193)	-.175(.176)	-.238(.166)	-.355*(.163)	-.199(.164)	.056(.170)	.239(.180)
辅修二专业或更高学历	-.013(.229)	-.396(.204)	-.080(.190)	-.189(.199)	-.455*(.198)	-.712***(.180)	-.447*(.170)	-.329(.170)	-.246(.170)	-.255(.177)	-.364(.186)
获得的考级证书多	.034(.108)	-.111(.100)	-.121(.091)	.035(.097)	-.153(.097)	-.018(.086)	-.086(.081)	.027(.080)	-.006(.081)	-.031(.085)	-.098(.091)
就业能力	.096(.164)	.018(.151)	.226(.137)	.231(.146)	.258(.147)	.087(.130)	.126(.123)	.073(.121)	.126(.122)	-.087(.128)	.122(.136)
自主性（独立性）	.539***(.141)	.304*(.132)	.149(.119)	.231(.128)	-.129(.131)	.183(.114)	.018(.108)	-.129(.107)	-.057(.107)	-.026(.113)	.023(.122)
判断力	.380*(.169)	.332*(.159)	.294*(.143)	.119(.155)	.113(.158)	.027(.140)	.086(.130)	.353*(.129)	.286*(.129)	.453**(.135)	.174(.145)
心理承受能力	.065(.166)	.239(.154)	.095(.140)	.090(.150)	.631***(.148)	.288*(.133)	-.003(.126)	.098(.124)	.126(.124)	.478***(.133)	.221(.138)
自信心	-.432*(.173)	-.503**(.162)	-.202(.140)	-.171(.152)	-.173(.151)	.156(.130)	.235(.124)	.058(.122)	.136(.122)	-.267*(.132)	.007(.136)
乐观	.571***(.149)	.523***(.137)	.171(.123)	.441**(.133)	.459**(.132)	.202(.117)	.242*(.113)	.160(.111)	.046(.111)	.063(.117)	.354**(.121)
常量	-2.534**(.927)	-1.147(.860)	-.327(.785)	-.241(.869)	-1.282(.832)	-3.382***(.773)	-1.590*(.714)	-2.675***(.716)	-3.064***(.725)	-2.656***(.759)	-2.594**(.789)
-2对数似然值	761.672[a]	852.140[a]	993.016[a]	899.789[a]	892.531[a]	1062.980[a]	1170.514[a]	1192.634[a]	1184.886[a]	1104.170[a]	999.558[a]
X²	122.700	110.363	77.609	91.842	139.510	102.831	73.891	64.531	66.812	75.505	80.553

（注：表中数字格式：回归系数（标准误）；N=908；Sig.=0.000；df=1；*、**、*** 分别代表显著性水平为 p < 0.05、p < 0.01、p < 0.001）

好、工作稳定性高、晋升培训机会多、成就感及价值实现等五项显著负相关，即在高质量就业评价中，大学期间为中共党员的毕业生更可能不重视上述五项指标。文科、工科与成就感及价值实现显著正相关，文科和工科类毕业生更可能重视成就感及价值实现。专业满意度与晋升培训机会多显著负相关，专业满意度高的毕业生不重视晋升培训机会。职业生涯规划与地理位置好显著负相关，有过职业生涯规划的毕业生更可能不重视地理位置。辅修第二专业或更高学历学位与晋升培训机会多、有合适的组织文化、行业岗位好等三项显著负相关，即在高质量就业评价中，辅修过第二专业或更高学历学位的毕业生更可能不重视上述三项指标。

　　在心理资本指标中，自主性（独立性）与劳动报酬高、工作条件环境好等显著正相关，即在高质量就业评价中，越是独立自主的高校毕业生越重视劳动报酬和工作条件环境。判断力与劳动报酬高、工作条件环境好、工作稳定性高、地理位置好、社会声望高、人职匹配度高等六项显著正相关，判断力强的毕业生更加重视上述六项指标。心理承受能力与晋升培训机会多、有合适的组织文化、人职匹配度高等显著正相关，心理承受能力强的毕业生更可能重视上述三项指标。自信心与劳动报酬高、工作条件环境好、人职匹配度高等显著负相关，越是自信的毕业生越不可能重视上述三项指标。乐观与劳动报酬高、工作条件环境好、社会保障健全、晋升培训机会多、行业岗位好、成就感及价值实现等显著正相关，越是乐观的毕业生越可能重视上述六项指标。

　　逻辑回归结果显示，在高质量就业评价中，大学期间担任过学生干部、不是中共党员、自主性强、判断力强、自信心不强、乐观的毕业生更可能重视劳动报酬，女性、不是独生子女、城镇背景、大学期间担任过学生干部、不是中共党员、自主性强、判断力强、自信心不强、乐观的毕业生更可能重视工作条件与环境，女性、大学期间担任过学生干部、社会关系不广泛、不是中共党员、判断力强的毕业生更可能重视工作稳定性，女性、父亲受教育程度高、母亲受教育程度不高、社会关系不广泛、乐观的毕业生更可能重视社会保障，大学期间担任过学生干部、大学参加过志愿服务活动、母亲受教育程度不高、社会关系不广泛、不是中共党员、对自己所学专业不满意、没有辅修第二专业或更高学历学位、心理承受能力强、乐观的毕业生更可能重视晋升培训机会，农村生源、大学参加过志愿服务活动、父母亲年收入高、没有辅修第二专业或更高学历学位、心理承受能力强的毕业生更可能重视组织文化，女性、大学期间担任过学生干部、没有辅修第二专业或更高学历学位、乐观的毕业生更可能重视行业岗位，大学期间担任过学生干部、没有规划职业生涯、判断力强的毕业生更可能重视地理位置，大学期间担任过学生干部、判断力强的毕业生更可能重视社会声望，社会关系不广泛、判断力强、心理承受能力强、自信心不强的毕业生更可能重视人职匹配，社会关系不广泛、不是中共党员、文科、工科、乐观的毕业生更可能重视成就及价值实现。

五、就业价值观影响因子假设验证

社会资本、人力资本、心理资本的 29 项测量指标中，只有 5 项没有显著影响毕业生就业价值观，它们分别是社会资本的大学期间参加社团组织、母亲职业、人力资本的最后学历、大学学习成绩班级排名、大学期间获得奖学金，其余 24 项均显著影响毕业生就业价值观。因此，假设 3 得到大部分验证，高校毕业生社会资本、人力资本、心理资本存量与其就业价值观显著相关，并具有预测作用。

第三节   就业目标观影响因子分析

本节主要从就业单位性质取向、月收入期望、就业地域取向等三个方面，来具体分析社会资本、人力资本、心理资本对就业目标观的影响。

一、就业单位性质取向

分别以政府机构、事业单位、国有企业、非国有企业（包括私营企业、中外合资或外资企业）、自主创业/个体经营户为因变量建立五个二元逻辑回归模型（国防军工单位、社会组织、其他等三个选项人数太少，占比太低，仅作参照项，不做回归分析）。国有企业模型的 Sig. 值为 0.694，大于 0.05，模型不具有推广价值。其他四个模型系数综合检验 Sig. 值均小于 0.05，模型总体显著性水平较低，模型总体有效。

为进行比较分析，我们采取另一种分类，建立四个模型，获得两个有效辅助模型。即把政府机构、事业单位、国防军工单位合并统计为行政事业单位，将私营企业、中外合资或外资企业、自主创业/个体经营户合并统计为私营企业，分别以行政事业单位、国有企业、私营企业、社会组织为因变量建立四个二元逻辑回归模型。其中国有企业模型和社会组织模型的 Sig. 值大于 0.05（分别为 0.694、0.409），两个模型不具有推广价值；行政事业单位模型和私营企业及自主创业模型的 Sig. 值小于 0.05，两个模型具有推广价值。

以下分析以五分模型为主，用四分辅助模型进行参照解读。（见表 5.8）

在常数项中，性别与事业单位显著负相关，即男性毕业生不倾向于到事业单位就业，女性毕业生可能更倾向于到事业单位就业。独生子女与政府机构显著负相关，即独生子女毕业生不倾向于到政府机构就业。在辅助模型中，独生子女与行政事业单位显著负相关，与私营企业及自主创业显著正相关，即独生子女不乐意去政府机构、事业单位、国防军工单位等行政事业单位就业，更倾向于选择到私营企业、中外合资或外资企业就业，更倾向于自主创业或从事个体经营户。

在社会资本指标中，城乡背景与非国有企业显著负相关，即城镇生源毕业生不倾向于到私营企业、中外合资或外资企业就业。该项的回归系数（Beta）为 -0.578，在本模型所有自变量中绝对值最大，最有解释力。辅助模型的结论与此比较一致。担任学生干部与自主创业显著负相关，即大学期间担任过学生干部的毕业生不倾向于选择自主创业和从事个体经营户。在辅助模型中，担任学生干部、父亲受教育程度与行政事业单位显著正相关，与私营企业及自主创业显著负相关，即大学期间担任过学生干部、父亲受教育程度高的毕业生更倾向于选择行政事业单位就业，而不倾向于到私营企业、中外合资或外资企业就业，不倾向于自主创业或从事个体经营户。参加社团组织与政府机构显著负相关，即大学期间参加过社团组织的毕业生不倾向于选择到政府机构就业。该项的回归系数（Beta）为 -0.606，在本模型所有自变量中绝对值最大，最有解释力。父亲职业与事业单位显著正相关，即父亲越是在体制内政府机构、事业单位、国有企业工作，毕业生越倾向于选择到事业单位就业。该项的回归系数（Beta）为 0.666，在本模型所有自变量中绝对值最大，最有解释力。父母亲年收入与事业单位显著负相关，与非国有企业、自主创业显著正相关，即父母亲年收入越高，毕业生越不倾向于到事业单位就业，越倾向于选择到私营企业、中外合资或外资企业就业，越倾向于选择自主创业或从事个体经营户。辅助模型结论与此基本一致，只是其负相关的范围更宽泛，还包括政府机构、国防军工单位。社会关系广泛程度与非国有企业显著负相关，即社会关系越广泛，毕业生越不倾向于到私营企业、中外合资或外资企业就业。辅助模型结论与此基本一致，只是其负相关的范围更宽泛，还包括自主创业和从事个体经营户。

　　在人力资本指标中，政治面貌与事业单位显著负相关，即大学期间为中共党员的毕业生不倾向于选择到事业单位就业。最后学历与事业单位显著正相关，即最后学历越高的毕业生，越倾向于选择到事业单位就业。专业满意度、辅修第二专业或更高学历学位等与政府机构显著负相关，即对自己所学专业满意、辅修过第二专业或更高学历学位的毕业生，不倾向于选择到政府机构就业。辅修还与事业单位显著正相关，辅修过第二专业或更高学历学位的毕业生倾向于选择到事业单位就业。考级证书多与非国有企业显著负相关，即大学期间获得的考级证书越多，毕业生越不倾向于到私营企业、中外合资或外资企业就业。辅助模型结论与此基本一致，只是其负相关的范围更宽泛，还包括自主创业和从事个体经营户。就业能力与政府机构显著正相关，即毕业生就业能力越强，越倾向于选择到政府机构就业。

表 5.8 高校毕业生就业单位性质取向二元逻辑回归结果

	模型 1：政府机构		模型 2：事业单位		模型 3：非国有企业		模型 4：自主创业		辅助模型 1：行政事业单位		辅助模型 2：私营企业	
	Beta	S.E.	Beta	S.E.	Beta	S.E.	Beta	S.E.	Beta	S.E.	Beta	S.E.
性别－男	.301	.165	-.623**	.205	-.418	.235	.429	.236	-.091	.155	.019	.180
独生子女	-.527**	.182	-.046	.223	.436	.251	.307	.251	-.478**	.170	.433*	.195
城乡背景	.350	.186	-.226	.229	-.578*	.273	-.360	.271	.165	.177	-.573**	.209
担任学生干部	.363	.187	.077	.219	-.102	.251	-.567*	.249	.348*	.173	-.408*	.194
参加社团组织	-.606**	.214	.300	.268	.199	.313	.602	.339	-.308	.207	.469	.248
参加志愿服务	-.215	.172	.190	.215	-.054	.241	.150	.244	-.027	.164	.054	.187
父亲受教育程度	.165	.100	.150	.119	-.135	.132	-.214	.139	.301**	.094	-.221*	.106
母亲受教育程度	-.052	.098	-.108	.116	.104	.132	.011	.135	-.144	.092	.087	.104
父亲职业	-.137	.232	.666*	.280	.401	.309	-.276	.341	.024	.219	.118	.250
母亲职业	.042	.250	-.503	.305	.027	.325	.533	.352	-.064	.234	.315	.264
父母亲年收入	-.069	.080	-.256*	.100	.326**	.112	.348**	.111	-.261**	.075	.406***	.087
社会关系	.079	.094	.041	.113	-.408**	.129	.055	.132	.053	.088	-.219*	.101
中共党员	.171	.170	-.540*	.210	-.066	.234	-.042	.248	-.102	.160	-.081	.186
最后学历	-.059	.137	.350*	.151	-.037	.198	-.199	.215	.148	.127	-.136	.157
毕业高校类型	-.016	.110	-.031	.129	.064	.157	.083	.159	-.059	.102	.092	.122
文科	.257	.353	-.535	.369	-.177	.430	-.256	.450	-.086	.317	-.269	.344
工科	.133	.374	-.205	.396	-.541	.483	-.525	.488	.095	.339	-.624	.376
专业与兴趣一致	-.105	.092	.223	.118	.023	.129	-.198	.131	.033	.087	-.091	.100
对所学专业满意	-.294**	.107	.154	.133	.004	.149	-.024	.150	-.106	.101	-.021	.116
学习成绩排名	.148	.106	-.201	.129	.020	.145	-.082	.145	.002	.099	-.042	.113

	模型 1: 政府机构		模型 2: 事业单位		模型 3: 非国有企业		模型 4: 自主创业		辅助模型 1: 行政事业单位		辅助模型 2: 私营企业	
	Beta	S.E.	Beta	S.E.	Beta	S.E.	Beta	S.E.	Beta	S.E.	Beta	S.E.
获得奖学金	-.025	.186	-.148	.221	.368	.257	-.145	.259	-.218	.175	.127	.199
有过兼职经历	.187	.188	-.231	.221	-.346	.251	.307	.271	-.029	.175	-.023	.200
职业生涯规划	.269	.174	-.359	.206	.123	.241	-.239	.237	-.028	.162	-.084	.185
辅修	-.459*	.186	.460*	.209	-.008	.253	-.134	.265	-.048	.169	-.074	.200
考级证书多	.053	.085	.104	.104	-.257*	.118	-.142	.119	.128	.080	-239**	.092
就业能力	.279*	.129	-.020	.156	-.224	.181	.095	.182	.232	.122	-.085	.141
自主性（独立性）	-.242*	.116	.219	.137	.216	.155	-.400*	.158	-.051	.107	-.102	.121
判断力	-.135	.138	.099	.169	-.135	.184	.050	.185	-.043	.128	-.033	.144
心理承受能力	.047	.134	-.086	.154	.085	.183	.042	.195	.018	.124	.079	.146
自信心	.136	.135	-.167	.152	-.056	.176	.388*	.191	-.008	.121	.165	.140
乐观	-.170	.122	-.214	.135	.213	.169	.112	.176	-.232*	.112	.202	.132
常量	.030	.758	-1.327	.876	-1.072	1.043	-1.858	1.067	.732	.703	-.356	.810
Sig.	0.001		0.000		0.029		0.000		0.012		0.000	
-2 对数似然值	1090.667[a]		810.229[a]		661.595[a]		640.640[a]		1198.628[a]		969.840[a]	
X^2	62.919		77.028		47.497		68.453		51.585		78.945	

（注：N=908；df=1；*、**、*** 分别代表显著性水平为 $p < 0.05$、$p < 0.01$、$p < 0.001$）

在心理资本指标中，自主性（独立性）与政府机构、自主创业显著负相关，即毕业生自主性越强，越不倾向于选择到政府机构就业，越不倾向于选择自主创业和从事个体经营户。自信心与自主创业显著正相关，即毕业生自信心越强，越倾向于选择自主创业或从事个体经营户。辅助模型中，乐观与行政事业单位显著负相关，即越是乐观的毕业生，越不倾向于选择到政府机构、事业单位、国防军工单位等行政事业单位就业。

逻辑回归结果显示，非独生子女、大学期间没有参加社团组织、对所学专业不满意、没有辅修第二专业或更高学历学位、就业能力强、自主性不强的毕业生更倾向于选择到政府机构就业，女性、父亲体制内从业、父母亲年收入不高、大学期间不是中共党员、最后学历高、没有辅修的毕业生更倾向于选择到事业单位就业，农村生源、父母亲年收入高、社会关系不广泛、大学期间考级证书不多的毕业生更倾向于选择到非国有企业就业，大学期间没有担任学生干部、父母亲年收入高、自主性不强、自信心强的毕业生更倾向于选择自主创业。

二、月收入期望

参考第四章"就业目标现状"有关数据，我们以选择 2001—3500 元为月薪期望适中，超过 3500 元的为月薪期望偏高。以月薪期望适中、月薪期望偏高为因变量，分别建立两个二元逻辑回归模型。模型系数综合检验 Sig. 值均小于 0.05，模型总体显著性水平较低，模型总体有效。

从各变量回归系数的显著度来看，对高校毕业生就业月薪期望产生显著影响的有性别、学科、所学专业与兴趣爱好一致、对所学专业满意、获得过奖学金、各类考级证书多等，这六项的显著性水平值都小于 0.05。（见表 5.9）具体而言，性别与月薪期望偏高显著正相关，即越是男性毕业生，月薪期望越可能偏高。这与常识基本吻合，我国文化风俗认为，男性应该承担更多的社会责任和家庭责任，男性毕业生应该挣更多的薪资。文科与月薪期望偏高显著正相关，即同理科、工科相比，文科毕业生更可能月薪期望偏高。这可能由于文科毕业生思维更感性、主观，理想主义色彩更浓厚。在模型中，文科的幂值 Exp(B) 为 2.328，这意味着文科幂值每提高一个单位，其月薪期望就偏高 1.328 倍，文科毕业生月薪期望偏高趋向明显。专业兴趣一致性与月薪期望偏高显著正相关，即所学专业与兴趣爱好越一致，月薪期望越可能偏高。专业满意度与月薪期望适中显著正相关，与月薪期望偏高显著负相关，即对自己所学专业越满意，月薪期望越可能适中，越不可能偏高。大学期间获得奖学金与月薪期望适中显著负相关，与月薪期望偏高显著正相关，即获得过奖学金的毕业生，月薪期望越不可能适中，越可能偏高。大学期间获得的考级证书多与月薪期望偏高显著负相关，即获得的各类证书越多，月薪期望越不可能偏高。六项之中只有性别是常数项，其他均为人力资本，社会资本和心理资本没有出现。

表 5.9　高校毕业生月收入期望二元逻辑回归结果

自变量	模型 1：月薪期望适中		模型 2：月薪期望偏高	
	Beta	S.E.	Beta	S.E.
性别 - 男	-.416	.244	.439*	.221
独生子女	-.010	.262	-.230	.233
城乡背景 - 城镇	.181	.276	-.239	.250
大学期间担任学生干部	-.075	.262	.257	.238
大学期间参加社团组织	.065	.320	.178	.279
大学期间参加志愿服务活动	.195	.257	-.078	.233
父亲受教育程度	.154	.147	-.198	.135
母亲受教育程度	-.112	.140	.079	.126
父亲职业 - 体制内从业	.554	.318	-.267	.294
母亲职业 - 体制内从业	-.093	.339	.163	.313
父母亲的年收入	-.211	.117	.170	.104
社会关系广泛程度	.084	.136	-.205	.124
大学期间为中共党员	-.187	.252	.213	.228
最后学历	-.321	.205	.354	.180
毕业的高校类型	-.172	.168	.168	.147
文科	-.748	.402	.845*	.384
工科	-.781	.444	.637	.414
所学专业与兴趣爱好一致	-.247	.133	.279*	.121

续表

自变量	模型 1：月薪期望适中		模型 2：月薪期望偏高	
	Beta	S.E.	Beta	S.E.
对自己所学专业满意	.392*	.165	-.489**	.150
大学学习成绩班级排名	.154	.155	-.083	.140
大学期间获得奖学金	-.586*	.263	.480*	.240
大学期间有过兼职经历	-.072	.262	.009	.239
大学期间有过职业生涯规划	-.060	.251	.051	.230
辅修二专业或更高学历学位	.069	.261	-.178	.234
大学期间获得的考级证书多	.127	.126	-.236*	.114
就业能力	.091	.187	-.218	.170
自主性（独立性）	.010	.164	.085	.150
判断力	-.005	.197	-.082	.181
心理承受能力	-.017	.183	-.039	.168
自信心	-.181	.183	.072	.169
乐观	-.089	.162	.121	.149
常量	-.584	1.049	1.864*	.944

（注：N=908；Sig.=0.028［模型 1］，Sig.=0.000［模型 2］；df=1；*、**、*** 分别代表显著性水平为 $p < 0.05$、$p < 0.01$、$p < 0.001$；模型 1：-2 对数似然值 =614.718[a]，X^2=47.783；模型 2：-2 对数似然值 =709.955[a]，X^2=67.331）

回归结果显示，对自己所学专业满意、大学期间没有获得过奖学金的毕业生，月薪期望更可能适中，男性、文科、所学专业与兴趣爱好一致、对自己所学专业不满意、大学期间获得过奖学金、大学期间获得的考级证书不多的毕业生月薪期望更可能偏高。

三、就业地域取向

为深入探究高校毕业生就业地域取向，我们分别以竞争激烈的大城市、竞争较激烈的中小型省会城市、竞争压力小的内地中小城市为因变量，建立二元逻辑回归模型。"急需人才的边远或农村地区"选项频数和比例均小，所以没有分析。三个模型的系数综合检验 Sig. 值均小于 0.05，模型总体显著性水平高，模型总体有效。回归结果显示，自变量 Sig. 值有 12 项小于 0.05，其中社会资本 5 项、人力资本 7 项，表明它们显著影响毕业生就业地域取向。（见表 5.10）

在社会资本指标中，城镇背景与大城市选项显著负相关，即越是城镇生源毕业生，越不倾向于选择大城市作为自己的理想就业地区。城镇生源毕业生对大城市可能有更多的了解，少了一些盲目向往和好奇，对大城市的经济发展和激烈竞争有同样清醒的认识。大学期间担任学生干部与中小型省会城市选项显著正相关，即越是担任过学生干部的高校毕业生，越倾向于到竞争较为激烈的中小型省会城市就业。中小型省会城市竞争激烈程度适中，又有较多的发展机会，选择到这里就业，也彰显了学生干部们的理性与自信。母亲受教育程度、社会关系广泛程度与大城市选项显著正相关，即母亲受教育程度、社会关系广泛程度越高，毕业生越可能选择到大城市就业。母亲受教育程度越高，她们对子女的就业期望越高，到大城市就业也更能满足母亲希望子女体面就业的愿望；同时，社会资源丰富的毕业生更有信心在大城市寻到就业机会，谋求更大发展。父母亲年收入与内地中小城市选项显著负相关，即父母亲年收入越高，毕业生越不可能到内地中小城市就业。家庭收入高，条件相对较好，毕业生就业选择的机会更多，而一般来看，内地中小城市发展空间有限，收入不高，这在一定程度上导致毕业生放弃选择内地中小城市就业。

在人力资本指标中，最后学历与大城市选项显著负相关，与中小型省会城市选项显著正相关，即最后学历越高的毕业生，越不可能到大城市就业，越可能到中小型省会城市就业。近年来中小型省会城市人才引进力度加大，就业和发展增多，而大城市人才出现饱和，高学历毕业生能更理性地分析和把握就业机遇，选择到最需要他们且生活条件、社会声誉也都较好的中小型

表 5.10　高校毕业生就业地域取向二元逻辑回归结果

自变量	模型 1:大城市		模型 2:中小型省会城市		模型 3:内地中小城市	
	Beta	S.E.	Beta	S.E.	Beta	S.E.
性别 - 男	.263	.209	.235	.180	-.283	.157
独生子女	.333	.226	-.236	.198	-.290	.173
城乡背景 - 城镇	-.862***	.243	.240	.203	.185	.178
大学期间担任学生干部	-.436	.234	.653**	.209	-.111	.173
大学期间参加社团组织	.171	.279	-.241	.241	.042	.208
大学期间参加志愿服务活动	.013	.227	.175	.192	.121	.165
父亲受教育程度	-.074	.128	-.049	.105	.179	.094
母亲受教育程度	.278*	.123	.032	.106	-.152	.093
父亲职业 - 体制内从业	-.033	.307	.021	.247	-.009	.222
母亲职业 - 体制内从业	-.484	.331	.253	.265	.259	.237
父母亲的年收入	.098	.100	.142	.087	-.191*	.077
社会关系广泛程度	.460***	.123	-.150	.101	-.033	.089
大学期间为中共党员	.370	.221	-.310	.184	-.030	.162
最后学历	-.396*	.167	.393**	.145	-.011	.130
毕业的高校类型	-.123	.136	.209	.116	.014	.105
文科	.684	.554	-.848*	.334	.850*	.346
工科	.833	.569	-.876*	.364	.493	.367
所学专业与兴趣爱好一致	.002	.120	-.061	.100	.107	.089
对自己所学专业满意	-.030	.135	.002	.116	-.110	.103
大学学习成绩班级排名	-.107	.137	.118	.114	-.020	.100
大学期间获得奖学金	.056	.235	-.130	.203	.043	.176
大学期间有过兼职经历	-.179	.234	.460*	.214	-.064	.177

续表

自变量	模型1：大城市		模型2：中小型省会城市		模型3：内地中小城市	
	Beta	S.E.	Beta	S.E.	Beta	S.E.
大学期间有过职业生涯规划	.054	.225	.132	.189	.095	.164
辅修二专业或更高学历学位	.370	.215	-.520*	.205	-.269	.173
大学期间获得的考级证书多	.138	.108	-.023	.092	.058	.081
就业能力	.287	.166	-.079	.140	.000	.122
自主性（独立性）	-.040	.145	.103	.124	-.147	.108
判断力	.339	.178	-.131	.147	-.031	.130
心理承受能力	-.081	.169	.155	.147	.033	.125
自信心	-.101	.168	.151	.143	-.058	.124
乐观	-.032	.149	-.073	.133	-.001	.113
常量	-4.538***	.999	-2.735**	.822	.094	.724

（注：N=908；Sig.=0.027［模型3］，Sig.=0.000［模型1、2］；df=1；*、**、*** 分别代表显著性水平为 $p < 0.05$、$p < 0.01$、$p < 0.001$；模型1：-2 对数似然值 =745.764[a]，X^2=93.566；模型2：-2 对数似然值 =959.338[a]，X^2=74.836；模型3：-2 对数似然值 =1177.313[a]，X^2=47.892）

省会城市就业。文科、工科与中小型省会城市选项显著负相关，文科与内地中小城市选项显著正相关，即文科、工科毕业生不倾向于到中小型省会城市就业，文科毕业生更倾向于到内地中小城市就业。在内地中小城市模型中，文科的幂值 Exp(B) 为 2.339，这意味着文科毕业生幂值每提高一个单位，到内地中小城市就业的可能性就提高 1.339 倍。兼职经历与中小型省会城市选项显著正相关，辅修第二专业或更高学历学位与中小型省会城市选项显著负相关，即大学期间有过兼职经历的毕业生更倾向于到中小型省会城市就业，辅修过第二专业或更高学历学位的毕业生不倾向于到中小型省会城市就业。通过兼职，毕业生对就业形势有了更充分的了解和把握，也进一步锻炼和提升了就业能力，他们会更理性而自信地选择到发展机会多且适度竞争的中小型省会城市就业。

综上所述，农村生源、母亲受教育程度高、社会关系广泛、最后学历不高等四类高校毕业生更倾向于选择到竞争激烈的大城市工作，学生干部、最后学历高、理科、有兼职经历、没有辅修第二专业或更高学历学位等五类高校毕业生更倾向于选择到竞争较激烈的中小型省会城市就业，父母亲的年收入不高、文科等两类高校毕业生更倾向于到竞争压力小的内地中小城市就业。

四、就业目标观影响因子假设验证

社会资本、人力资本、心理资本的 29 项测量指标中，有 9 项没有显著影响毕业生就业目标观，它们分别是社会资本的大学期间参加志愿服务活动、父亲受教育程度、母亲职业，人力资本的毕业高校类型、大学学习成绩班级排名、大学期间职业生涯规划，心理资本的判断力、心理承受能力、乐观，其余 20 项均显著影响毕业生就业目标观。因此，假设 4 得到大部分验证，高校毕业生社会资本、人力资本、心理资本存量与其就业目标观显著相关，并具有预测作用。

第四节　就业伦理观影响因子分析

本节主要从就业诚信态度、求职正当竞争态度、就业自主性、就业代价观等四个方面，来具体分析社会资本、人力资本、心理资本对就业伦理观的影响。

一、就业诚信态度

通过评价"可以不诚信求职""违反就业协议不是什么大不了的事"来

测量就业诚信态度，五点计分，1 为很赞同，5 为很不赞同，分数越大越诚信。线性回归模型 Sig. 值小于 0.05，模型总体显著性水平较低，模型总体有效。回归结果显示，有 2 项自变量的 Sig. 值小于 0.05，其中社会资本 1 项、心理资本 1 项，表明它们显著影响高校毕业生就业诚信态度。（见表 5.11）

母亲职业与就业诚信态度显著正相关，即母亲越是在体制内政府机构、事业单位、国有企业工作，毕业生就业诚信态度越好。该项的回归系数（Beta）为 0.480，在所有自变量中绝对值最大，最有解释力。

判断力与就业诚信态度显著正相关，即毕业生判断力越强，就业诚信态度越好。

回归结果显示，母亲在体制内就业、判断力强等两类高校毕业生更赞同诚信就业。

二、求职正当竞争态度

通过评价"可以不择手段诋毁求职竞争对手""求职就业中拉关系走后门是必要的"来测量求职正当竞争态度，五点计分，1 为很赞同，5 为很不赞同，分数越大，越赞同正当竞争。线性回归模型 Sig. 值小于 0.05，模型总体显著性水平较低，模型总体有效。回归结果显示，有 7 项自变量的 Sig. 值小于 0.05，其中常数项 1 项、社会资本 2 项、人力资本 3 项、心理资本 1 项，表明它们显著影响高校毕业生求职正当竞争态度。（见表 5.11）

在常数项中，性别与求职正当竞争态度显著负相关，即男性毕业生倾向于不赞同求职正当竞争，赞同不择手段诋毁求职竞争对手和拉关系走后门，而女性毕业生倾向于赞同求职正当竞争，不赞同不择手段诋毁求职竞争对手和拉关系走后门。男性可能认为自己足够强大，自信在不正当竞争中可以取胜且不会受到伤害；同时他们可能更认可丛林法则，社会上弱肉强食，胜者王败者寇，正当竞争法则自然不重要。女性的社会角色更显柔弱，她们希望通过有规则的正当竞争来保护自己，保障自己的就业权益。

在社会资本指标中，母亲职业与求职正当竞争态度显著正相关，社会关系广泛程度与求职正当竞争态度显著负相关,即母亲在体制内政府机构、事业单位、国有企业工作的毕业生,更赞同求职正当竞争,反对诋毁求职竞争对手和拉关系走后门,而社会关系广泛的毕业生不赞同求职正当竞争,更赞同不择手段诋毁求职竞争对手和拉关系走后门。作为女性,母亲更赞同正当竞争,体制内从业的母亲更有规则意识,在家庭中更有话语权,对子女的影响更大,她们的正当竞争态度必然潜移默化正向影响其子女也形成相应的态度。社会资源丰富的毕业生更期望发挥资源优势达成就业愿望,求职中拉关系走后门就在所难免。

在人力资本指标中,所学专业同兴趣爱好的一致性、大学期间获得奖学金情况等,与求职正当竞争态度显著正相关,即所学专业与兴趣爱好一致,大学期间获得过奖学金的毕业生,更赞同求职正当竞争,反对诋毁求职竞争对手和拉关系走后门。兴趣是最好的老师,毕业生爱好所学专业,乐于花费更多的时间和精力学专业,专业从业能力必然更突出,也更有信心更期盼通过正当竞争获得就业机会和发展平台。能获得奖学金,说明毕业生学习成绩好,综合素质突出,他们更容易也更应该得到较好的就业机会,正当竞争有利于保障他们的就业权益。辅修第二专业或更高学历学位与求职正当竞争态度显著负相关,即辅修过第二专业或更高学历学位的毕业生更倾向于不赞同求职正当竞争,而赞同不择手段诋毁求职竞争对手和拉关系走后门。

在心理资本指标中,自信心与求职正当竞争态度显著正相关,即毕业生越自信越赞同求职正当竞争,反对诋毁求职竞争对手和拉关系走后门。

综上分析,女性、母亲在体制内国有单位从业、社会关系不广泛、所学专业与兴趣爱好一致、大学期间获得过奖学金、没有辅修第二专业或更高学历学位、自信心强等七类高校毕业生更倾向于赞同求职正当竞争,反对不择手段诋毁求职竞争对手和拉关系走后门。

三、就业自主性

测量就业自主性涉及两个方面,一是求职就业决策时最愿意听取意见的对象，首先、其次、再次三项中，选择自己的分别计分 3、2、1，选择父母家人、老师、同学朋友、专业咨询机构及其就业指导专家、其他等均计分 0；二是评价"找不到合适的工作可以继续'啃老'吃救济"，五点计分，1 为很赞同，5 为很不赞同，分数越大越自主。以调查结果为因变量，建立线性回归模型，分析毕业生的求职就业自主性特点。线性回归模型 Sig. 值小于 0.05，模型总体显著性水平较低，模型总体有效。回归结果显示，有 5 项自变量的 Sig. 值小于 0.05，其中社会资本 1 项、人力资本 3 项、心理资本 1 项，表明它们显著影响高校毕业生就业自主性。（见表 5.11）

在社会资本指标中，只有社会关系广泛程度与就业自主性显著负相关，即社会关系越广泛，毕业生求职就业决策时越不自主。社会资源丰富的毕业生更倾向于听取和尊重他人尤其是关系人的意见，而不是自己的意见，在找不到合适的工作时更可能"啃老"吃救济。

在人力资本指标中，大学期间为中共党员、辅修第二专业或更高学历学位等，与就业自主性显著负相关，拥有中共党员身份、辅修过第二专业或更高学历学位的毕业生求职就业决策时更倾向于不自主，更倾向于听取他人或组织的意见，在找不到合适的工作时更可能"啃老"吃救济。大学期间奖学金获得情况与就业自主性显著正相关，大学期间获得过奖学金的毕业生更自主，更倾向于听取自己的意见。这部分毕业生成绩好，能力强，更自信，相信自己能正确决策，及时找到合适的工作，从而不至于"啃老"吃救济。

在心理资本指标中，乐观与就业自主性显著正相关，毕业生越乐观，求职就业决策时越自主，越倾向于听取自己的意见，越不相信自己会"啃老"吃救济。

综上分析，社会关系不广泛、不是中共党员、大学期间获得过奖学金、没有辅修第二专业或更高学历学位、乐观的高校毕业生，求职就业决策时自主性更强。

四、就业代价观

测量就业代价观涉及两个方面，一是直接测量可接受的求职花费标准，100元以内计分1，500元以内计分2，1000元以内计分3，2000元以内计分4，5000元以内计分5，1万元以内计分6；二是评价"为了找个好工作可以不计代价"，五点计分，1为很赞同，5为很不赞同，分数越大，越赞同适度高价求职。线性回归模型Sig.值小于0.05，模型总体显著性水平高，模型总体有效。回归结果显示，只有3项人力资本自变量的Sig.值小于0.05，表明它们显著影响高校毕业生就业代价观。（见表5.11）

表5.11　高校毕业生就业伦理观影响因子线性回归结果汇总表

	模型1：就业诚信态度		模型2：求职正当竞争态度		模型3：就业自主性		模型4：就业代价观	
	Beta	S.E.	Beta	S.E.	Beta	S.E.	Beta	S.E.
（常量）	6.535***	.537	6.955***	.551	5.650***	.536	5.551***	.612
性别－男	-.174	.118	-.273*	.122	-.081	.119	.251	.135
独生子女	-.015	.129	.073	.133	.139	.129	.035	.148
城乡背景－城镇	.175	.134	-.103	.138	-.244	.134	.106	.153
大学期间担任学生干部	.131	.132	-.073	.136	.007	.131	.115	.150
大学期间参加社团组织	-.057	.156	.248	.161	.128	.156	-.157	.178
大学参加志愿服务活动	.130	.125	.145	.129	.095	.125	-.014	.143
父亲受教育程度	.006	.070	.036	.072	.026	.071	.131	.080
母亲受教育程度	-.068	.069	-.106	.071	-.099	.069	-.010	.079
父亲职业－体制内从业	.086	.166	.236	.171	.152	.166	.259	.190
母亲职业－体制内从业	.480**	.178	.364*	.183	-.006	.178	-.234	.203
父母亲的年收入	-.036	.057	-.023	.058	-.010	.057	.084	.065
社会关系广泛程度	-.105	.067	-.333***	.069	-.332***	.067	.098	.076
大学期间为中共党员	-.100	.123	-.025	.126	-.357**	.123	.216	.140

	模型 1：就业诚信态度		模型 2：求职正当竞争态度		模型 3：就业自主性		模型 4：就业代价观	
	Beta	S.E.	Beta	S.E.	Beta	S.E.	Beta	S.E.
最后学历	-.094	.096	-.100	.099	-.144	.096	.245*	.111
毕业的高校类型	-.066	.078	.019	.080	.132	.078	.142	.090
文科	.271	.241	.365	.248	.266	.242	-.074	.275
工科	.291	.258	.461	.265	.388	.258	-.210	.294
专业与兴趣爱好一致	.056	.066	.136*	.068	.054	.066	-.156*	.076
对自己所学专业满意	.022	.077	-.042	.079	-.098	.077	.011	.087
大学学习成绩班级排名	-.055	.075	-.003	.077	-.110	.075	.051	.086
大学期间获得奖学金	.215	.132	.391**	.136	.286*	.133	-.369*	.151
大学期间有过兼职经历	.177	.134	.021	.137	.151	.134	-.020	.152
大学有过职业生涯规划	.183	.124	.230	.127	.093	.124	.096	.141
辅修二专业或更高学历	-.046	.129	-.404**	.132	-.632***	.129	.202	.148
大学获得的考级证书多	.091	.061	-.029	.063	-.010	.061	-.010	.070
就业能力	-.021	.092	-.068	.095	-.008	.092	.006	.106
自主性（独立性）	.107	.081	-.059	.084	.018	.082	.015	.093
判断力	.275**	.098	.017	.100	.042	.098	-.118	.111
心理承受能力	.011	.095	.057	.098	.178	.095	-.098	.108
自信心	-.055	.093	.319**	.095	.012	.093	-.044	.106
乐观	.043	.085	.067	.087	.176*	.085	-.113	.097

（注：N=1030；*、**、*** 分别代表显著性水平为 $p < 0.05$、$p < 0.01$、$p < 0.001$；模型 1：R^2=0.076，调整后 R^2=0.043，F=2.297，Sig.=0.000[a]；模型 2：R^2=0.129，调整后 R^2=0.098，F=4.148，Sig.=0.000[a]；模型 3：R^2=0.140，调整后 R^2=0.110，F=4.590，Sig.=0.000[a]；模型 4：R^2=0.083，调整后 R^2=0.050，F=2.525，Sig.=0.000[a]）

最后学历与就业代价观显著正相关，即最后学历越高，毕业生越赞同适度高代价求职。高学历毕业生为求学和就业准备已经付出较多的时间、精力、金钱等成本，就业期望相对更高，一般也认为好工作代价应更高，"舍不得孩子套不住狼"，为了找份如意的好工作，他们更愿意接受较高的求职花费。

所学专业同兴趣爱好的一致性与就业代价观显著负相关，即所学专业与自己的兴趣爱好越一致，毕业生越不赞同适度高代价求职。这和求职正当竞争态度线性回归显示的专业兴趣一致性与求职正当竞争态度显著正相关的结果是一致的。非正当竞争必然会发生更多的求职花费，正当竞争只会发生较小的求职代价。兴趣引领毕业生学好专业，较强的专业能力支持毕业生以正当竞争的方式和较少的求职花费实现满意就业。

大学期间获得奖学金情况与就业代价观显著负相关，即大学期间获得过奖学金的毕业生更不赞同适度高代价求职。获得奖学金级别越高、金额越大，说明毕业生学习成绩越好，综合能力越突出，他们自然更希望通过正当竞争、花费较小的求职成本来找份好工作。

总之，线性回归结果显示，最后学历高、所学专业与兴趣爱好不一致、大学期间没有获得过奖学金等三类毕业生，更倾向于赞同适度高代价求职。

五、就业伦理观影响因子假设验证

社会资本、人力资本、心理资本的 29 项测量指标中，有 10 项显著影响高校毕业生就业伦理观，它们分别是社会资本的母亲职业、社会关系广泛程度，人力资本的大学期间为中共党员、最后学历、所学专业与兴趣爱好一致、大学期间获得奖学金、辅修第二专业或更高学历学位，心理资本的判断力、自信心、乐观，其余 19 项均没有显著影响毕业生就业伦理观。因此，假设 5 只得到部分验证，高校毕业生社会资本、人力资本、心理资本部分存量与其就业伦理观显著相关，并具有预测作用。

第五节　基于个体资本的多维分析

一、社会资本对就业观的影响

从表 5.12 可以看出，社会资本 10 个操作项都显著影响高校毕业生就业观，影响就业观操作项总量达 59 项（正向 32 项，负向 27 项），其中影响就业观操作项最多的为社会关系广泛度（15 项），其次是担任学生干部（9 项），父母亲年收入、城镇背景（均为 8 项），参加志愿服务、参加社团组织、母亲受教育程度（均为 4 项），父亲职业、母亲职业（均为 3 项），最少的是父亲受教育程度（1 项）。59 项的分布情况为：就业条件观 15 项（正向 8 项，负向 7 项），就业价值观 27 项（正向 16 项，负向 11 项），就业目标观 13 项（正向 6 项，负向 7 项），就业伦理观 4 项（正向 2 项，负向 2 项）。

就业观 39 个操作项中，其中 34 项受到社会资本的显著影响，仅有 5 项没有受到社会资本的显著影响。就业条件观的 7 个操作项均受到社会资本的显著影响；就业价值观的 19 个操作项中，有 17 项受到社会资本的显著影响，其中择业决策首虑因素之经济收入、专业知识运用 2 项没有受到社会资本的显著影响；就业目标观的 9 个操作项中，有 7 项受到社会资本的显著影响，其中期望月薪之适中、偏高 2 项没有受到社会资本的显著影响；就业伦理观的 4 个操作项中，有 3 项受到社会资本的显著影响，其中就业代价观没有受到社会资本的显著影响。

回归结果显示，高校毕业生社会资本存量不同，就业观也不同。下面以社会资本操作项为纲，分别总结陈述毕业生就业观的相应特点，从而彰显社会资本对就业观的显著影响。

城镇背景与就业政策认知、工作条件环境好等显著正相关，与就业形势严峻取向、能发挥自己才能的工作、个人发展机会、有合适的组织文化、非国有企业、大城市等显著负相关，即城镇生源毕业生对就业创业政策认知程度较高，自认为从中受益更多，不认为就业形势严峻，求职择业时并不倾向于选择能发挥自己才能的工作，不倾向于首要考虑个人发展机会，也不太重视是否有合适的组织文化，不倾向于到大城市和私营企业、中外合资或外资企业就业，他们尤其重视工作条件环境。农村生源可做相反的推论。

大学期间担任学生干部与劳动报酬高、工作条件环境好、工作稳定性高、晋升培训机会多、行业岗位好、地理位置好、社会声望高、中小型省会城市等显著正相关，与自主创业显著负相关，即大学期间担任过学生干部的毕业生不倾向于选择自主创业和从事个体经营，更倾向于选择行政事业单位、到竞争激烈程度适中的中小型省会城市就业，在就业质量评价中，他们尤其重视劳动报酬、工作条件环境、工作稳定性、晋升培训机会、行业岗位、地理位置、社会声望等指标。

参加社团组织与就业政策评价、就业指导服务认知、政府公共就业指导服务评价等显著正相关，与政府机构选项显著负相关，即大学期间参加过社团组织的毕业生对就业指导服务的认知程度、对就业政策及政府公共就业指导服务的评价满意度更高，自我认为求职中面临的问题更多，更认可就业指导教育、招聘会以及校友帮助就业的作用，也更乐意帮助学弟学妹就业；不倾向于选择到政府机构就业。

参加志愿服务活动与就业形势严峻取向、晋升培训机会多、有合适的组织文化、能发挥自己才能的工作等显著正相关，即大学期间参加过志愿服务活动的毕业生更认为就业形势严峻，倾向于选择能发挥自己才能的工作，尤其重视晋升培训机会和就业单位的组织文化。

父亲受教育程度与社会保障健全指标显著正相关，与行政事业单位选项显著正相关，与私营企业及自主创业显著负相关，（后两个相关参见辅助模型），即父亲受教育程度越高，毕业生越重视就业中的社会保障；越倾向于选择到行政事业单位就业，而不倾向于到私营企业就业和自主创业（参照辅助模型）。

母亲受教育程度与大城市选项显著正相关，与就业形势乐观取向、社会保障健全、晋升培训机会多等显著负相关，即母亲受教育程度越高，毕业生越倾向于到竞争激烈的大城市就业，对就业形势的判断越不乐观，越不重视社会保障、晋升培训机会。与父亲受教育程度存在相反的作用机理及结果。

父亲职业与就业形势严峻取向、能发挥自己才能的工作、事业单位等显著正相关，即父亲越是在体制内政府机构、事业单位、国有企业工作，毕业生对就业形势的判断越严峻，越倾向于到事业单位就业和选择能发挥自己才能的工作。

母亲职业与就业诚信态度、求职正当竞争态度等显著正相关，与政府公共就业指导服务评价显著负相关，即母亲越是在体制内政府机构、事业单位、国有企业工作，毕业生对政府公共就业指导服务越不满意，评价越低；越赞同诚信就业、求职正当竞争，反对诋毁求职竞争对手和拉关系走后门。与父亲职业的作用机理及其结果不同。

父母亲年收入与有合适的组织文化、非国有企业、自主创业等显著正相关，与就业政策认知、就业指导服务认知、母校就业指导服务评价、内地中小城市、事业单位等显著负相关，即父母亲年收入越高，毕业生对就业政策和就业指导服务的认知程度越低，对就业创业政策越缺乏了解，从中受益越少，自我认为求职中面临的问题越少，越不认可就业指导教育、招聘会以及校友帮助就业的作用，也越不乐意帮助学弟学妹就业；对母校就业指导服务越不满意；越不倾向于到事业单位、内地中小城市就业，越倾向于到私营企业就业和自主创业；他们尤其重视就业单位的组织文化。

表 5.12　高校毕业生社会资本影响就业观的回归结果汇总表

		城镇背景	担任学生干部	参加社团组织	参加志愿服务	父亲受教育程度	母亲受教育程度	父亲职业	母亲职业	父母亲年收入	社会关系广泛度
就业条件观	就业形势认知－乐观						−				
	就业形势认知－严峻	−			+			+			−
	就业政策认知	+								−	+
	就业政策评价			+							
	就业指导服务认知			+							+
	母校就业指导服务评价									−	
	政府公共就业指导服务评价			+					−		
就业价值观	就业目的										+
	工作类型－稳定										
	工作类型－有挑战性										+
	工作类型－能发挥才能	−			+			+			−
	择业决策首虑因素－经济收入										
	择业决策首虑因素－个人发展机会										
	择业决策首虑因素－专业知识运用										
	择业决策首虑因素－工作稳定性										
	高质量就业评价－劳动报酬高		+								
	高质量就业评价－条件环境好	+	+								
	高质量就业评价－稳定性高		+								−
	高质量就业评价－社保健全					+	−				−
	高质量就业评价－晋升培训机会多		+		+						
	高质量就业评价－组织文化合适	−			+					+	
	高质量就业评价－行业岗位好		+								
	高质量就业评价－地理位置好		+								
	高质量就业评价－社会声望高		+								
	高质量就业评价－人职匹配度高										−
	高质量就业评价－成就感及价值实现										

续表

		城镇背景	担任学生干部	参加社团组织	参加志愿服务	父亲受教育程度	母亲受教育程度	父亲职业	母亲职业	父母亲年收入	社会关系广泛度
就业目标观	就业单位性质取向－政府机构			－							
	就业单位性质取向－事业单位							＋		－	
	就业单位性质取向－非国有企业	－								＋	－
	就业单位性质取向－自主创业		－							＋	
	期望月薪－适中										
	期望月薪－偏高										
	就业地域－大城市	－							＋		＋
	就业地域－中小型省会城市		＋								
	就业地域－内地中小城市									－	
就业伦理观	就业诚信态度								＋		
	求职正当竞争态度								＋		－
	就业自主性										－
	就业代价观										

社会关系广泛程度与就业政策认知、就业指导服务认知、有挑战性的工作、就业目的、大城市等显著正相关，与就业形势严峻取向、能发挥自己才能的工作、工作稳定性高、社会保障健全、晋升培训机会多、人职匹配度高、成就感及价值实现、非国有企业、求职正当竞争态度、就业自主性等显著负相关，即毕业生求职社会关系越广泛，对就业形势的判断越不严峻；其就业政策与就业指导服务认知程度越高，对就业创业政策越了解，就业政策对其帮助、毕业生从中受益越多；越倾向于发展型就业目的，注重个体兴趣爱好和服务社会；越倾向于选择有挑战性的工作，而不是能发挥自己才能的工作；越倾向于选择到竞争激烈的大城市就业；越不倾向于到私营企业、中外合资或外资企业就业；越不注重工作稳定性、社会保障、晋升培训机会、

人职匹配、成就感及价值实现等；越不赞同求职正当竞争，越赞同不择手段诋毁求职竞争对手和拉关系走后门；求职就业决策时越不自主，越倾向于倾听和尊重关系人的意见。

二、人力资本对就业观的影响

从表 5.13 中可以看出，人力资本 14 个操作项中只有成绩班级排名没有显著影响高校毕业生就业观，其余 13 项都显著影响就业观，影响就业观操作项总量达 73 项（正向 36 项，负向 37 项），其中影响就业观操作项最多的为辅修第二专业或更高学历学位（12 项），其次是专业满意度（11 项），政治面貌（8 项），考级证书、就业能力、专业与兴趣一致（均为 6 项），奖学金（5 项），文科、最后学历、毕业高校类型（均为 4 项），工科、兼职经历（均为 3 项），最少的是职业生涯规划（1 项）。73 项的分布情况为：就业条件观 20 项（正向 15 项，负向 5 项），就业价值观 23 项（正向 7 项，负向 16 项），就业目标观 21 项（正向 10 项，负向 11 项），就业伦理观 9 项（正向 4 项，负向 5 项）。

就业观 39 个操作项中，其中 33 项受到人力资本的显著影响，仅有 6 项没有受到人力资本的显著影响。就业条件观的 7 个操作项均受到人力资本的显著影响；就业价值观的 19 个操作项中，有 15 项受到人力资本的显著影响，其中择业决策首虑因素之工作稳定性、高质量就业评价之社会保障健全、社会声望高、人职匹配度高等 4 项没有受到人力资本的显著影响；就业目标观的 9 个操作项中，有 8 项受到人力资本的显著影响，其中只有就业单位性质取向之自主创业没有受到人力资本的显著影响；就业伦理观的 4 个操作项中，有 3 项受到人力资本的显著影响，其中就业诚信态度没有受到人力资本的显著影响。

回归结果显示，高校毕业生人力资本存量不同，就业观也不同。下面以人力资本操作项为纲，分别总结陈述毕业生就业观的相应特点，从而彰显人力资本对就业观的显著影响。

政治面貌与就业政策认知显著正相关，与劳动报酬高、工作条件环境好、工作稳定性高、晋升培训机会多、成就感及价值实现、事业单位、就业自主性等显著负相关，中共党员毕业生的就业政策认知程度更高，他们对就业创业政策更了解，就业政策对其帮助、毕业生从中受益更多，在高质量就业评价中，不注重劳动报酬、工作条件环境、工作稳定性、晋升培训机会、成就感及价值实现，不倾向于选择到事业单位就业，求职就业决策时自主性不强，更倾向于听取他人或组织的意见。

最后学历与事业单位、中小型省会城市、就业代价观正相关，与大城市选项负相关，高校毕业生最后学历越高，越赞同适度高代价求职，越倾向于选择到中小型省会城市、到事业单位就业，而不倾向到大城市就业。

毕业高校类型与经济收入选项显著正相关，与就业政策评价、有挑战性的工作、专业知识运用等显著负相关，即越是层次较高的"985工程""211工程"院校毕业生，对就业政策的评价满意度越低，越不倾向于从事有挑战性的工作，也不首要考虑专业知识运用，他们倾向于首要考虑经济收入。

文科与成就感及价值实现、期望月薪之偏高、内地中小城市等显著正相关，与中小型省会城市选项显著负相关，即文科毕业生更注重就业中的成就感及价值实现，期望月薪普遍偏高，更倾向到内地中小城市就业，而不倾向到中小型省会城市就业。

工科与成就感及价值实现选项显著正相关，与就业形势认知之严峻、中小型省会城市选项显著负相关，即工科毕业生不认为就业形势严峻，不倾向到中小型省会城市就业，他们注重就业中的成就感及价值实现。

专业兴趣一致性与就业政策认知、专业知识运用、期望月薪之偏高、求职正当竞争态度等显著正相关，与经济收入、就业代价观等显著负相关，即所学专业与兴趣爱好越一致，毕业生就业政策认知程度越高，他们对就业创业政策越了解，就业政策对其帮助、毕业生从中受益越多，越注重专业知识运用，越赞同求职正当竞争，反对诋毁求职竞争对手和拉关系走后门，择业决策时越不首要考虑经济收入，不赞同高代价求职，但他们的期望月薪普遍偏高。

对所学专业满意程度与就业形势乐观取向、就业政策认知、就业指导服务认知、母校就业指导服务评价、政府公共就业指导服务评价、就业目的、期望月薪适中等显著正相关，与就业形势严峻取向、晋升培训机会多、政府机构、期望月薪偏高等显著负相关，即对所学专业满意度高的毕业生，认为就业形势乐观而不严峻，其就业政策和就业指导服务认知程度高，对就业创业政策了解并从中受益多，对母校和政府公共就业指导服务评价高，其就业目的倾向于发展型，注重个体兴趣爱好和服务社会实现自身价值，不注重晋升培训机会，不倾向于到政府机构就业，期望月薪适中而不偏高。

大学期间是否获得奖学金与期望月薪偏高、求职正当竞争态度、就业自主性等显著正相关，与期望月薪适中、就业代价观等显著负相关，即大学期间获得过奖学金的毕业生，期望月薪普遍偏高而不适中，更倾向于赞同求职正当竞争，反对诋毁求职竞争对手和拉关系走后门，就业自主性强，更愿意听取自己的意见，不赞同高代价求职。

兼职经历与就业形势乐观取向、中小型省会城市等显著正相关，与个人发展机会选项负相关，即有过兼职经历的毕业生对就业形势的判断更乐观，更倾向于到中小型省会城市就业，择业决策时越不可能首要考虑个人发展机会。

职业生涯规划与地理位置好指标负相关，即在高质量就业评价中，有过职业生涯规划的毕业生更可能不重视地理位置。

辅修第二专业或更高学历学位与就业政策认知、专业知识运用、事业单位等显著正相关，与就业形势乐观取向、能发挥自己才能的工作、晋升培训机会多、有合适的组织文化、行业岗位好、政府机构、中小型省会城市、求职正当竞争态度、就业自主性等显著负相关，即辅修过第二专业或更高学历学位的毕业生，就业政策认知程度更高，对就业创业政策更了解，从中受益更多，但他们对就业形势的判断不乐观，不倾向于选择到政府机构、中小型省会城市就业，不倾向于选择能发挥自己才能的工作，不注重晋升培训机会、组织文化、行业岗位，不赞同求职正当竞争，认为可以不择手段诋毁求职竞争对手和拉关系走后门，就业自主性不强，求职就业决策时更倾向于听

表 5.13　高校毕业生人力资本影响就业观的回归结果汇总表

		政治面貌	学历	高校类型	文科	工科	专业兴趣一致	专业满意	成绩班级排名	奖学金	兼职	职业生涯规划	辅修	考级证书	就业能力
就业条件观	就业形势认知－乐观	+						+			+				+
	就业形势认知－严峻							−					−		−
	就业政策认知					−	+								
	就业政策评价			−				+					+		
	就业指导服务认知							+						+	+
	母校就业指导服务评价							+						+	+
	政府公共就业指导服务评价							+							
就业目的	工作类型－稳定			−											
	工作类型－有挑战性												−		
	工作类型－能发挥才能														
就业价值观	择业决策首虑因素－经济收入			+			−								
	择业决策首虑因素－个人发展机会														
	择业决策首虑因素－专业知识运用										−		+		−
	择业决策首虑因素－工作稳定性														
	高质量就业评价－劳动报酬高	−											+	+	
	高质量就业评价－条件环境好	−													
	高质量就业评价－稳定性高	−													−
	高质量就业评价－社保健全														
	高质量就业评价－晋升培训机会多	−											−		

续表

就业观	指标	政治面貌	学历	高校类型	文科	工科	专业兴趣一致	专业满意	成绩班级排名	奖学金	兼职	职业生涯规划	辅修	考级证书	就业能力
就业价值观	高质量就业评价-组织文化合适												-		
	高质量就业评价-行业岗位好												-		
	高质量就业评价-地理位置好											-			
	高质量就业评价-社会声望高														
	高质量就业评价-人职匹配度高														
	高质量就业评价-成就感及价值值实现	-			+	+							-		
就业目标观	就业单位性质取向-政府机构														+
	就业单位性质取向-事业单位	-	+										+		
	就业单位性质取向-非国有企业													-	
	就业单位性质取向-自主创业														
	期望月薪-适中							+		-					
	期望月薪-偏高				+		+	-		+				+	
	就业地域-大城市		-		-	-					+				
	就业地域-中小型省会城市		+		+										
	就业地域-内地中小城市												-		
就业伦理观	就业诚信态度									+					
	求职正当竞争态度						+			+					
	就业自主性														
	就业代价观	-	+				-			-			-		

取他人意见，在找不到合适的工作时更可能"啃老"吃救济，择业决策时更倾向于首要考虑专业知识运用，更倾向于选择到事业单位就业。

大学期间考级证书多少与就业政策认知、就业指导服务认知、母校就业指导服务评价、专业知识运用等显著正相关，与非国有企业、期望月薪偏高等显著负相关，即大学期间考级证书越多，毕业生就业政策认知、就业指导服务认知、母校就业指导服务评价越高，他们对就业创业政策和就业指导服务越了解，从中受益越多，对母校就业指导服务越满意，他们择业决策时倾向于首要考虑专业知识运用，不倾向于到私营企业、中外合资或外资企业就业，期望月薪也不可能偏高。

就业能力与就业形势乐观取向、就业指导服务认知、母校就业指导服务评价、政府机构选项等显著正相关，与就业形势严峻取向、专业知识运用等显著负相关，即就业能力自我判断越好，毕业生对就业形势的判断越乐观，越不严峻，其就业指导服务认知程度高，对母校就业指导服务满意，倾向于选择到政府机构就业，择业决策时不倾向于首要考虑专业知识运用。

三、心理资本对就业观的影响

从表5.14可以看出，心理资本5个操作项都显著影响高校毕业生就业观，影响就业观操作项总量达42项（正向28项，负向14项），其中影响就业观操作项最多的为乐观（12项），其次是判断力（10项）、自主性（8项），最少的是心理承受能力、自信心（均为6项）。42项的分布情况为：就业条件观7项（正向3项，负向4项），就业价值观29项（正向21项，负向8项），就业目标观3项（正向1项，负向2项），就业伦理观3项（正向3项，负向0项）。

就业观39个操作项中，其中31项受到心理资本的显著影响，有8项没有受到心理资本的显著影响。就业条件观的7个操作项中，仅有就业形势认知之严峻项未受到心理资本的显著影响；就业价值观的19个操作项中，有18项受到心理资本的显著影响，其中工作类型之能发挥才能项没有受到心理资本的显著影响；就业目标观的 9 个操作项中，仅有 4 项受到心理资本的显著影响，其中就业单位性质取向之非国有企业、期望月薪之适中、就业地域之大城市、中小型省会城市、内地中小城市等 5 项没有受到心理资本的显著影响；就业伦理观的 4 个操作项中，有 3 项受到心理资本的显著影响，其中就业代价观没有受到心理资本的显著影响。

回归结果显示，高校毕业生心理资本存量不同，就业观也不同。下面以心理资本操作项为纲，分别总结陈述毕业生就业观的相应特点，从而彰显心理资本对就业观的显著影响。

自主性与专业知识运用、劳动报酬高、工作条件环境好等显著正相关，与就业政策评价、政府公共就业指导服务评价、个人发展机会、政府机构、自主创业等显著负相关，即毕业生自主性越强，择业决策时越倾向于首要考虑专业知识运用，而不倾向于首要考虑个人发展机会，他们注重劳动报酬和工作条件环境，对就业政策和政府公共就业指导服务的评价和满意度偏低，不倾向于选择到政府机构就业和自主创业、从事个体经营。

判断力与就业指导服务认知、专业知识运用、劳动报酬高、工作条件环境好、工作稳定性高、地理位置好、社会声望高、人职匹配度高、就业诚信态度等显著正相关，与经济收入选项负相关，即毕业生判断力越强，其就业指导服务认知程度越高，就业诚信态度越好，择业决策时倾向于首要考虑专业知识运用，而不倾向于首要考虑经济收入，在高质量就业评价中，尤其注重劳动报酬、工作条件环境、工作稳定性、地理位置、社会声望、人职匹配度等指标。

心理承受能力与个人发展机会、晋升培训机会多、有合适的组织文化、人职匹配度高等显著正相关，与政府公共就业指导服务评价、专业知识运用等显著负相关，即毕业生评价自我心理承受能力越强，择业决策时越倾向于首要考虑个人发展机会，而不首要考虑专业知识运用，对政府公共就业指导服务满意度越倾向于偏低，在高质量就业评价中，尤其注重晋升培训机会、组织文化、人职匹配度等指标。

自信心与有挑战性的工作、自主创业、求职正当竞争态度等显著正相关，与劳动报酬高、工作条件环境好、人职匹配度高等显著负相关，即毕业生自信心越强，越倾向于选择有挑战性的工作和自主创业或从事个体经营，越赞同求职正当竞争，反对诋毁求职竞争对手和拉关系走后门，在高质量就业评价中，不注重劳动报酬、工作条件环境、人职匹配度等指标。

乐观与就业形势乐观取向、就业政策评价、劳动报酬高、工作条件环境好、社会保障健全、晋升培训机会多、行业岗位好、成就感及价值实现、就业自主性等显著正相关，与就业政策认知、有挑战性的工作、专业知识运用等显著负相关，即毕业生对乐观心理资本的自我评价越好，对就业形势的判断越乐观，对就业政策的满意度越高，求职就业决策时越自主，更倾向于听取自己的意见，也不相信自己会"啃老"吃救济，其就业政策认知程度越倾向于偏低，对就业创业政策缺少了解，从中受益偏少，择业决策时越不倾向于首要考虑专业知识运用和选择有挑战性的工作，在高质量就业评价中，尤其注重劳动报酬、工作条件环境、社会保障、晋升培训机会、行业岗位、成就感及价值实现等指标。

表 5.14　高校毕业生心理资本影响就业观的回归结果汇总表（附常数项）

		自主性	判断力	心理承受能力	自信心	乐观	常项：性别	常项：独生子女
就业条件观	就业形势认知 – 乐观					+		
	就业形势认知 – 严峻							
	就业政策认知					−		
	就业政策评价	−				+		
	就业指导服务认知		+					
	母校就业指导服务评价							−
	政府公共就业指导服务评价	−		−				−
就业价值观	就业目的						−	
	工作类型 – 稳定							
	工作类型 – 有挑战性				+	−	+	
	工作类型 – 能发挥才能							
	择业决策首虑因素 – 经济收入		−				+	+

续表

		自主性	判断力	心理承受能力	自信心	乐观	常项：性别	常项：独生子女
就业价值观	择业决策首虑因素－个人发展机会	－		+				
	择业决策首虑因素－专业知识运用	+	+	－			－	
	择业决策首虑因素－工作稳定性		+				－	
	高质量就业评价－劳动报酬高	+	+		－	+		
	高质量就业评价－条件环境好	+	+		－	+	－	
	高质量就业评价－稳定性高						－	
	高质量就业评价－社保健全					+	+	
	高质量就业评价－晋升培训机会多			+		+		
	高质量就业评价－组织文化合适			+				
	高质量就业评价－行业岗位好					+	+	
	高质量就业评价－地理位置好		+					
	高质量就业评价－社会声望高		+					
	高质量就业评价－人职匹配度高		+	+				
	高质量就业评价－成就感及价值实现					+		
就业目标观	就业单位性质取向－政府机构	－						－
	就业单位性质取向－事业单位						－	
	就业单位性质取向－非国有企业							
	就业单位性质取向－自主创业	－			+			
	期望月薪－适中							
	期望月薪－偏高						+	
	就业地域－大城市							
	就业地域－中小型省会城市							
	就业地域－内地中小城市							
就业伦理观	就业诚信态度		+					
	求职正当竞争态度				+		－	
	就业自主性					+		
	就业代价观							

　　下面附带汇总陈述常数项对就业观的影响情况。

　　性别与经济收入、有挑战性的工作、期望月薪之偏高等显著正相关，与政府公共就业指导服务评价、就业目的、工作稳定性、工作条件环境好、工作稳定性高、社会保障健全、行业岗位好、事业单位、求职正当竞争态度等显著负相关，即男性毕业生对政府公共就业指导服务评价偏低，期望月薪偏高，其就业目的不倾向于发展型，不注重兴趣爱好、服务社会和实现自身价值，可能更倾向于生存型，更关注生计和建立家庭的经济基础，择业决策时更倾向于首要考虑经济收入，不首要考虑工作稳定性，倾向于选择有挑战性的工作，而不倾向于到事业单位就业，不赞同求职正当竞争，认为可以不择手段诋毁求职竞争对手和拉关系走后门，在高质量就业评价中，不注重工作条件与环境、工作稳定性、社会保障、行业岗位等指标。相应的，女性毕业生可做相反的推论。

独生子女与经济收入选项显著正相关，与母校就业指导服务评价、政府机构等显著负相关，即独生子女毕业生对母校就业指导服务评价偏低，择业决策时更倾向于首要考虑经济收入，不倾向于到政府机构就业。

第六章 高校毕业生就业观形成机理

就业观不仅仅是毕业生头脑加工、思维想象的产物，更是他们手脚并用、摸爬滚打锻炼出来的利器。毕业生在准备求职和求职过程中找到的不仅仅是自己的工作，还找到了自己的就业观。没有任何一种观念会事先或自动地在头脑中形成起来并引领我们走向成功。柏拉图、黑格尔等唯心主义先哲会用理念、绝对精神等来反对我们。而马克思、恩格斯早就批判指出："人们生产自己的生活资料，同时间接地生产着自己的物质生活本身。"[①] 从这个意义上讲，就业观是人们求职就业实践的副产品。就源头而论，绝对不是就业观找到了工作，而是就业找到了就业观。人们有什么样的生活与就业实践经验，就会形成什么样的就业观，而不是相反。当然，我们并不否定科学就业观对人们就业行为的促进和指导作用以及不合理就业观的阻碍与反作用。研究高校毕业生就业观的形成过程及其机理，就应系统而深入地梳理毕业生求职就业的准备过程与实施过程，从中总结就业观伴随就业行为发展变化的规律。这样得来的就业观形成机理才可能站稳脚跟、植根沃土、开花结果。本章以第四、五章的实证研究为基础，以社会资本、人力资本、心理资本为参照，相应提出高校毕业生就业观形成机理的环境作用论、教育中介论、主体生成论。

---

① 中共中央马克思恩格斯列宁斯大林著作编译局编：《马克思恩格斯选集》（第1卷），人民出版社1995年版，第67页。

第一节　基于实证研究的就业观形成机理

高校毕业生就业观形成机理是指就业观形成诸要素相互联系、相互作用的运行规律和原理，其实质就是回答就业观是怎么形成的，涉及就业观产生、形成和发展过程、规律等基本理论问题。已有研究看到了就业观对毕业生就业的重要作用与影响，明白了就业观是就业行为的原因，但就业观自己形成的原因是什么呢？原因与结果之间又藏着什么秘密？这就需要对就业观的影响因素、形成机理、作用规律进行深入探究。形成机理研究具有基础性和根本性，对于全面、深入地理解和把握高校毕业生就业观显得尤为重要。

马克思在《哲学的贫困》中批判普鲁东把政治经济学形而上学化时对黑格尔的辩证法进行了非常简洁而精妙的总结，这段总结对于我们分析高校毕业生就业观形成过程中的诸多矛盾运动具有方法论上的指导意义。

"理性一旦把自己设定为正题，这个正题、这个与自己相对立的思想就会分为两个互相矛盾的思想，即肯定和否定，'是'和'否'。这两个包含在反题中的对抗因素的斗争，形成辩证运动。'是'转化为'否'，'否'转化为'是'。'是'同时成为'是'和'否'，'否'同时成为'否'和'是'，对立面互相均衡，互相中和，互相抵消。这两个彼此矛盾的思想的融合，就形成一个新的思想，即它们的合题。这个新的思想又分为两个彼此矛盾的思想，而这两个思想又融合成新的合题。从这种生育过程中产生出思想群。同简单的范畴一样，思想群也遵循这个辩证运动，它也有一个矛盾的群作为反题。从这两个思想群中产生出新的思想群，即它们的合题。"[①]

---

① 中共中央马克思恩格斯列宁斯大林著作编译局编：《马克思恩格斯选集》（第1卷），人民出版社1995年版，第140页。

　　就业观既是"简单的范畴"，也是"思想群"。相对于宏观的社会存在、社会意识以及个人的整个思想观念，就业观仅为其中一个很小的组成部分，我们有充足的理由说它是简单的概念；相对于个体对就业的某一方面（譬如就业薪水待遇期待）的看法而言，就业观包含对就业的各个方面的看法的总和以及总的看法，是一个观念系统，涉及主体与客体、个人与社会、思想与行为、理想与现实等诸多矛盾。就业观形成过程就是就业观相关各方面的矛盾运动过程。总体而言，对就业的任何一种看法的形成都必然包含正题、反题、合题的三个发展阶段，即对这一看法的肯定、否定、否定之否定。首先，高校毕业生由于亲身经历、家庭亲友、社会环境等多渠道多角度的影响，会初步拥有对就业的某一方面的看法，可称其为子就业观，呈现为正题。其次，毕业生初步拥有的对就业的某一方面的看法并不稳定，认可和不认可同时存在其中，互相对抗，互相转化，在辩证运动中构成反题。比如，毕业生参加完基层就业典型报告会后认为基层就业大有可为，毕业后准备去农村建功立业，但同时又感受到了基层条件艰苦，对基层就业既肯定又否定。再次，去基层就业好还是不好，肯定与否定在矛盾运动中互相均衡协调，最后形成一种新的基层就业观，这就是合题，即否定之否定。毕业生的所有子就业观都是通过这一辩证运动过程逐步形成的，子就业观同样遵循这个矛盾运动规律而发展成为观念群，形成毕业生的总就业观。

　　高校毕业生就业观形成机理除了分析其自身的基本内涵、现状以及影响因子外，关键还是要剖析其背后的原因：为什么形成当前的样子？影响因子是怎样发生作用的？一句话，就业观形成的规律是什么？事物形成的规律往往是错综复杂的，从不同角度和方面可以概括事物不同的形成规律。但矛盾律告诉我们，事物的主要矛盾是有限的。我们应尽可能抓住就业观形成的主要矛盾、主要规律。

　　《论语·为政》记载了一则学生问孔子可否预知未来的对话。"十世可知也？"三百年以后的事可以预知吗？"殷因于夏礼，所损益可知也，周因于殷礼，所损益可知也。其或继周者，虽百世可知也。"[①]夏殷周三代因袭变革，有迹可循，如此一来，即便三千年以后的事也可预知啊。鉴往知来自是深邃，然此段对话最妙处还在"礼"字，世代因革之事纷繁复杂，孔子用"礼"概括了相关的政治制度、社会风俗、内在人心、伦常规范等诸多历史演变事项，既综括无遗，自成体系，又简洁明快，大势了然。用最少的文字表达最繁复的事情，这是大师的高明之处。

相对于朝代更替、世事演变，高校毕业生就业观的形成只是细枝末节的事情了。然而，一叶知秋，一沙一世界，探究高校毕业生就业观的形成规律，对于了解社会变迁、知晓教育规律亦大有裨益。问题是，如何用最简洁明了的语言来描述和概括高校毕业生就业观形成机理？这是笔者思考最多、最纠结的难题。就业观的生成、演变是一个极其复杂的过程，不同时代、不同环境、不同群体、不同个体会有不一样的生成演变过程，期望把高校毕业生就业观形成的所有规律性的机制理论全部概括出来，至少在一篇论文或一本书中是无法实现的。在前两章的实证分析中，我们选取高校毕业生个体拥有的社会资本、人力资本、心理资本，通过操作化进行测量，以此来把握高校毕业生就业观的影响因子，基本实现了以简驭繁、化繁为简。实证研究的结论显示，毕业生个体的社会资本显著影响其就业观，社会资本代表的是个体能动用的社会关系资源，这些资源来自毕业生与周围环境的相互作用，能够在一定程度上反映毕业生成长过程中所接触和经历的环境，分析社会资本对毕业生就业观的影响与分析环境对毕业生就业观的作用，具有一定的类比性。同理，人力资本、心理资本分别能在一定意义上反映毕业生的教育经历与主体心理成长经历，分析人力资本、心理资本对毕业生就业观的影响与分析教育中介、主体生成在就业观形成中的作用，具有一定的类比性。下面论述高校毕业生就业观形成机理仍然遵循以简驭繁这一思路，以实证研究结论为基础，以社会资本、人力资本、心理资本为参照，相应地从环境作用论、

---

① 钱穆:《论语新解》，生活·读书·新知三联书店 2002 年版，第 48 页。

教育中介论、主体生成论三个维度来着重阐述。

第二节　环境作用论

人具有高度的社会性，是社会历史发展的产物，其就业观的形成变化，就本质而言，源自现实的社会生活，是一定的社会历史和环境条件与个体主观意识互动作用的结果，并随着环境条件的变化而发展变化。离开一定的社会历史和环境条件，个体就业观是不可能形成的。因此，研究高校毕业生就业观的形成机理，首先就应研究环境的作用机理。

一般而言，环境是与中心事物相比较来说的，与某一中心事物有关的周围其他事物，就是该事物的环境。高校毕业生就业观形成的环境主要是指相对于毕业生就业观形成而言的外部环境，包括自然环境和社会环境。自然环境是人类社会存在和发展的自然条件之总和，无疑会对毕业生就业观产生一定影响。社会环境是人们所处的各类社会条件和各种社会关系之总和，它对毕业生就业观的影响更具决定性。环境还有物质和精神、良性和恶性、开放和封闭、直接和间接等区别。就覆盖范围来看，环境包括经济基础、政治结构、社会文化、社会变迁等宏观环境，也包括社区、家庭、学校、工作单位以及居住环境、社交活动范围等微观环境。环境是高校毕业生就业观形成的外部条件，能为就业观形成提供现实基础和条件支撑，能通过社会期望提供外在的方向指引，并以潜移默化或突变的方式贯穿始终，这就是高校毕业生就业观形成机理的环境作用论，它是从客观对象的视角来观察和研究毕业生主体就业观的形成与变化规律。

一、就业观形成的现实基础与条件支撑

任何个体及其群体都是生活在特定的历史环境条件之下的，他或他们的

就业观等思想观念就是对他或他们所生活的环境及其对环境的改造的能动反应，离开环境来讨论人的思想观念是无稽之谈。"历史的每一阶段都遇到一定的物质结果，一定的生产力总和，人对自然以及个人之间历史地形成的关系，都遇到前一代传给后一代的大量生产力、资金和环境，尽管一方面这些生产力、资金和环境为新的一代所改变，但另一方面，它们也预先规定新的一代本身的生活条件，使它得到一定的发展和具有特殊的性质。"①一定的物质结果、生产力总和、人与自然以及人之间的关系等客观环境首先选择了个人，规定了个人的发展起点与特殊性质，个人以此为基础和条件对环境进行改造和再创造，并在此过程中形成和发展自己的思想观念，同时用这些在实践中形成和发展起来的思想观念指导自己的实践行动，改造和再创造环境。因此，"人创造环境，同样，环境也创造人"，"各个人的出发点总是他们自己，不过当然是处于既有的历史条件和关系范围之内的自己，而不是玄想家们所理解的'纯粹的'个人"。②

　　高校毕业生的就业观不是历史前辈传下来的遗产，不是某一位好心人或万能的主的馈赠和恩赐，也不是关在真空中凭主观想象想出来的，"人们自觉地或不自觉地，归根到底总是从他们阶级地位所依据的实际关系中——从他们进行生产和交换的经济关系中，获得自己的伦理观念"③。毕业生就业观念的形成须以一定的物质条件为基础，环境首先为毕业生就业观的形成提供了具有决定性作用的这一物质基础。物质基础集中体现于社会经济结构，即一定社会历史发展阶段上的经济制度、生产关系，包括经济体制结构、所有制结构、消费结构、产业结构以及决定生产关系的生产力发展水平、以地理位置结构和人口结构等为主要内容的自然经济环境等。毕业生就业观的形成

①　中共中央马克思恩格斯列宁斯大林著作编译局编：《马克思恩格斯选集》（第1卷），人民出版社1995年版，第92页。

②　同上注，第92、119页。

③　中共中央马克思恩格斯列宁斯大林著作编译局编译：《马克思恩格斯文集》（第9卷），人民出版社2009年版，第99页。

是从社会实践开始的，决定社会实践水平的物质基础、经济结构对包括就业观在内的社会意识形态的产生变化同样具有决定性作用。"物质生活的生产方式制约着整个社会生活、政治生活和经济生活的过程。不是人们的意识决定人们的存在，相反，是人们的社会存在决定人们的意识。"① 毕业生出生、成长在特定的时空，大到历史阶段、年代、国度、地域，小到家庭、学校、社区，他不能任意地选择，特定的物质生活及其生产方式直接或间接地制约、影响着他的人生选择、职业选择，以物质生活为主要内容的社会存在是毕业生就业观形成和改变的深层根源和社会性的宏观背景。个体如果一开始就离开一定的人群及其社会关系而孤立存在，如狼孩、熊孩等，都不可能产生就业的需要，也不可能产生就业观念。

其次，环境还为高校毕业生就业观的形成提供具有制约作用的制度条件尤其是政治制度。制度包括一切既定的社会组织形式及其规则，政治制度有广义、狭义之分，广义上与制度概念趋同，泛指国家、社会生活领域的各类制度，狭义上特指国家政权组织形式及其相关制度。作为上层建筑的政治制度是与一定的经济基础相适应的，它一经建立就成为一种相对独立、稳定的外在力量作用于经济基础，作用于人的思想观念，对毕业生就业观的形成和变化产生影响。一般而言，制度条件先于个体而存在，毕业生从一出生便必然地与一定的制度条件发生联系，这种联系毕业生个体无法选择，它构成毕业生就业观的重要内容，制约、影响着毕业生就业观的形成、变化。

此外，环境还为高校毕业生就业观形成提供一定的文化背景。文化是人类文明的精神结晶，文化尤其是作为文化主要构成部分的社会意识形态，对于就业观的形成具有巨大影响作用。政治法律观念、道德、宗教、艺术、哲学等与精神生活相关的文化上升为社会意识形态，构成上层建筑的主要内容，其中居于重要地位的哲学，是理论化、系统化的世界观和方法论，是关

---

① 中共中央马克思恩格斯列宁斯大林著作编译局编：《马克思恩格斯选集》（第2卷），人民出版社1995年版，第32页。

于世界总的看法和根本的观点，自然包括对就业以及职业生涯的看法，对毕业生就业观的形成和变化具有制约和指导作用，毕业生用什么样的观点、方法观察世界、人生，也就会用什么样的观点、方法来观察和对待就业。我国历史悠久，具有深厚的传统文化，在就业观念方面也具有丰富的传统积淀，这是我们的宝贵财富，必然也会为毕业生就业观的形成和引导教育提供重要的精神食粮和宽厚背景。随着经济全球化的纵深发展以及我国改革开放的全面推进，中西文化交融激荡，外来文化观念大量涌入，必然也会对高校毕业生的世界观、人生观、价值观以及就业观产生重大影响。

下面，我们以分析劳动力市场和高教模式双重转轨影响高校毕业生就业观为例，来进一步探究和了解环境对毕业生就业观生成的前提性、基础性和决定性作用。劳动力市场从传统的计划经济体制向现代市场经济体制转轨，高等教育从精英化模式向大众化模式转轨，我国的这两个转轨是在同一时段实现的，两者交互作用于毕业生的就业观，其影响不可忽视和低估。1993年中央明确提出改革高校毕业生"统包统分"和"包当干部"的就业制度，2000年全面实行"供需见面、双向选择、自主择业"的就业制度。2002年我国高等教育毛入学率达到15%临界点（2005年、2006年分别达到21%、22%[①]），我国高等教育正式进入大众化阶段。双重转轨短期内同时实现的最直接的现实结果就是，高等教育与劳动力市场之间的矛盾外化，高校毕业生就业困难。计划包分配时代，国家实行高度集中的计划经济，高等教育是高端的精英教育，高校毕业生百分百就业，所有毕业生的就业由国家统一分配，没有失业的压力与担忧，如此环境和条件下，毕业生形成的就业观是被动就业观、精英就业观，他们自觉接受国家的分配安排，"革命战士是块砖，哪里需要哪里搬"，"到农村去！到边疆去！到祖国最需要的地方去！"双重转轨后，国家实行社会主义市场经济和大众化高等教育，学费自担，就业责任自担，应届高校毕业生毕业离校时只有七八成能就业升学，甚至更低。在

---

① 教育部：《全国教育事业发展统计公报》，2005—2006年。

这样的现实条件下，毕业生形成的就业观更多的是自主就业观、大众化就业观，把经济待遇、发展机会放在更加重要的位置，灵活就业、自主创业成为重要的就业选择。此外，从毕业生就业观作用的发挥来看，计划经济体制下，高校毕业生就业实行国家分配，毕业生资源完全按照政府行政部门的指令性计划进行配置，毕业生就业观及其在人职匹配过程中的作用处于隐性状态，除少数毕业生能通过各类资源按照自身意愿主动影响分配部门的计划安排外，绝大多数毕业生只能被动接受计划安排，如安排符合其就业观的，他就可能积极投入、乐观作为，如不符合其就业观，他就可能消极抵触、悲观逃避；由计划经济体制转向市场经济体制后，毕业生就业观及其作用就逐步由隐性状态变为显性状态，毕业生可以根据自身就业观来选择职业、单位、岗位，当然这种选择是有范围和条件限制的。

二、就业观形成的外在价值引领

每位毕业生都是社会中的人，他们在社会化的过程中，同时形成自己的价值观和一定的行为方式，获得主体性。社会为毕业生提供一定的价值观念和生活目标，引导和鼓励他们朝着社会期待去努力。社会期待通过各类载体以不同方式表现出来，包括文化传统、风俗习惯、社会心理、法律手段、社会舆论、学校教育等，其中最直接的表现为家庭影响、朋辈示范、主流价值引领、媒体渲染。

家庭影响。家庭是个体生命开始的起点，也是个体学习就业的第一个场所，家庭对个体就业观形成具有最原初最直接的影响。父母家人尤其是生养子女的父母是子女的第一任就业指导教师。父母本身所从事的工作、对待工作的态度与看法、处理工作事件的方式方法，都将直接对子女产生示范作用。父母从事的职业往往是子女了解得最早最多的职业。父母总是有意或无意中对子女进行就业教育，包括在子女在场的时候谈论工作、通过把工作带回家或把子女带到工作场所而让子女置身于就业情景和体验就业、对子女未来职业提出期待与要求、引导子女为将来职业做准备等，这些很可能是毕业生接触到的最早的就业指导，必然在其就业观的形成过程中发挥先入为主的优势作用。许多高校毕业生的职业意识启蒙和就业观雏形都是在这一过程中完成的。子女是家庭的未来和希望，父母家人望子成龙、望女成凤，对子女未来的人生道路、职业选择和发展总会寄予厚望，并为子女精心设计人生路径、竭力创造条件和机会，这些家庭期待在发挥导向作用的同时还能为毕业生就业观保驾护航。父母家人的就业观通过言传身教对子女就业观的形成还具有暗示和传喻意义。家庭以血缘为纽带，朝夕相处，父母与子女之间无根本利益冲突，血浓于水的亲情，日积月累的感情，再加上父母对子女的权威、尊严，甚至常在无言指教中让子女接受其就业观暗示。比如，来自农村的高校毕业生往往不愿意回农村工作，许多是因为接受了父母关于农村就业艰辛、不体面等观念暗示。某医药领域专业性社会化网络的一项面向 3860名医务工作者发出的问卷调查显示，58.0% 的受访者力阻自己或亲友的子女报考医学院校，仅 3.0% 的受访者建议自己或亲友的子女学医。受父母观念影响，医学专业学生难见"医二代"，部分高校在读医学生父母职业是医生的仅占 9.68%，而这不到一成的"医二代"中还有三分之一遇到过来自父母的"职业劝阻"。[①] 从这一调查中，我们可以明显看到父母就业观对高校毕业生就业观及其就业行为的影响，当然，我们在看到父母对子女就业观的重大影响的同时，也应看到个别或部分父母观念影响社会整体就业观的有限性，就社会整体而言，医生仍然享有较高的职业美誉度，医学专业的高考录取分数线一直居于高位。

朋辈示范。高校毕业生的朋辈可区分为正式群体和非正式群体。为了有效实现既定目标而建立起来的群体，属于正式群体，如班级、党团组织等；由于兴趣、爱好、生活等方面的趋同性而结成的群体，或自发形成的无形组织，均属于非正式群体。不论是正式群体中的同学、同志，还是非正式群体中的朋友、邻里、同辈，由于他们之间存在某些方面的关联与共通处，

---

① 刘洋、雷嘉:《医学专业学生难见"医二代"》,《北京青年报》2014 年 7 月 21 日。

在对就业形势判断、就业价值评价、就业方式渠道选择等方面，有着一定的模仿、感染力量，彼此之间最易共同内化。高校毕业生容易受到朋辈尤其是他所处群体的示范影响，因为群体中某个成员与群体就业观念相背离，必然会成为该群体不受欢迎的人，作为群体的一员，毕业生总是担心失去群体依归。邻里、乡亲、友伴对高校毕业生就业观的影响不可低估，大家共同生活，相互依赖，经常交往，他们的就业观念与行为、对就业观念与行为的评价，都会影响毕业生就业观的形成变化。

主流价值引领。任何时代都有其占统治地位的主流价值观，主流价值观主导和引领社会成员形成与之相应的就业观。比如，我国封建社会孔孟儒家思想长期占统治地位，儒家思想主张"学而优则仕"，于是，几千年来，在此观念影响下，考取功名一直是中国绝大多数读书人的职业梦想，即便是现在仍然有很多高校毕业生热衷于考取公务员。社会主义核心价值观是当代主流价值观，是目前最重要最主流的社会期待，能为高校毕业生就业观的形成提供最直接的方向指引。"三个倡导"从国家、社会、公民三个层面概括了核心价值观的主要内容。从高校毕业生求职就业的角度来看，它不仅为毕业生提出了宏观、长远的就业价值期待，包括爱国、富强、民主、文明、和谐、自由、平等、公正、法治；也为毕业生提出了求职就业的伦理期待，包括敬业、和谐、平等、公正、法治、诚信、友善。国家通过国家机器以及学校教育、媒体宣传等渠道对毕业生施加影响，从而引导高校毕业生树立与社会主义核心价值观要求相适应的就业观。

媒体渲染。社会媒体革新速度快、幅度大，现代媒体信息渠道多，信息量大，传播方式迅速快捷，覆盖面广，渗透力强，可以说是无时不有、无处不在，在主导舆论、营造舆论氛围方面具有不可替代的功用，社会统治者往往借此传播主流价值观，对社会大众进行价值引导、舆论控制。互联网时代，以微博、微信、网站、QQ 等为代表的新媒体，由于其开放性、互动性、参与性等特点，正在广泛而深刻地影响高校毕业生就业观的形成与变化。新媒体技术一方面可以使得就业新闻事件实现超越时空的无障碍传播，传播空间之广可覆盖全体毕业生，传播速度之快可以分秒计，还可实时互动，针对传播事件的评论、点赞可以形成第二波渲染，毕业生还可以创建自己的个人媒体，在参与中学习提升。新媒体技术集中使用图文声像，能够充分利用动漫、游戏、微电影等形式，活泼生动，让人身临其境，在愉悦中不知不觉受到就业观的引导和感染。新媒体让每一位毕业生都既是信息接收者又是信息发布者、传播者，每一条与就业相关的新闻、事件、信息都可能被快速传播、放大，其间必然连带着与就业相关的思想观念，通过传播放大而渲染成一种强大的舆论场。高校毕业生思想活跃，不盲从，乐于发表见解，对新生事物尤其敏感，观念正处于成长成型时期，其就业观的形成不可避免地要受到这一舆论场的辐射和影响，尤其是负面新闻对就业观形成的冲击影响更大。这也可用以解释为什么同一年代（同一届）的毕业生就业观往往有共同特征，而不同年代不同届的有不同特征。

三、两种不同方式的环境作用

外在环境影响高校毕业生就业观的形成，为其提供现实基础、条件支撑和方向指引，这是毋庸置疑的。然而，环境对高校毕业生就业观形成的影响又是如何发生的？它的作用方式是怎样的呢？毛泽东在分析对立统一的矛盾规律时指出："无论什么事物的运动都采取两种状态，相对地静止的状态和显著地变动的状态。"[①]外在环境对高校毕业生就业观形成的影响和作用，实质上就是客体和主体的一种矛盾运动，它也存在着两种不同的方式，一是潜移默化地熏染、积累和渐变；二是醍醐灌顶式地冲击、顿悟和突变。

乡村农户把猪肉挂在灶台上熏烤，一日两日不见变化，日积月累，腊肉的形状、颜色、特点、味道不知不觉中就形成了。环境对就业观的第一种影响方式就如同熏腊肉，变化慢且不明显，处于相对静止的状态，但它的作用不可小觑。亚里士多德认为，这种熏染还可改变人的天赋，"积习变更天

---

① 毛泽东：《毛泽东选集》（第1卷），人民出版社1991年版，第332页。

赋；人生的某些品质，及其长成，日夕熏染，或习于向善，或惯常从恶"①。正所谓春风化雨，润物无声，"近朱者赤，近墨者黑"。从孟母三迁的故事中，我们也可以看出环境对人的就业观的潜移默化。"孟子生有淑质，幼被慈母三迁之教。"（西汉刘向《列女传·卷一·母仪》）孟子早年丧父，由母亲抚养长大，住所靠近墓地，少年孟子就模仿学习祭祀丧葬之事，孟母觉得不可，遂迁居到集市旁，孟子又游戏模仿商人做买卖，孟母还觉得不可，又迁新址，靠近屠宰场，孟子又学屠杀之事，孟母仍觉不可，迁至学宫之旁，孟子见了开始学习文化礼仪，孟母这才放心安居。从墓地旁而一迁至集市旁，二迁至屠宰场旁，三迁至学宫旁，居住场所不同，接触的职业种类和环境相异，由此逐渐生成的就业认知、就业情感、就业意志和信念也自然不相同，尔后的职业道路和人生取向必然大相径庭。是学习从事司仪主持、商业贸易、畜牧屠宰还是为学出仕，不仅仅在于天赋，更在于后天生活学习的环境及其熏染。"性相近也，习相远也。"孟母深谙此理，才有"三迁之教"。

就作用载体而言，环境对高校毕业生就业观形成的潜移默化的影响，一般通过文化传统、风俗习惯、社会心理等把社会的就业价值观念传递给高校毕业生，引导其形成与社会环境相适应的就业观。文化一经形成，其组成要素总会凝固成特定的文化模式，形成特定的结构系统，发展成独特的文化传统。文化传统通过各类媒介介入人们的就业生活，首先通过影响凝结文化观念的文化产品以感染和影响毕业生的就业观；其次通过影响处于规范层面的社会风俗习惯、行为方式和交往规则来影响毕业生的就业观；此外通过影响作为文化核心的世界观、人生观和价值观来影响毕业生的就业观，潜移默化地影响和改变其就业行为方式和就业价值取向。正如先哲荀子所言，"政教习俗，相顺而后行"（《荀子·大略》），"蓬生麻中，不扶而直；白沙在涅，与之俱黑"，"染于苍则苍，染于黄则黄，所入者变，其色亦变"（《荀子·劝

---

① 〔古希腊〕亚里士多德：《政治学》，吴寿彭译，商务印书馆1965年版，第390—391页。

学》），环境能使生活其中的个体习染其特性，对个体具有同化作用。

　　环境通过文化渲染等方式潜移默化地把社会期待传递给毕业生，毕业生就业观有意无意中沿着社会期待的方向摇摆前行。质量互变的规律告诉我们，潜移默化的量变积累到一定的程度后，借助于偶然因素的作用，毕业生就业观必然会发生突变质变。偶然因素可能是重大社会变革，甚至是革命事件，比如鲁迅弃医从文，毛泽东弃笔从戎，就是因为当时某一革命事件对主体的思想冲击。偶然因素也可能是重大制度改革、重要就业政策出台。比如，1985 年中央印发《关于教育体制改革的决定》，我国高校毕业生就业制度开始从计划经济的统包统分转向市场经济的自主择业、双向选择，毕业生就业观由此受到极大挑战。再比如，1989 年以前我国高校学费基本上都由国家负担，从这年开始象征性收费，1990 年开始招收少量自费生，1997 年开始全面自费上大学，学费也不断上涨，中国免费上大学的历史终结，缴费上大学，毕业不包分配工作，工作后的住房、交通等福利也逐步取消，所有这一系列改革，在扩大毕业生选择自主权的同时，增大了其生存压力，必然对其就业观带来颠覆性的冲击。重大就业制度及就业政策的出台可能直接触发高校毕业生就业观质的变化，我国是政府主导性社会，政府主导的制度变革对毕业生就业观形成的影响最具根本性。有研究者甚至提出，我们应该把国家带回大学生就业研究的中心。[1] 偶然因素也可能是毕业生在学习就业生活过程中遭遇的重大个体事件。家庭父母离异，亲人遭遇意外伤亡，身边人遭遇工伤事故，等等，都可能对毕业生就业观产生重大影响。例如，2014 年 7 月 3 日，时任国务院总理李克强视察湖南大学创新创业沙龙现场，接见该校电子工程学院魏啸宇、艺术学院潘英，并明码实价购买两位同学的创业产品，他们抓住时机，联合推出"总理套餐"，赢得不少网上订单。[2] 这一

---

① 戚务念：《把国家带回分析的中心：当前大学生就业研究的新视角》，《现代大学教育》2014 年第 3 期。

② 张颐佳等：《湖大学生推"总理消费套餐" 网上接到不少订单》，参见 http://hn.qq.com/a/20140707/008270.htm#p=5，2014-7-7。

事件和经历对于两位毕业生坚定创业信心、增强创业观念无疑将产生重大影响。

第三节　教育中介论

教育有广义、狭义之别，广义的教育包括家庭教育、学校教育、社会教育，环境影响也属于广义教育的范畴，狭义的教育仅指学校教育，这里讨论教育仅用狭义。

对于毕业生就业观的形成，教育的作用举足轻重。国家和社会总是试图利用教育来向年轻一代传递其特有的思想观念、意识形态，使他们逐步真正成为合格的社会成员。教育目的、内容、手段及活动均由教育者制定，并由其组织实施，从这个意义上说，学校教育是毕业生就业观形成的必要条件和主导力量，任何毕业生就业观的形成都是学校教育的结果。学校教育对毕业生就业观形成的影响是系统的、有计划的，既包括基础教育阶段的全面奠基，也包括高等教育阶段的深入推进。毕业生就业观形成是主体面对外界的社会就业主导观念、社会就业多元观念与自身的就业需求，在思想观念上反复权衡比较取舍的结果。统治阶级总是借助于学校、意识形态机构等，千方百计地将与本阶级利益相符的社会需要的占主导地位的就业观念灌输给毕业生；现代社会各类思想观念相互激荡，其他的处于非主导地位的多元的社会就业观念通过人际交往、自主学习等途径，必然也会对毕业生产生一定影响。在社会期待、多元选择与自身条件、就业需求之间，毕业生主体总是不断认知、体验、认同、扬弃，并逐渐形成自己的就业观。不管是社会就业主流观念还是社会就业多元观念，它们对高校毕业生就业观形成的作用与影响都离不开教育，教育是联系外界社会就业观念与主体就业需求之间的中介与桥梁，这是教育中介论的基本内涵。

一、教育是联系社会主流就业观与毕业生就业观的中介

就业观的价值倾向性决定了其社会主导性。马克思、恩格斯在《德意志意识形态》中明确指出："一个阶级是社会上占统治地位的物质力量，同时也是社会上占统治地位的精神力量。支配着物质生产资料的阶级，同时也支配着精神生产资料。"[①]《共产党宣言》也深刻揭示："任何一个时代的统治思想始终都不过是统治阶级的思想。"[②] 在阶级消亡之前，社会主导主要表现为统治阶级主导，统治阶级在物质领域和精神领域具有双重支配作用。就业观是主体人生观、世界观、价值观在求职就业方面的直接体现，必然具有明确的价值倾向性，而高校毕业生是国家有计划培养的高级专门人才，是未来社会生活的建设者和引领者，其就业观必然受到统治阶级的特别关注与价值支配，统治阶级为了维护自身统治也必然会主导毕业生的就业观。毕业生既不能脱离一定时代既定的生活环境、就业条件、政治制度等物质力量，也不能避免受到主流意识形态及精神力量的规训与熏染，毕业生为了自身的前程和发展也会主动接受和融入社会主流就业观。一言以蔽之，合乎统治阶级要求的社会主流就业观主导着高校毕业生就业观的形成与发展。

社会主流就业观主导毕业生就业观主要通过学校教育这一中介而得以实现。毕业生从出生到高校毕业，绝大多数时间都是在学校度过，其知识、思想以及实践能力主要源自学校教育与培养。学校是有计划、有组织地进行系统教育的机构，是统治阶级为培养接班人而设立的，而就业是受教育者实现自我、服务社会的主要途径，对受教育者进行就业观念教育、传递社会期待的主流就业观念是完整的学校教育题中应有之义，是学校教育的基本任务和有机组成部分。传递和弘扬包括社会主流就业观在内的社会主流意识形态是

[①] 中共中央马克思恩格斯列宁斯大林著作编译局编：《马克思恩格斯选集》（第 1 卷），人民出版社 1995 年版，第 98 页。

[②] 中共中央马克思恩格斯列宁斯大林著作编译局编译：《马克思恩格斯文集》（第 2 卷），人民出版社 2009 年版，第 51 页。

学校教育的应然使命，统治阶级也主要依靠学校来主导和管控青少年政治思想动态，引导其按照统治阶级要求不断社会化，形成相应的就业观并依此走上就业岗位。

社会主流就业观主导作用的发挥是与其他多元就业观念的激荡影响相伴相随的。市场经济及其价值交换的多元性已经导致了利益的多元化、思想观念的多元化。计划经济时代包分配背景下的一元化就业观念已经丧失存在的现实条件，就业观念的多元化、多样性已经越来越明显。外来的就业观念群、传统封建主义的观念承续、市场经济带来的观念物化，等等，无不时时处处冲击着高校毕业生的就业观念。同时，由于高校毕业生思想活跃，价值观念尚处于急剧变动的不稳定的特殊时期，最易受到外界多元就业观念的影响和干扰。为主导高校毕业生形成符合统治阶级要求的就业观，学校教育总会有计划有系统地援引社会上存在的多元就业观念来作比较和参照，或指出其不足与错误，或剖析其欺骗性与迷惑性，或点明其未来的发展趋势，以此来实现和强化社会主流就业观的主导功能，引导和促进毕业生形成与社会主流就业观一致的就业观。

二、教育是社会主流就业观主导毕业生就业观的保障

学校教育是社会主流就业观向毕业生就业观转化的重要中介和渠道，是毕业生就业观形成过程中社会主导功能得以实现的重要保障，它影响与作用于高校毕业生就业观形成的主要特点是系统性、灌输性。环境作用与家庭教育往往是自然的、世俗的、非系统的，而学校教育由于其具有明确的社会目标、相对确定的教育对象以及相对完整固定的教育内容，因而呈现出明显的组织计划性、系统性、灌输性等特点。

在教育内容上，学校就业观教育必然会根据人才培养目标与社会就业发展要求进行系统的设计与安排。教什么始终是就业观教育的带有根本性和基础性的问题。培养者的预期目标与就业现实世界的客观要求是确定就业观教育内容的两条准绳，前者体现统治阶级意志，后者反映现实条件与趋势，两

者可能趋同或一致，也可能不一致，甚至背道而驰。培养目标是学校教育的最高追求，但在具体实施过程中，当培养目标与现实要求出现分歧，学校教育总会竭力弥合两者的隔阂，促进两者的系统融合。学校就业观教育的内容既有早期的社会分工、职业意识启蒙，也有较基础的对职业世界、就业规则的基本认知，还包括较高层级的就业价值判断与就业情感介入，以及就业实践体验与就业"知情意"的观念化。学校往往通过课程教授以及实践活动等有组织有计划地系统实施并完成上述教育内容，引导受教育者不断由感性认识上升为理性认识，形成社会期望的就业观。

在与其他教育的关系上，学校就业观教育必然会兼顾考虑毕业生就业观形成与其他知识能力增长相辅相成的系统性。主体就业观的形成是一个复杂的螺旋上升的渐变过程，每前进一步都需以自我认知、社会认知、人职匹配、决策认知等能力提升和实践经验的积累为基础和前提的，离开相关知识能力经验储备，学校教育很难把一定社会的职业价值要求转化为毕业生的主体需求，更不可能内化为就业观。学校就业观教育与知识传授、能力培养、素质提升尤其是世界观、人生观、价值观教育是有机联系、相互配套的，往往你中有我、我中有你，在具体实施中，一般会系统推进。我国高校开设了专门的就业指导课程，但基础教育阶段并没有设立专门的就业指导课程，主要通过劳技、思政等相关课程，以及语文、历史等文化课程来进行就业观教育。主体只有具备一定的知识能力基础后才能对就业形成自己总的看法和态度，就业观是与主体相关知识能力增长相伴而生的。

在实施方式上，学校就业观教育为确保教育结果的可控性而必然会采取系统灌输。可控性与不可控性是相对而言的，同环境影响和家庭教育相比较，学校教育的可控性明显大于不可控性，这也是由它的客观属性所决定的，学校教育必须承担社会责任和政治任务，致力于实现一定社会的价值目标，培养一定社会需要的合格人才。为引导和确保高校毕业生形成与社会主流就业观相符的就业观，学校会把相关知识、理论、方法、要求系统地灌输给受教育者，并通过考试、考查等教育评价手段督促和要求受教育者准确理解和系统掌握。当然，随着时代发展，学校灌输的方式方法也不断变革。在传统社会中，学校就业观教育的灌输具有更突出的单向性、公开性和绝对性，传统学校往往将统治阶级要求的就业观念直接、单项甚至权威地灌输给受教育者，赤裸裸地要求他们做到。现代学校适应经济社会多元化发展趋势，灌输方式从公开转向隐蔽，从直白转向艺术，灌输内容和渠道也更加丰富多样。不论方式如何变化，学校就业观教育中的系统灌输是一以贯之的。

在教育规律上，学校就业观教育必然会遵循受教育者身心发展规律与就业观形成规律而循序渐进。主体身心发展与就业观形成有自身固有的规律，教育中介的系统灌输须以此为前提和基础，学校根据受教育者不同年龄阶段的不同特点，按照由浅入深、由低级到高级的发展序列，系统设计、安排和实施就业观教育。从小学、中学到大学，不同阶段的就业观教育既相对独立，又彼此联系，每一阶段都有其相应的就业观教育目标、内容、方式、方法和渠道，前一阶段是后一阶段的基础和前提，后一阶段是前一阶段的发展和延伸。离开每一阶段就业观教育任务的独立完成，学校就业观教育的总体目标就不可能实现；不注重不同教育阶段的贯通与联系，学校就业观教育就会失去发展的连续性。教育中介通过循序渐进地系统灌输，推动实现社会主流就业观与高校毕业生就业观的互动与转换。

三、教育中介作用具有多样性与灵活性

教育中介的核心任务是找准主体与客体思想观念的共鸣点、利益的交汇点，力促主客体融合，引导和帮助毕业生发现自己、发展自己，形成合理的就业观，找到属于自己的就业机会、岗位，并依此成就自己，实现自己的价值。教育中介作用的发生不是单向的、直线的，而是在与主体的互动中像万向轮一样灵活多变。

教育中介作用贯穿毕业生就业观形成发展的始终及其各个方面，而且教育越全面、彻底，主体就业观生成就越清晰、深刻。亚里士多德在《政治学》中早就提出，"一个人从小所受的教育把他往哪里引导，却能决定他后来往哪里走"①，小孩五岁前不可教以任何功课，或从事任何强迫劳动，只应安排游戏或其他娱乐，倾听故事或传奇，"所有这些都须为他们日后应该努力的事业和任务预先着想；即使是一些游戏也得妥为布置，使他们大部分的活动实际成为自由人各种事业和任务的模仿"；五至七岁时，应"旁观他人正在从事而他们将来也应从事的各种功课和工作"。②这是西方学术史上较早的关于就业教育的论述文献。亚氏虽然并未明确提出教育对个体就业观形成的作用，这些教育也不是严格意义上的学校教育，但这些做法之中蕴含有金子一样宝贵、闪耀着智慧光芒的理论萌芽。幼年游戏中的职业模仿，甚至旁观，会在人的心灵这块肥沃土地中埋下职业分工乃至职业好恶倾向的种子，在主体就业观生成的原初，教育就已经嵌入其中，随着时间推移，经受现实生活和自我意识的发酵加工，个体对就业的看法也就越发明朗、清晰，就业观这棵观念大树自然就长成了。亚氏还在《尼各马可伦理学》中提出，"一个人可以对他熟悉了的那些事物做出正确的判断，在这些事物上他是一个好的判断者。所以，对于某个题材判断得好的是在那个题材上受过特殊教育的人，在事物总体上判断得好的人是受过全面教育的人"③。对就业的判断与选择同样如此。较早的启蒙、熏陶与专业引导自然会培养个体对就业的直观感受与理性认识，面对纷繁复杂的就业问题自然能较为自如而科学地采取行动。比如，对于教师职业，每个毕业生都对教师职业有较多的了解，选择还是不选择从教，他们总能较为容易而理智地下决定。

同样的教育并不能形成一样的就业观。学校教育须完成特定的人才培养任务，具有鲜明的组织性、计划性、系统性，在教育内容、方法等具体方面表现为突出的规范性、约束性、一致性。但即便是同一个教师以同样方法教授同样的内容，一个班的学生也会形成大不一样的就业观。这可以从一个方

---

① 〔古希腊〕亚里士多德：《政治学》，吴寿彭译，商务印书馆 1965 年版，第 140 页。

② 同上注，第 408—411 页。

③ 〔古希腊〕亚里士多德，《尼各马可伦理学》，廖申白译注，商务印书馆 2003 年版，第 7 页。

面说明，学校教育对毕业生就业观形成的影响作用具有多样性、灵活性和选择性。功能主义代表人物帕森斯（T. Parsons）早就指出，学校在教育过程中发挥选择功能和社会化功能，依据成人社会的角色框架分配人力资源，让学生通过内化而具备成人社会中胜任工作的能力。[①]同样，教育中介能帮助受教育者发现和选择生成适合自己的就业观，并借此指引自己实现社会化。

　　教育中介的影响是全方位的，既可能是教育者期待的正向的积极作用，能引导和促进受教育者形成与社会主流就业观相符的就业观，也可能对主体就业观的生成产生与教育者预期相左的作用，甚至不产生作用。个中原因既可能是教育本身的问题，比如教育内容、方法没有契合受教育者就业观发展现状与需求；也可能是受教育者的因素，比如不具备接受相应教育的禀赋条件、缺乏主观能动性等。不合适的教育甚至可能扭曲主体的就业观，受教育者素质和个性越突出，扭曲程度越明显。"任何种子或胚芽如果得不到合适的养分、季节、地点，那么，它愈是强壮，离达到应有的发育成长程度就愈远"，"如果得到的是不适合的培养，那么最好的天赋就会比差的天赋所得到的结果更坏"。[②]

　　同时，我们也应看到，在就业观形成过程中，教育只是中介，并不是万能的，不是所有的河流海洋都能架桥通路，不是任何一个个体施以相应的教育就能形成一定的就业观。教育实际上并不像某些人在自己的职业中所宣称的那样，"能把灵魂里原来没有的知识灌输到灵魂里去，好像他们能把视力放进瞎子的眼睛里去似的"，他们"不是要在灵魂中创造视力，而是肯定灵魂本身有视力"。[③]具有相应潜质，再施以相应教育，个体才可能形成相应的就业观，否则就会夸大教育中介论。

---

①　T. Parsons, "The School Class as a Social System: Some of Its Functions in American Society," *Harvard Educational Review* 29(4), 1959.

②　〔古希腊〕柏拉图:《理想国》，郭斌和、张竹明译，商务印书馆 1986 年版，第 240 页。

③　同上注，第 277—278 页。

第四节　主体生成论

　　无论环境作用还是教育中介都只是影响毕业生就业观形成的外部原因，并不能从本质上、根本上解释就业观形成的动力和机制，在同样的环境同样的教育下成长起来的毕业生同样也会有不同的就业观。"事物发展的根本原因，不是在事物的外部而是在事物的内部，在于事物内部的矛盾性"，"外因是变化的条件，内因是变化的根据，外因通过内因而起作用"。[①]就业观形成的最根本的原因在毕业生主体自身。"人们是自己的观念、思想等等的生产者。"[②]环境、教育都可能对高校毕业生就业观产生影响，甚至在一定方面起决定性作用，但最后真正发生改变的是毕业生自己。

　　马克思《关于费尔巴哈的提纲》中第一句话对我们分析这一机理很有启发性："从前的一切唯物主义（包括费尔巴哈的唯物主义）的主要缺点是：对对象、现实、感性，只是从客体的或者直观的形式去理解，而不是把它们当作感性的人的活动，当作实践去理解，不是从主体方面去理解。"[③]马克思批评旧唯物主义的三个"不是"，在毕业生就业观教育方面也存在。"不是把它们当作感性的人的活动"，就业观是活生生的千差万别的毕业生个体的，它不是抽象的，也不是死板的，对就业观及其生成的认识应该从作为主体的"感性的人"的就业活动出发，看到毕业生个体的主观能动性，而不是只从直观的形式去理解，否则就是南辕北辙。"不是当作实践去理解"，而仅仅理论地、抽象地从职业、就业等对象来直观和理解毕业生的就业观，我们得到

---

① 毛泽东：《毛泽东选集》（第 1 卷），人民出版社 1991 年版，第 301—302 页。

② 中共中央马克思恩格斯列宁斯大林著作编译局编：《马克思恩格斯选集》（第 1 卷），人民出版社 1995 年版，第 72 页。

③ 同上注，第 54 页。

的只是千篇一律的职业常识或者是大一统的政治要求、政治口号，这些东西也很难进入毕业生的心灵，更不可能内生为毕业生的真正的就业观，这也必然是唯心主义立场的，因为实践才是主客体结合的唯一途径。"不是从主体方面去理解"，而是从毕业生主体之外的比如家长、教师、用人单位、国家等出发去理解毕业生的就业观，家长为毕业生挑选工作，教师埋怨毕业生就业不主动，用人单位责怪毕业生期望值高，国家不包分配但呼吁毕业生到国家最需要的地方就业，这些现象和行为很难说是从毕业生主体出发去理解其就业观的。如果能从毕业生主体出发，当下许多对毕业生就业观的批评都能得到理解，找到根源。

高校毕业生就业观的主体生成主要包括禀赋奠基、需求驱动、自愿选择、实践生成、渐变成型等环节和要素。

一、禀赋奠基

人们很早就开始关注禀赋与职业的关联性。我国有此类俗语："龙生龙，凤生凤，老鼠生儿打地洞""三岁看大，七岁看老"。意思是说，人的职业、社会地位是由父辈决定的，具有遗传性；个体早期表现潜藏着人的禀赋资质，往往影响甚至决定一生的发展与成就。在古希腊，柏拉图认为，老天铸造人的时候，在有些人身上加入了黄金，这些人因而是最可宝贵的，是统治者；在辅助者（军人）身上加入了白银；在农民以及其他技工身上加入了铁和钢；虽则父子天赋相承，有时不免金父生银子，银父生金子；建国的原则是每个人必须在国家里执行一种最适合他天性的职务。[①]亚里士多德为了论证奴隶的合法性而认为，只有体力，缺乏智力，仅能感应别人的理智的，就天然是奴隶，体格比较卑劣的人要从属于较高的人而做他的奴隶。[②]这些观点总体是不科学的，但从这些错误的认识中，我们可以看出，先哲们很早就

[①]　〔古希腊〕柏拉图:《理想国》，郭斌和、张竹明译，商务印书馆 1986 年版，第 128、154 页。

[②]　〔古希腊〕亚里士多德:《政治学》，吴寿彭译，商务印书馆 1965 年版，第 15—16 页。

已关注人的禀赋差异，从这些差异中寻求职业分工的原因，回答为什么有的人从事管理而另一些人从事体力劳动。

个体禀赋不同是其做出不同选择并取得不同发展成就的重要原因之一。就业实践以就业观为指导，就业观源自就业实践，就业观的差异同样也与个体禀赋不同有关，禀赋资质是高校毕业生就业观形成的物质基础和先天条件。一方面，就一般的哲学原理而言，社会存在决定社会意识，个体物质存在决定个体观念。个体的物质存在既包括外在的环境、教育，也包括个体的身心条件、禀赋资质。物质是本源的、第一性的，意识观念则是派生的、第二性的，来源于物质存在，有什么样的物质存在才可能有什么样的意识观念，主体的意识观念依赖于其物质存在。毕业生先天遗传和后天发展所具有的禀赋条件是其就业观生成的前提条件和物质保障。没有禀赋条件奠定基础，个体就业观生成只能是空穴来风、海市蜃楼；另一方面，就具体的生理心理禀赋而言，大量研究表明，个体的人格特质、思想观念除受后天环境、教育影响外，最先是受其生物遗传因素制约的，即便是生活在同样的环境中，接受同样的教育，不同的脑结构、神经质，既使不同个体在智力、气质等方面差异显著，也使个体价值观、信念、性格等方面区别明显。人们对同卵双生子的研究结论就是一个很好的例证。比如，埃森克（Eysenk，1985）研究指出，在同一环境中成长的同卵双生子，他们外向性的相关为 0.61，分开在不同环境下成长的同卵双生子，外向性的相关为 0.42；而异卵双生子的外向性相关为 −0.17。再如，弗洛德鲁斯等人（Floderus et al.，1980）研究 1.2 万名双生子后得出，在外向性、神经质方面，同卵双生子的相关系数为 +0.50，而异卵双生子只有 +0.21 和 +0.23。[①] 同卵双生子具有相同的基因，他们在外向性和神经质方面的相关性显著高于异卵双生子，这表明禀赋遗传因素在个体人格观念的形成中具有重要作用。作为思想观念之一种，毕业生的就业观受其禀赋资质的影响，个体禀赋为其就业观的生成奠基。同时，我

---

① 彭聃龄主编：《普通心理学》（修订版），北京师范大学出版社 2004 年版，第 462 页。

们也应看到，禀赋资质为毕业生就业观的生成提供土壤，但不等于个体就业观是由禀赋资质因素决定的，遗传说、血统论是片面的。毕业生既是一个生物个体，更是一个社会个体，其就业观是禀赋、环境、教育和主体实践综合作用的产物。

二、需求驱动

需求是由需要而产生的要求，而需要是对事物的欲望或要求，前者更强调指称主体的心理活动本身，后者侧重描述在这一心理活动中主体对客体的态度，两者在使用中大同小异，经常互换使用。

需求是毕业生就业观形成的基本前提和内在动因。"需要是有机体内部的一种不平衡状态，它表现在有机体对内部环境或外部生活条件的一种稳定的要求，并成为有机体活动的源泉。"[①] 人的需求本质上是一种社会需求，随着实践发展而不断变化，有着无限的丰富性和明确的指向性，个体因为需要而采取行动，因为行动本身或结果而满足自身生存、发展、成就等主体需求。个体的许多需求需要通过就业来满足，就业本身也是个体的重大需求，甚至是"第一需要"。有不同需求才可能形成不同就业观，没有需求的个体（几乎不存在）不可能思考就业问题，更不可能形成就业观，需求为个体就业观形成创造心理前提，个体就业观系统是建立在需求系统的基础之上的。需求有两种表现形式，一是潜在的、可塑的天赋需求；二是对象性需求，即具有对象性的在活动中实现出来的作为一种内部力量的需求，这种需求就是动机，它既在活动中获得对象性，又是活动的内部激励和引导力量，还通过活动实现出来。动机就是发现了对象的需求，或者叫作对象性的需求。我们可以通过任务选择、努力程度、对活动的坚持性和言语表达等外部行为来间接地推断和了解动机这种内部心理过程，个体的任务选择可以彰显其行为动机的方向、对象或目标，努力程度和坚持性可以彰显其动机强度的大小。由

① 彭聃龄主编：《普通心理学》（修订版），北京师范大学出版社 2004 年版，第 327 页。

此，我们可以看出，需求驱动主体生成就业观，其核心环节是动机直接驱动主体不断学习、实践，不断增强对自我和职业世界的认识，积累情意体验，明确内在的就业价值判断，逐渐生成自己的就业观。

需求是毕业生主体生成就业观的内在目标导向。需求不仅是人们之间相互联系的纽带，也是个体选择与放弃的价值尺度。"所有的东西都必须由某一种东西来衡量。这种东西其实就是需要。"[①]主体不同，需求不同，就业观自然也不同。在求职就业过程中，看重什么，不看重什么，选择什么，放弃什么，毕业生抉择的标准是其内在的需求。在就业观形成过程中，关注什么，不关注什么，体验什么，漠视什么，毕业生抉择的标准依然是其内在的需求。需求仿佛是一条红线，贯穿毕业生就业观形成的始终，环境、文化、教育都可能变化，具体需求的内容也不停变动，但这个目标导向的原则不变。主体处于不同阶段必定有不同的需求，在不同需求的引导下，主体不断生成和调整能与当下需求相适配的关于就业的内在心理倾向，这种心理倾向始终根据变化了的需求而不断变化。当然，这种变化之中也有不变，那就是主体逐渐稳定下来的就业观。

需求的复杂性、层次性、社会历史性影响甚至决定着毕业生主体就业观的复杂性、层次性、社会历史性。亚伯拉罕·马斯洛（Abraham H. Maslow）认为，需要是有层次的，生理需要强于安全需要，安全需要强于社交的需要，社交的需要强于自尊的需要，自尊的需要又强于自我实现的需要，由低向高呈金字塔形排列。"与食物、安全相比，尊重是一种非必需的奢侈品"，高级需要与低级需要具有不同特性，但"都必须属于基本、天定的人的本性，它们不会异于或违背人性，它们是人性的一部分"。[②]与需要的层次性相对应，主体的就业观也具有层级性。不同主体不会以相同的强度或欲望应对

---

① 〔古希腊〕亚里士多德：《尼各马可伦理学》，廖申白译注，商务印书馆 2003 年版，第144 页。

② 〔美〕亚伯拉罕·马斯洛：《动机与人格》（第三版），许金声等译，中国人民大学出版社2007 年版，第 71—72 页。

每个需要，不同主体对不同层次需要的追求与满足感不同，自然有不同的就业选择，从最基本的基于生理需要的生物定向向更复杂的基于自我实现需要的社会导向的逐级递升，形成相应的不同层级的就业观。（见图6.1）处于较低层级的内在的与生理需要相对应的就业观，更加注重追求就业的工资、福利、工作安全性、社会保障等物质条件，当个体企图使自己有饭吃、有住所的时候，一般是不会愿意去发展或寻找一份能发挥个人才能的工作，他会更倾向于找一份能立即挣到钱的任何工作，同样道理，家庭困难的毕业生把稳定与待遇看得更重，当衣食有忧时，就业观中的核心价值追求往往黯然失色；同样处于较低层级的内在的与安全需要相对应的就业观，更加注重单位政策、工作条件和环境、工作稳定性，现实中，单亲家庭子女毕业生往往更注重安全就业、稳定就业；而处于较高层级的外在的与社交需要相对应的就业观，则注重组织文化、人际关系、社会美誉度；处于第四层级的与自尊需要相对应的就业观，注重人职匹配、独立自主、专业对口、符合兴趣、能发挥能力以及升迁机会；处于最高层级的与自我实现需要相对应的就业观，则强调工作富有挑战性、能挖掘和实现自身潜力、成就感。

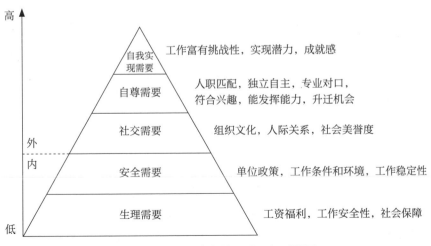

图 6.1　需要层次与就业观层级对照图

优势需求主导毕业生就业观生成。个体不同层次种类的需求可能同时并存，但其中有一种需求占优势地位，显得尤为强烈、迫切、持久，在毕业生就业观形成过程中，这种需求往往占支配地位，起主导作用。什么样的需求可能成为主体的优势需求，既取决于需求客体，也取决于需求主体；同一客体既可能成为主体的优势需求，也可能不成为优势需求，这主要依赖于主体对客体的需求及其强度。比如，同样是家庭经济困难毕业生，在求职就业时，大部分追求待遇高、比较稳定的工作，而那些目光远大、理想坚定的毕业生却选择富有挑战性、具有发展前景的工作，宁愿牺牲近期的利益，接受更多的磨砺锻炼。这主要源自他们心中不同的优势需求，后者追求更高层次的自我实现。因此，我们可以通过引导毕业生选择有价值的优势需求来引导其树立科学就业观。

三、自愿选择

选择的前提是自愿，自愿的前提是自我意识的觉醒。自我意识是就业观生成的主观条件。自我意识是毕业生的主体意识，涉及毕业生的定位、行为、能力、使命等方面的自我认识，相应回答我是谁、我在做什么、我能做什么、我应该做什么等问题。毕业生通过自我意识把握自己的主体存在，把自己同客观对象区别开来，并形成自己的意愿，形成自己评价客观对象的尺度与标准，从而为选择提供动因、创造条件。毕业生就业观的生成离不开自我意识的引导。

主体生成就意味着做选择，以选择为条件。选择对就业观的生成至关重要。主体生成的过程就是主体不断选择不断放弃的过程。主体生成就业观的可能性千万种，但最后只会形成一种相对稳定的就业观。选择意味着对主体而言是最好的最合适的。就业观生成中的选择必然是自愿的，出于意愿。只有愿意并在我们能力范围之内，我们才可能选择。外力胁迫、违反意愿显然不能真正被选择而生成就业观，当然这里需要排除影响主体做出自愿选择的外在压力，这种压力是客观存在的，比如因为惧怕某种更大的危害，或者为了某种远大的目标。但如果外力一旦转化为主体内在的意愿，就不再是外在胁迫。因为选择的始因在他自身之中，选择与不选择就在于他自己，所以这些选择是出于自身意愿的，外力只是他做选择的环境。如果主体面对外力仍然选择牺牲当下的利益与愉悦，致力于未来正义而伟大的目标，如此形成的就业观将受到称赞，相反则受到谴责，尤其那些只出于微小的目的而付出沉痛的代价甚至承受巨大耻辱的就业观必将饱受诟病。人们经常埋怨外在的环境，却不太责怪自己太容易被环境所俘虏，甚至常常把成功的原因归于自己，把失败的原因归于他人或环境。

选择预含着一个对主体而言好的目的，主体因有这个目的才要做出选择。这个目的实际就是主体的需求。这需求是主体自身的，不是别人的，外在的影响因素转化为内在需求，由此影响主体就业观的生成。选择意味着在不能满足需求与能够满足需求，或者满足当下短期需求与满足未来人生总体需求之间做出决定。决定常常是困难的，究竟应该选择什么、牺牲什么、忍受什么，对于每位毕业生来说确实很难。因为首先，当下的需求更明确更迫切，未来的总体需求可能模糊而遥远，当下需求如果总体有害就要放弃，但这种判断往往很困难。需要尤其是高级需要并不是一目了然的，"能够辨清自己的需要（即知道自己真正想要什么），是一个重要的心理成就，对于高级需要更是如此"①。其次，即使我们知道了正确的选择是什么，但要下定决心做出选择也是困难的，因为这可能要失去当下的利益与愉悦，而未来仍然还有不确定性。此外，许多人对人生总体需求缺乏认识与考虑。由此，我们也可以看出，选择包含技艺，这也为就业指导教育预留了空间。

有的主体把错误的即在总体上有害的目的与需求当作好的，他出于意愿地选择错误，并且认为自己在做正确的事；另一种人知晓什么是正确的却没有能够坚持正确的选择。如果做出了错误选择，主体会形成并不适合自己的

---

① 〔美〕亚伯拉罕·马斯洛:《动机与人格》(第三版)，许金声等译，中国人民大学出版社2007年版，第73页。

就业观，无法达成自己的就业目标与人生目的。有两种原因可能导致发生错误的选择。其一，出于错误的、有害的目的与需求，或者该目的与需求只是显得是好的，但是总体上是有害的；其二，目的与需求是好的，路径与手段却是错误的，或者由于没有坚持一个正确的选择而妨害目的的实现。

四、实践生成

辩证唯物论的认识论认为，人的思想认识来源于社会实践，一点也不能离开社会实践，离开社会实践的思想认识是不可能的，只有社会实践才能发现、证实和发展人的思想认识。作为思想认识的有机组成部分，毕业生的就业观也只能在实践中生成和发展，就业观不可能独立于就业实践而自动生成。就业观与就业对象的一致，统一在就业实践之中。"思想、观念、意识的生产最初是直接与人们的物质活动，与人们的物质交往，与现实生活的语言交织在一起的。人们的想象、思维、精神交往在这里还是人们物质行动的直接产物"，"意识在任何时候都只能是被意识到了的存在，而人们的存在就是他们的现实生活过程"。① 人的思想观念是社会实践的产物，始终与社会实践交织在一起。只要稍加考察，我们就会发现，就业观从萌生、调节到成型，每一阶段都是与主体的就业实践密不可分的，是毕业生就业相关实践的产物。毕业生通过学习、了解，在相关实践过程中萌生就业观的嫩芽，逐步形成自己就业观的雏形，时间的画笔不断丰富雏形的线条和色彩，使之日趋成熟与丰满。毕业生要判断自己就业观是否科学合理，唯有步入就业市场，真正进行求职就业实践，才能找到答案，实践将为他提供一个针对他个人的判断标准，这就是实践的反馈与调节机制。毕业生就业观正确与否，决不能依毕业生的主观感受而定，不能以某一位就业指导老师的看法或某一纯粹主观的思想、理论为判断标准，当然也不能以某一知名跨国公司的人力资源经

---

① 中共中央马克思恩格斯列宁斯大林著作编译局编：《马克思恩格斯选集》（第 1 卷），人民出版社 1995 年版，第 72—73 页。

理的宣讲与要求为依据，甚至专项课题的大型调研统计结果也只能提供参考，唯有通过就业实践才能找到科学答案。比如，对薪资的期待，社会舆论提供的信息使毕业生期望值普遍偏高，学校引导他要降低期望，但他自己为求学投入巨大，现在生活成本又高，国家发布的农民工平均工资似乎还高于社会提供的高校毕业生的薪资水平。综合这些，毕业生会形成自己的期望薪资范围。这个标准范围是否合理呢？任何人（包括他自己）的理论思辨都不能给他提供一个标准答案，唯有他参与求职，不断与用人单位沟通，如果用人单位能提供的薪资待遇在他的期望范围之内，那么他的就业目标观中的薪资待遇观就是合理的，否则就应调整，他也必然会自觉（尽管可能是不情愿地）调整。"人的思维是否具有客观的真理性，这不是一个理论的问题，而是一个实践的问题。人应该在实践中证明自己思维的真理性，即自己思维的现实性和力量，自己思维的此岸性。"①正确就业观是毕业生就业市场和自身条件的正确反映，而联系两者的桥梁是求职就业实践，只有就业实践才能把就业观直接现实化。求职就业实践是高校毕业生从就业理想的彼岸抵达就业现实的此岸的唯一通道。毛泽东也曾说："你要知道梨子的滋味，你就得变革梨子，亲口吃一吃。"②作为新生劳动力，毕业生要知道自己就业观是否合理，就得深入就业市场，亲自闯一闯。

五、渐变成型

主体就业观生成是外部环境制约和内部自我转化有机结合的复杂的渐变成型的辩证统一过程，主要经由接触、评估、调适、观念化等四个环节。就业观不是天上掉下来的，也不是毕业生主观臆造的，它是社会环境影响的结果，所以接触是就业观生成的第一步。接触有两种状态，一是无意接触；二

---

① 中共中央马克思恩格斯列宁斯大林著作编译局编:《马克思恩格斯选集》(第1卷)，人民出版社1995年版，第55页。

② 毛泽东:《毛泽东选集》(第1卷)，人民出版社1991年版，第287页。

是有意接触。学习生活中，身边的环境包括实践体验、与人交流、学习娱乐等，总能不停地向毕业生呈现各类与就业相关的信息，毕业生总能在无意中接触到大量的与就业相关的事实、观念，这是就业观生成的最初环节。由于外因引导与提醒、内部需要与偏好，毕业生在觉察到某一现象、观念后，可能开始愿意有选择地留心某一现象、观点，这便进入有意接触环节。无意接触更多的是感性认识，有意接触就更多地进入理性认识，依托概念、判断、推理对就业进行深入、本质的把握。就实质而言，接触是知，是对就业观有关事实和观念的了解与认识。这个认识本身也是一个逐步深化、渐变发展的过程，通过接触，毕业生不断地了解和把握就业的现象、就业的性质、就业的规律。认识是行为和观念的先导，没有正确的认识，就难以产生正确的就业观念；认识越正确、全面、深刻，就越有助于科学就业观的生成。因此，接触是就业观生成的基础和前提。

接触仅能为主体生成就业观提供原材料（有意接触是对原材料的初次筛选），评估才是加工原材料的第一步。评估是主体对所接触到的有关就业的事实与观念的主观评价与价值判断，从借助的渠道来讲，评估可分为内部评估和外部评估。主体以自身需要和兴趣爱好为标准，首先对接触的原材料进行评估，形成一种判断和看法；主体将内部评估结论求校于外部客体，如果被实践所证实，被他人、被社会所认可，他的内部评价结论就会得到肯定和强化；如果被实践所证伪，被他人、被社会所否定，主体必然将重新启动内部评估；一般而言，内部评估与外部评估趋于协调统一，评估才会告一段落，如果内部评估没有得到外部回应，除非主体有特别强烈的内在需要和偏好，否则，主体会选择放下和等待。就实质而言，评估会产生一种是非爱憎好恶的情感和态度。凡是评判为是、爱、好的东西，主体就会选择，相反，如果是非、憎、恶的东西，主体就会放弃或消极对待。因此，由评估而来的情感对就业观的生成和实践具有催化剂的作用。

评估为调适提出了需求。内外评估完全一致的情况是极其少见的，绝大多数情况是肯定一方面否定另一方面，调适就是不断调整改变主体内部的评估意见、需求、偏好等，从而找到主观与客观、内部与外部的平衡点、契合点。尤其是来自求职就业实践的外部评估对主体就业观调适具有决定性、颠覆性作用。毕业生如果按照已有的就业观在求职就业过程中获得了成功，这种就业观自然就会得到巩固；反之，就会遭到自我质疑、自我反思，调适甚至是革命性的。"人们要想得到工作的胜利即得到预想的结果，一定要使自己的思想合于客观外界的规律性，如果不合，就会在实践中失败。人们经过失败之后，也就从失败取得教训，改正自己的思想使之适合于外界的规律性，人们就能变失败为胜利，所谓'失败者成功之母''吃一堑长一智'，就是这个道理。"[①]就业观就是在由不合向合于就业客观规律的过程中逐渐生成、调适、发展和成熟的。调适在本质上讲是主体的意志在发挥作用，主体凭借意志克服困难和排除障碍，自觉放弃部分需要和偏好。坚强的意志会引导和帮助主体放弃低层次的生理需求与愉悦，放弃眼前利益，着眼长远，把自己的就业观念引向社会期待的目标。因此，意志对毕业生就业观的生成具有重要的杠杆作用，可四两拨千斤。

观念化是对接触、评估、调适三阶段成果的抽象概括与综合提升，形成就业观念，并以此为基础再次提升为对就业的根本看法，形成就业观。观念化伴随着信念，主体一旦形成就业观，就必然对一定的就业原则和规范产生真诚信仰。信念是"知情意"有机统一的产物，它使就业观具有综合性、稳定性和持久性等特点。

如果把毕业生的一个一个的就业观念看作个别，那相对稳定成型的就业观就是一般。个别和一般，既统一又对立，还相互转化。毕业生单个的就业观念构成其整体的就业观，整体的就业观只能通过单个的就业观念而存在和体现出来；整体的就业观只是大致地包括单个的就业观念，单个的就业观念并不能完全地包括在整体的就业观之中；借助一定条件，单个的就业观念转化为整体的就业观，个别即可获得相对稳定的形态，整体的就业观也可转化

---

① 毛泽东：《毛泽东选集》（第 1 卷），人民出版社 1991 年版，第 284 页。

为单个的就业观念，一般随即瓦解而失去稳定的形态。毕业生的就业观就是在这一不断转化的过程中生成、发展、丰富、稳定、调整，由于就业内部矛盾以及对其认识的纷繁复杂性，这一过程将永不结束，除非人类和个体的思维功能终止。稳定成型是相对的，渐变转化是绝对的，两者共生而成就毕业生个体特有的就业观。

第五节　就业观形成机理之间的关系辨析

环境作用论、教育中介论、主体生成论三者是一个相辅相成、既相互联系又相对独立的有机整体，它们共同回答了高校毕业生就业观是怎么形成的这一重要命题。在现实世界中，它们始终是同时存在、同时发生作用的，我们最多只能在研究中、在观念中而不能在现实中把它们互相分开。环境作用论主要陈述政治、经济、社会、舆论、家庭等外部条件与因素对毕业生就业观的影响与作用；教育中介论侧重阐述学校教育如何通过系统灌输等渠道和手段落实统治阶级意识形态对毕业生就业观的主导与调控，把社会主流就业观转化为毕业生个体就业观；主体生成论着重描述毕业生就业观在主体自身如何从禀赋奠基到需求驱动、自愿选择，再实践生成、渐变成型。三者的划分是相对的，不可能泾渭分明地指出毕业生的某一就业观念是环境作用的结果，而另一就业观念是教育中介的作用，或由主体生成，因为现实世界告诉我们，毕业生就业观的形成是主客、内外、古今、中外等各类因素综合作用的结果。

下面我们重点从辩证哲学的角度来辨析毕业生就业观的形成及其形成机理之间的关系。

就实质而言，高校毕业生就业观形成是一个辩证运动过程。"两个相互矛盾方面的共存、斗争以及融合成一个新范畴，就是辩证运动。谁要给自己提出消除坏的方面的问题，就是立即切断了辩证运动。"①马克思精妙地概括了辩证法的实质：肯定与否定的共存、肯定与否定的斗争、肯定与否定融合成一个新的范畴（否定之否定），三者缺一不可。高校毕业生主体生成自己的就业观也是这样一个矛盾共存、斗争与融合的过程。毕业生主体毕竟是一个自由的存在者，自由意志与自我强制、理性与欲望之间的较量，内在观念评价、判断、选择，循环往复，就业观在这一辩证运动中不断地从肯定与生成、否定与消解，到否定之否定而再生成。

从辩证唯物论的角度，作为社会存在的环境、教育对作为社会意识的毕业生就业观具有决定作用，一定的环境、教育必然会产生相应的就业观，一定的就业观一般也只能在相应的环境、教育之作用下才能产生出来。在新中国成立之初的计划经济年代，高校毕业生一般是很难形成自主择业、自主创业、自谋职业的就业观的，因为当时还没有产生这种就业观的经济、政治和社会制度环境，也没有这样的教育，即使毕业生在成长过程中有过这样的念头、想法，但它们很难被发展为成型、成熟的观念。无论从宏观的、历史的高校毕业生群体就业观演变，还是从个体毕业生就业观形成发展来看，这个规律都是存在的、有效的，不承认这一点，我们就会违反马克思主义而陷入唯心论的泥沼。当然，我们并不因此而否认毕业生主体在其就业观形成过程中的主观能动性。

从唯物辩证法的角度来看，环境、教育又只是毕业生就业观形成之外部的原因、第二位的原因，这种原因只涉及主体就业观与环境、教育这些外在客观对象的互相联系、互相影响，只是毕业生就业观形成发展的外在条件，并不能从本质上、根本上解释就业观形成的动力和机制，就如使树苗长成大树的阳光雨露、使鸡蛋孵化为小鸡的温度，让牛顿产生力学思想的从树上掉下来的苹果。决定性地影响毕业生就业观形成的是其先天禀赋和后天就业实践

---

① 中共中央马克思恩格斯列宁斯大林著作编译局编：《马克思恩格斯选集》（第 1 卷），人民出版社 1995 年版，第 144 页。

等内在的条件，在同样的环境、同样的教育下成长起来的毕业生会有不同的就业观。阳光雨露不能让豆芽长成大树，温度不能让鸭蛋孵出小鸡，树上的苹果全落下来也不能让张三萌生牛顿力学思想。环境、教育对于毕业生就业观的形成就如阳光雨露、温度、树上掉下来的苹果一样只是外在原因、外部条件，它们不能起决定作用，起决定作用的是像树苗、鸡蛋、牛顿这些因素一样的毕业生的内在素质、实践经验等内在原因。再比如，市场经济强调竞争、效益、交换，在这一同样的市场经济环境下，有的毕业生希望通过自身努力、公平竞争以实现就业目标和人生价值，而有些毕业生则为达目的不择手段，甚至为了就业不惜权钱交易、权色交易，欺骗、诋毁、虚夸，等等，唯恐不用其极。很明显，个中缘由不是环境外因，而是毕业生个体的内因，特别是其世界观、人生观、价值观的差异。

为什么环境、教育既是决定性因素又不是决定性的？要回答这个问题，就得运用唯物辩证法的对立统一规律即矛盾法则，辩证对待矛盾及其方面的主要和非主要的区别以及它们的互相转化。放在历史过程中来说，在作为社会存在的环境和教育与毕业生就业观这一矛盾中，前者是主要的方面，具有决定性作用，毕业生的就业观离不开他所处的环境，是由环境和教育所决定的；就毕业生主体的就业观生成而言，环境和教育与毕业生主体这一矛盾中，前者不具有决定性作用，后者才是第一位的、决定性的，毕业生在环境和教育面前，绝不是消极被动的，他能够通过自己的就业实践和主观能动性改变环境、改造自身，能够充分发挥自己的主观能动性，创造适合自身就业和发展的经济、政治、文化环境，毕业生在既定的环境条件下，是可以大有作为的。

"关于环境和教育起改变作用的唯物主义学说忘记了：环境是由人来改变的，而教育者本人一定是受教育的。因此，这种学说一定把社会分成两部分，其中一部分凌驾于社会之上。环境的改变和人的活动或自我改变的一致，只能被看作是并合理地理解为革命的实践。"①从宏观上来说，社会存在决定社会意识，毕业生的本质是其一切社会关系的总和，毕业生的就业观是由当时的社会生产力及其社会关系决定的，每一时代都有每一时代的就业观，这也是环境作用论的要义所在。但就个体而言，每一位毕业生的就业观是有差异的，即便所有的外在环境都是一样的。在社会意识被社会存在决定的同时，必然会反作用于社会存在；毕业生在被环境和教育改变的同时，必然会改变环境和教育。这两对矛盾的循环运动是同时进行的，忽视和否定任何一方面都与事实相背离，"革命的实践"使"环境的改变"和"人的活动或自我改变"相统一。毕业生主体在求职就业实践中不断认识和接受改变中的就业环境与改变中的自我，寻求环境与自我的结合点，使环境与自我具有一致性，从而生成既适应环境又适合自我的科学的就业观。这就是主体生成论的要点所在。

如何理解社会存在与主体内因都具有决定性？社会存在的决定性是相对于社会意识而言的，主体内因的决定性是相对于外因而言的，两个决定性之间并无矛盾冲突。因为社会存在决定社会意识，所以包括学校教育在内的社会环境对毕业生就业观的形成发展具有决定性的作用，环境作用论、教育中介论是我们研究高校毕业生就业观首先应该说明的形成机理，否则我们无法解释包分配制度与双向选择制度下毕业生就业观的巨大差别。因为内因具有决定作用，所以毕业生主体是自我就业观的创造者与决定者，我们应翔实考察主体生成论，弄清楚毕业生个体是如何生成自己的就业观的，把握毕业生就业观个体差异的内在原因，切实发挥思想政治教育与就业指导教育在引导毕业生树立科学就业观方面的重要作用，把适应社会发展和青年毕业生成长成才要求的就业观念内化为毕业生的思想观念和行为习惯。

---

① 中共中央马克思恩格斯列宁斯大林著作编译局编：《马克思恩格斯选集》（第 1 卷），人民出版社 1995 年版，第 55 页。

第七章　高校毕业生就业观引导策略

毛泽东曾指出，"我们不但要提出问题，而且要解决完成任务的方法问题。我们的任务是过河，但是没有桥或没有船就不能过。不解决桥或船的问题，过河就是一句空话。不解决方法问题，任务也只是瞎说一顿"①。就教育系统而言，解决高校毕业生就业问题的"桥"就是提高人才培养质量，毕业生能力素质强自然就容易受到用人单位的青睐；"船"就是引导学生的就业观念，观念理性了、科学了，他自己总会主动找到合适的工作或创造更多的就业岗位。毕业生就业观的形成受到环境、教育及自身禀赋、实践等诸因素的影响，本章综合前面几章研究结论，主要从宏观、中观、微观三个层面，分别提出引导高校毕业生树立科学就业观的指导思想与基本原则、价值和文化引领的内在理路、具体实施路径等。

第一节　高校毕业生科学就业观应坚持的指导思想与基本原则

什么样的就业观是积极的、合理的、可取的、科学的？有没有好的就业观的统一标准或评判依据？什么样的就业观是高校应该着力去引导和改变的？这是就业观评价需要解决的问题，也是就业指导教育有效开展的基础和前提，更是助推毕业生顺利及时满意就业的重要抓手。吴向东教授认为，进行科学评价，应合理把握评价的个体标准和社会标准，正确处理评价的历史

---

① 毛泽东：《毛泽东选集》（第 1 卷），人民出版社 1991 年版，第 139 页。

标准和道德标准，科学对待评价的动机论和效果论。[①] 评价高校毕业生就业观，也应坚持六者的辩证统一。毕业生就业观既应符合毕业生个人的正当需要及其身心特点，也应符合社会的需要，反映社会发展规律、符合社会发展趋势、推动社会发展进步；既应符合当今社会的道德规范，促进社会的公平正义，又应符合历史发展的现状与趋势；既应透过就业结果来看就业动机，也应联系就业动机来评价就业结果，把两者有机结合起来。科学就业观是指求职者以正确认识个人与社会关系为前提，在客观评价自我、理性认识就业环境的基础上，指导求职者职业发展，并最终实现自身需要与社会发展相适应的就业观念。具体而言，高校毕业生科学就业观的基础是正确认识自我、就业环境以及两者之间的关系；关键是能指导自我顺利求职就业，能择世所需、择己所长、择己所爱，并能不断获得职业发展；外在表现与保障是能与中国特色社会主义制度、中华传统文化、市场经济发展规律、国家法律法规及就业制度等相统一。高校毕业生树立科学就业观应坚持一定的指导思想与基本原则。

一、高校毕业生科学就业观应坚持的指导思想

康德在《道德形而上学的奠基》和三大批判中提出并阐述了其道德律的定言命令式。定言命令式只有一个，即"要只按照你同时能够愿意它成为一个普通法则的那个准则去行动"[②]。但它有不同的表达式，除了前面的标准表达式，还有著名的人性表达式，即"你要如此行动，即无论是你的人格中的人性，还是其他任何一个人的人格中的人性，你在任何时候都同时当作目的，绝不仅仅当作手段来使用"[③]。为了帮助读者理解定言命令式，康德列举了四类义务。一是对自己的完全（"完全"可理解为"不容许为了偏好的利

---

① 吴向东：《如何进行科学评价》，《求是》2014 年第 9 期。

② 〔德〕康德：《康德著作全集》（第 4 卷），李秋零主编，中国人民大学出版社 2005 年版，第 428 页。

③ 同上注，第 437 页。

益而有例外"）的义务：不自杀；二是对他人的完全的义务：不做虚假承诺；三是对自己的不完全的义务：不荒废自己的自然禀赋；四是对他人的不完全的义务：不漠视他人的辛苦。这四类义务都符合定言命令式，是每一个理性存在者都应该遵守的。这对于我们确定高校毕业生科学就业观的指导思想具有启发意义。就业是一项重大的社会活动，要协调所有或相关社会成员和谐共处，就应明确共同的规范引导大家彼此遵守。高校毕业生是社会人力资源金字塔的中上层，引导他们建立和遵守共同的就业规范，对于全社会具有引领和示范作用。因此，明确高校毕业生科学就业观的指导思想，具有重要的社会现实意义和未来发展价值。借鉴康德的定言命令式，我们将高校毕业生科学就业观应坚持的指导思想明确为三条。

首先，应热爱并能发挥自己的才能。每个人都有自己的自然禀赋并乐意发展这种禀赋。当处于舒适的状态下，他宁可沉溺于享乐，也不愿努力去改进自己幸运的自然禀赋，即便这样，他不可能愿意这成为一个普遍的自然法则，让每个人都像他一样不求上进。"作为一个理性存在者，他必然愿意自己里面的所有能力都得到发展，因为它们毕竟是为了各种各样的意图而对他有用，并被赋予他的。"[①]就人格中的人性是目的而言，康德进一步指出："在人性中有达到更大的完善性的禀赋，这些禀赋就我们主体中的人性而言属于自然的目的；忽视这些禀赋，也许会与作为目的自身的人性的保存相容，但不能与这一目的的促进相容。"[②]自我完善是人的自然禀赋，不管是出于消极的保存，还是出于积极的促进，我们都应该发挥自己的这一禀赋。康德认为，发挥才能应该是一条可以当作普遍法则的行动准则，每一个人都应遵守执行。高校毕业生经过十年寒窗苦读，不仅仅有良好的自然禀赋，而且通过后天的个人努力与良好教育已经积累了大量的人力资本，无论是知识储备还

---

① 〔德〕康德：《康德著作全集》（第4卷），李秋零主编，中国人民大学出版社2005年版，第431页。

② 同上注，第438页。

是学习能力，都应高于其他同龄人。发挥自己的才能是高校毕业生就业的自
然出发点，高校毕业生科学就业观应坚持这一首要的指导思想。具体而言，
每个人的自然禀赋不同，后天所学所长也不同，高等教育还有学科专业的区
别，在当今社会大变革大转型的时代背景下，高校毕业生应客观、全面认识
自己的先天禀赋和后天所学，多维理解岗位平台的功能，通过科学决策而做
出正确选择，找一个适合并能够发挥所学所长的工作舞台，从而实现学以致
用，并能统筹处理好多用少用、现在用将来用、无用乃大用等辩证关系。

其次，应促进人类的幸福。对于别人的辛苦，人们可能视而不见，"没
有兴趣对他的福祉或者对在困境中赞助他有所贡献"，但我们不会愿意这一
原则变成具有普遍效力的法则，否则，"他需要别人的爱和同情，而由于这
样一个出自他自己的意志的自然法则，他会剥夺自己得到他所期望的协助的
一切希望"。[1]每个人都不去帮助他人，我们又怎么可能得到别人的帮助？在
这样的法则面前，期望的结果只能是失望。更多的人可能愿意别人在他需要
的时候帮助他，他并不愿意更多地帮助别人。但这与康德强调的"要只按照
你同时能够愿意它成为一个普通法则的那个准则去行动"的定言命令式相违
背。就人性表达式而言，别人的目的也应该是我的目的，别人的幸福也应
该是我的幸福，只有这样，我的和别人的人格中的人性才能同时积极地成为
目的。"一切人所怀有的自然目的就是他们自己的幸福……如果每一个人也
并不尽自己所能去力图促进他人的目的，则这毕竟只是与作为目的自身的
人性的一种消极的而非积极的一致。因为如果那个表象要在我这里产生全
部影响，则作为目的自身的主体，其目的就必须也尽可能地是我的目的。"[2]
康德认为，要履行对他人的可嘉义务，就应把别人的幸福当成自己的幸福和
目的。"这种幸福（我自身的幸福——引者加），如果我将它赋予每个人（如

[1]〔德〕康德:《康德著作全集》（第4卷），李秋零主编，中国人民大学出版社2005年版，第431页。
[2] 同上注，第438页。

我事实上终归可以在有限的存在者那里做的那样），那么它就只有当我把别人的幸福也一起包括在它里面时，才能成为一个客观的实践法则。"①自身幸福的原则不可能成为一条普遍法则，只有把自身幸福扩展到别人幸福，责任的概念才可能产生出来。人人互助，这是理想的人类社会，是值得我们努力追求的人类理想。把他人乃至全人类的幸福纳入高校毕业生科学就业观的指导思想，既是对高校毕业生作为青年当中的优秀分子的肯定，也是高校毕业生自身就业乃至人生发展的必然要求。就业是一种社会性活动，离开就业的对象客体及与之相关的社会关系，高校毕业生及时顺利就业只会是无源之水、无本之木，把包括对象的目的在内的所有他人的目的同时放进自己目的的考虑范围，毕业生的就业就有了坚实的基础。现实生活中，反面的案例并不少见，部分高校毕业生对求职的目标单位知之甚少，只关心就业单位能为自己提供多好的条件、多大的晋升空间和多高的福利待遇，而对自己能为单位创造多少财富价值、解决哪些具体问题、带去什么社会资源与人才资源并无深入思考，在求职面试的过程中不能较好地换位思考和回答考官问题，更多的只是自说自话、一厢情愿。如果你只把单位作为谋职发展的手段来利用，而不同时把单位当作目的来服务，单位及其面试官也会同样这么对待你；唯有你同时考虑和追求自己与单位的目的，单位才会把你的目的和单位的目的结合起来，把你的发展和单位的发展联系起来，人职匹配才可能顺利而科学地进行。高校毕业生科学就业观坚持促进人类幸福这一原则并不是唱高调，也不是脱离个体发展需要的幻想。恰恰相反，康德正是从有利于个体的角度出发提出促进他人幸福这一道德要求的。而把他人幸福上升为人类幸福，更有利于坚守正确的方向，因为是非不明的人可能把非正义的反人类的"他人"的目的和幸福当成自己的目的和幸福，无意中把自己推向人类的对立面。促进正义的他人的幸福就是促进人类的幸福，这一指导思想还能警示

---

① 〔德〕康德：《实践理性批判》，邓晓芒译，杨祖陶校，人民出版社 2003 年版，第 45—46 页。

我们，高校毕业生就业应坚守正道。促进人类幸福并不是遥不可及，就业过程中尽职尽责，促进工作对象幸福就是促进人类幸福，在这样的工作当中我们自己也会感到幸福，因为我实现了自己，创造了自己。

促进人类的幸福就是要走正道，养正气。在这方面儒家经典有系统的阐述。《周易》认为，"天行健，君子以自强不息"[①]，天道刚健，我们应发奋图强，自强不息。《论语》主张要"行不由径"，不能为图方便快捷而走捷径，朱熹解"不由径"为"动必以正，而无见小欲速之意可知"。[②]《孟子》提倡要养"浩然之气"。何谓浩然之气？孟子曰："难言也。其为气也，至大至刚，以直养而无害，则塞于天地之间……必有事焉而勿正，心勿忘，勿助长也。"[③]浩然之气很难言说，是最强大最刚健的，与道义相配，系集义积善所生，非偶尔义气为之，没有它，我们就可能疲弱疑惧、难有作为，只要我们用正直来培养而不加伤害，浩然之气就会充塞天地间。孟子强调，凡事不能期望过高（勿正，朱熹解此"正"为"预期"），平时言行就应合乎道义（勿忘），且应把握节度不可刻意求速（勿助长）。孟子"三勿"对于当代高校毕业生树立科学就业观具有极其深刻的启示意义和极强的现实针对性。高校毕业生求职期望值居高不下，几成业界共识。毕业生为完成大学学业投入了大量财力、人力和精力，期望有较好的回报，这也是人之常情。但我们不能因此而只往上往远处看，更应看看眼前和现实，预期应实事求是、适时调整，否则就会变成失望。较多毕业生在求职时对社会资本比较看重，寄希望通过关系后门找到好工作，乐于剑走偏锋，往往忽略自我就业能力的提高以及充分的就业准备，结果常常事与愿违。在求职以及职业发展中，总希望一步到位，眼光总盯着大机关大公司大城市，不愿下基层去一线，无意当中成了孟子所批判的揠苗助长的宋人。平时注意学习积累，从基层做起，公道正派，

---

① 周振甫译注：《周易译注》，中华书局2005年版，第3页。

② ［宋］朱熹：《四书章句集注》，中华书局2011年版，第85页。

③ 同上注，第215—216页。

如此一来，养成浩然正气的高校毕业生必能就业、成业、立业，实现自己的人生价值。

孟子还提出了另一个有价值的问题：工作对象或产品对人类有害的工作，我们能选择吗？"矢人岂不仁于函人哉？矢人唯恐不伤人，函人唯恐伤人。巫匠亦然，故术不可不慎也……如耻之，莫如为仁。仁者如射，射者正己而后发。发而不中，不怨胜己者，反求诸己而已矣。"①矢人即造箭的人，其目的是伤人；函人就是造铠甲的人，其目的是保护人免受伤害。矢人是否更残忍？孟子认为，最关键的是要为仁、正己。自己内心正直仁爱，无论是选择还是从事某种职业，都应该能很好把握自己，造福人类。工作的对象或产品本身往往具有两面性，无所谓好坏，炸药可以用来开山修路，也可当作伤人的战争武器，安眠药是治病安神的灵丹，也是自杀杀人的毒物。只要我们能秉持一颗仁爱之心，力促人类之福，至于我们生产的产品是否会产生相反的功效，就并不重要了，而且能否在短期内取得成效也并不重要了。"狡猾而不正义的人很像那种在前一半跑道上跑得很快，但是在后一半就不行了的赛跑运动员，他们起跑很快，但到最后精疲力竭，跑完时遭到嘲笑嘘骂，得不到奖品。真正的运动员能跑到终点，拿到奖品夺得花冠。"柏拉图还借传说故事中神的口吻说："不是神决定你们的命运，是你们自己选择命运……即使是最后一个选择也没关系，只要他的选择是明智的，他的生活是努力的，仍然有机会选到能使他满意的生活。"面对就业选择和职业生涯，高校毕业生应毫不犹豫地响应先哲的号召："让我们永远坚持走向上的路，追求正义和智慧。"②

此外，还应采取诚信的方式。人无信不立，业无信不兴，国无信不宁。不说谎，诚信就业，这是对高校毕业生就业伦理的基本要求，也是毕业生成

---

① ［宋］朱熹：《四书章句集注》，中华书局 2011 年版，第 222 页。

② 〔古希腊〕柏拉图：《理想国》，郭斌和、张竹明译，商务印书馆 1986 年版，第 416—417、422—423、426 页。

功就业和人生发展的重要保障，诚信理所当然应成为高校毕业生科学就业观的指导思想。康德把诚信区分为两种，一是出自义务而诚信，诚信是对所有人都有效的普遍法则；二是出自对不利后果的担心而诚信，说谎可能给我带来更大的麻烦，以至于失去信誉，为避免这些祸害而不说谎。就后者而言，如果没有不利后果，人们就可能说谎。无论如何，即便我自己能够说谎，但决不愿意别人说谎，更不希望说谎成为一个普遍法则。骗子希望被骗的人都是真诚的，骗子最大的敌人是骗子。如果有一个说谎的普遍法则，那"就根本不会有承诺，因为我就自己将来的行为而言对其他人预先确定我的意志，而这些人却并不相信我的这种预先确定，或者，如果他们轻率地相信，也会以同样的方式回报我，这种预先确定就是徒劳的"[1]。承诺是以诚信为前提的，撇开诚信，承诺只是一句空话，说谎一旦成为法则，就会自相矛盾、自我瓦解、自我毁灭。"每一个人在认为自己处于困境时都可以承诺所想到的东西，却蓄意不信守之，其普遍性就会使承诺和人们在承诺时可能怀有的目的本身成为不可能，因为没有人会相信对自己承诺的东西，而是会把所有这样的表示当作空洞的借口而加以嘲笑。"[2]面对就业难的现实压力，部分毕业生不择手段地增加自己的求职砝码，用人单位看重什么就给自己添加什么，也不管自己是否真实拥有。学生干部和党员受青睐，不是干部和党员的，自己写成干部和党员，自己给自己加官晋爵，甚至出现一个班几十个班长到同一个单位求职面试的闹剧。部分毕业生为了给自己更多的选择机会，随意与用人单位签约，签约当时就没有打算去这个单位工作，仅仅是为了给自己留条后路或当作保底单位。结果是可想而知的。毕业生蓄意抬高身价，虚假签约，用人单位自然会以同样的方式回敬毕业生，双方的诚信博弈就这样开始了。博弈发展下去，大家都会埋怨"受伤的总是我"，实质则是两败俱伤。唯有把

---

① 〔德〕康德:《康德著作全集》(第 4 卷)，李秋零主编，中国人民大学出版社 2005 年版，第438 页。

② 同上注，第 410 页。

诚信当作对毕业生和用人单位都有效的普遍法则，求职招聘才可能利益最大化；唯有把诚信变成全社会的共同规则，人们才可能放心生活、幸福生活，社会才可能步入良性循环。就人性表达式而言，说谎的人把另一个人仅仅当作手段来利用，那个人不可能会赞同，因为说谎者"没有考虑他人作为理性存在者，在任何时候都应当同时作为目的，亦即仅仅作为也在自身必然包含着这同一个行为的目的的存在者而受到尊重"①。就业是一个双向的活动，就毕业生而言是求职就业，就用人单位而言是招聘用工，诚信是这一活动得以顺利进行的基石和纽带。用人单位不能只是作为解决毕业生就业难问题的手段和工具，而应同时作为目的而得到毕业生的诚信和尊重；毕业生也不能只作为单位发展、老板谋利的手段和工具，而应同时作为单位用人和发展的目的而得到单位的诚信和尊重。诚信是高校毕业生就业观中最具决定性意义的内容。当代中国尚处于社会转型期，市场诚信制度正在建立健全，部分毕业生把不诚信当作权宜之计，在求职就业时偶尔能捞得一些实惠，但从长远看，他可能因此付出更大的代价，因为规范的社会主义市场经济及其毕业生就业市场一定是诚信的，这是人类共同的愿景，诚信的普遍法则必将发挥越来越普遍的效力，毕业生把诚信作为自己就业观的指导思想必将赢得更精彩的未来。

如果这些指导思想和原则是正确的，那又靠什么来贯彻落实？它的约束力和动机何在？就高校毕业生主体而言，主要靠意志自律。《礼记·大学》有言："诚者何？不自欺，不妄之谓也"，"所谓诚其意者，毋自欺也"。每一个理性存在者的意志都是自由的，可以自己给自己立法。"意志自律是一切道德律和与之相符合的义务的唯一原则；反之，任意的一切他律不仅根本不建立任何责任，而且反倒与责任的原则和意志的德性相对立。"②意志自由是

---

① 〔德〕康德:《康德著作全集》(第4卷)，李秋零主编，中国人民大学出版社2005年版，第430页。

② 〔德〕康德:《实践理性批判》，邓晓芒译，杨祖陶校，人民出版社2003年版，第43页。

意志自律的前提，意志自律又是意志自由的必然要求。有德性的意志对欲望的对象有独立性，不被欲望所左右，这是我们意志的消极自由；有德性的意志还可以自己给自己颁布法则，并按照这个法则去行动，这是我们意志的积极自由。就业观既是毕业生对就业的总的看法，也是自己给自己确立的就业总原则与指导思想。求职就业过程中，毕业生可能面临许许多多的诱惑与选择，是无原则地跟随世俗欲望的召唤，还是树立和坚守自己科学的就业观？这些依赖于毕业生自己的自由而自律的理性意志。当然，现有的物质条件、环境影响、教育以及社会管理制度必然也会产生重要甚至决定性的作用。

二、高校毕业生科学就业观应坚持的基本原则

如何正确处理好个人与社会、近期与长远的矛盾是高校毕业生树立科学就业观需要面对的重大现实问题。马克思在这方面为我们树立了学习典范。他 17 岁就立下一辈子的就业志愿。"在选择职业时，我们应该遵循的主要指针是人类的幸福和我们自身的完美……如果我们选择了最能为人类而工作的职业，那么重担就不能把我们压倒，因为这是为大家做出的牺牲。那时我们所享受到的就不是可怜的、有限的、自私的乐趣，我们的幸福将属于千百万人，我们的事业将悄然无声地存在下去，但是它会永远发挥作用，而面对我们的骨灰，高尚的人们将洒下热泪。"①马克思用一辈子的坚守和努力践行自己的职业诺言，坚持人类幸福与自身完美的有机结合与辩证统一，也实现了自己的职业与人生理想。什么是结合？一方压倒另一方不是结合，乙替代甲更不是结合，结合就是统筹兼顾，结合的前提是各方均独立存在，相互促进，相互依存。在职业舞台上安身立命，充分扩展自我、实现自我，这是科学就业观的前提和基础，忽略这一点的结合就是吞并。高校毕业生树立科学就业观应坚持以下四个方面的基本原则。

---

① 中共中央马克思恩格斯列宁斯大林著作编译局译：《马克思恩格斯全集》（第 40 卷），人民出版社 1982 年版，第 4 页。

　　个人利益与集体利益相结合。马克思早就断言：“人们奋斗所争取的一切，都同他们的利益有关。”就业概念的核心内涵是通过合法劳动获得收入，与利益息息相关。离开利益，思想会让自己出丑。讨论就业及就业观无法回避利益，关键是着眼个人利益还是集体利益。个人利益与集体利益是一个古老的哲学话题，与之相关的个人主义与集体主义同样源远流长。个人主义认为个人的利益高于集体利益，集体主义认为集体利益、国家利益高于个人利益。仔细探究，个人利益与集体利益你中有我、我中有你，不能截然分开。集体利益应该是一个一个个人利益的集中体现，把集体中的每个个人的利益实现了，自然也就实现了由这些个人组成的集体的利益，撇开了组成集体的个人的利益，又哪里来的集体利益？集体利益是个人的集体利益，个人利益是集体的个人利益。当然，我们也不能因此而忽略了个人利益与集体利益之间的区别与矛盾，更不能把集体利益当成一种普遍利益，把个人利益当成特殊利益。马克思主义认为，物质劳动和精神劳动的分离产生了分工，“分工不仅使精神活动和物质活动、享受和劳动、生产和消费由不同的个人来分担这种情况成为可能，而且成为现实”，“随着分工的发展也产生了单个人的利益或单个家庭的利益与所有互相交往的个人的共同利益之间的矛盾；而且这种共同利益不是仅仅作为一种‘普遍的东西’存在于观念之中，而首先是作为彼此有了分工的个人之间的相互依存关系存在于现实之中”。[①]分工使一些个人从事精神活动、享受或消费，另一些个人从事物质活动、劳动或生产，个人利益由此而各不相同，由这些个人组成的集体的利益也千差万别，个人利益与集体利益之间的矛盾冲突自然难以调和。而且“只要分工还不是出于自愿，而是自然形成的，那么人本身的活动对人类来说就成为一种异己的、同他对立的力量，这种力量压迫着人，而不是人驾驭着这种力量”[②]。物质劳

---

① 中共中央马克思恩格斯列宁斯大林著作编译局编：《马克思恩格斯选集》（第 1 卷），人民出版社 1995 年版，第 82—84 页。

② 同上注，第 85 页。

动与精神劳动分离产生社会分工，分工导致个人利益与集体利益冲突，唯有当分工由自然形成转向自觉自愿才能消灭这种冲突。求职就业是社会分工的必然产物，只要毕业生不希望把自己本身的就业活动变为异己的对立面或敌人，他就应自觉地把个人利益与集体利益统筹起来，缓解两者之间的矛盾冲突，在促进集体利益的同时实现个人利益，在追求个人利益的同时绝不忘记集体利益，把个人利益集体化、集体利益个人化，从集体需要的宏观层面思考和选择个人的职业。这个集体可以是自己的家庭、生活的社区学校，也可大到国家、整个人类社会，我们除了要把个人利益与集体利益结合起来，还要注意把不同层次的集体利益统筹起来，到祖国和人民乃至人类最需要的地方去建功立业，真正实现个人与集体、不同集体之间的双赢、多赢。

个人愿景与社会期待相结合。孔子曾说："夫其行己不过乎物，谓之成身。不过乎物，合天道也。"[1] 凡事要有所成就，就应符合事物、事情本身所固有的规律，顺应天道，不逾越规律，只有这样才能成就自身。就业有就业的规律，毕业生自身的条件与愿景是一个方面，更为重要的是，社会对我们有什么样的期待，我们能够回应和实现哪些期待。在求职就业过程中，高校毕业生既不能把社会期待等同于个人愿景，毕业生应设法找到真实的自我，避免把想象中的虚拟的自我，或别人眼中的我，或我现在所是的状态，等同于真实的自我，避免把外在的价值与期许看作自己的价值与期许，避免自我期待被性别期待、家族期待、文化期待等所替代；也不能把个人愿景等同于社会期待、把个人目标等同于集体目标，避免把个人追求膨胀为社会发展对自我的需求，只见自我，不见他人，个人至上，避免陷入极端个人主义、利己主义。胡鞍钢认为："个人与国家的关系就像45度角，横坐标是个人目标，纵坐标是国家目标，最好的人生选择和发展方向就是45度线——也就是说，个人追求的目标越接近社会目标，就越有利于社会发展，他的进步就越快、

---

[1]　王国轩、王秀梅译注:《孔子家语》，中华书局 2009 年版，第 32 页。

才能发挥得就越充分。"①国家目标虽然不完全等同于国家对个人的期待，但国家目标需要国民去实现，离开单个人的努力，国家目标只是一句空话，因此国家目标蕴含国家对个人的期待。高校毕业生是国家有计划培养的高级专门人才，是实现国家目标的栋梁之材，应主动把个人愿景与社会期待、国家目标等有机结合起来，在服务社会的同时实现自身价值，毕业生只有如此才能找到自己的用武之地，否则就只是一厢情愿。

就业作为手段与作为目的相结合。在绝大多数人眼中，就业只是谋生、发财、晋升、光宗耀祖，或只是谋求幸福生活、改造世界、服务社会等等的手段，尤其在当今竞争激烈、生活节奏加快、就业形势严峻的情形下，就业似乎仅仅具有工具价值。这种认识存在较大的片面性，就业既具有手段价值，也具有目的价值，高校毕业生树立科学就业观应坚持两者的有机统一。马克思认为："一个种的全部特性、种的类特性就在于生命活动的性质，而人的类特性恰恰就是自由的自觉的活动。"劳动是人的自由自觉的生命活动，自由劳动既不屈从他人或社会的强制，也不服从个人自己的自然需要，不再是达到外在目的的单纯手段，自由劳动以满足自我实现需要为最高目的。当自我实现需要得到充分满足，劳动将成为"人的创造天赋的绝对发挥"，成为"目的本身"即"人类全部力量的全面发展"，劳动既是手段也是目的，是二者的统一。他还认为，"真正自由的劳动，例如作曲，同时也是非常严肃、极其紧张的事情"。相反，异化劳动是人的片面的和病态的存在状态，"异化劳动把这种关系颠倒过来，以致人正因为是有意识的存在物，才把自己的生命活动，自己的本质变成仅仅维持自己生存的手段"。②在异化劳动状态，就业只具有工具价值，它只是维持就业者自身生存的工具。亚里士多德关于闲暇与繁忙的论述颇具参照意义，如果把作为手段的就业类比为

---

① 胡鞍钢：《青年成才与"中国梦"》，《光明日报》2013 年 10 月 4 日。

② 中共中央马克思恩格斯列宁斯大林著作编译局编：《马克思恩格斯选集》（第 1 卷），人民出版社 1995 年版，第 46 页。

繁忙，把作为目的的就业类比为闲暇，有利于我们更清晰地理解就业作为手段与目的的统一性。亚氏认为，"人类天赋具有求取勤劳服务同时又愿获得安闲的优良本性"，"我们全部生活的目的应是操持闲暇"，"人生所以不惜繁忙，其目的正是在获致闲暇"，"勤劳只是获得闲暇的手段，凡仅属必须或仅关实用的作为只能是获取善业（幸福）的手段"；"闲暇自有其内在的愉悦与快乐和人生的幸福境界"，这种快乐和幸福出于自得，不靠外求，勤劳则老在追逐某些尚未完成的事业，虽事属必须，但被外物所役，"只是遂生达命的手段"；闲暇不同于娱乐、游戏，后者仍属于繁忙；闲暇不是不作为，闲暇强调的是一种不被他人他物所役使的"由己"的理性活动（马克思关于"真正自由的劳动"有异曲同工之妙），其目的是培养思想、陶冶性情、进于善德。[①] 如果为了外在的目的而就业、繁忙，我们实现的是就业的工具价值；如果基于自身兴趣爱好、完善人格、实现自我而就业、繁忙，我们实现的是就业的目的价值，我们享受的是闲暇的生活。高校毕业生应注重在两者间寻求适当的平衡，因为我们不可能完全舍弃外在的就业企图，也无法放下内在的"由己"的就业价值。

职业选择与生涯发展相结合。不论工作如何重要，它也不是生命的全部，人生是诸多角色的综合体，毕业生应从生涯设计的全局和长远来谋划就业问题，尽力把当下的职业选择、工作角色融入生命角色的星座图中。舒伯用生命/生涯彩虹图（1984）来描述个体不同时期不同角色的相互影响，从成长、探索、建立、维持到衰退，人都在不同程度扮演着儿童、学生、休闲者、公民、工作者和家长等不同的角色，活跃在家庭、社区、学校和工作场所等不同的人生舞台，某一角色的成功可能带动其他角色的成功，反之亦然，而为了某一角色的成功付出太大的代价也可能导致其他角色的失败。[②] 毕业生应主动测量和了解自己的职业价值观，明白工作对自己生活的意义所

①　〔古希腊〕亚里士多德：《政治学》，吴寿彭译，商务印书馆1965年版，第395—417页。
②　金树人：《生涯咨询与辅导》，高等教育出版社2007年版，第75—80页。

在，统筹协调好工作与家庭、休闲、学习、朋友等不同角色，把职业选择扩展到生涯设计，把生涯设计具体到职业选择，把二者辩证地结合起来，避免角色冲突，兼顾近期利益与长远生涯发展，既注意选择与自己相匹配的职业，理性决定一个未来的生涯方向，更注重创造和构建属于自己的生涯，追寻自己安身立命的处所及生活方式，共同致力于实现生命的价值、追求人生的幸福。

第二节　高校毕业生就业观引导的内在理路

一、合力缓解高校毕业生就业压力

就业压力是高校毕业生在求职就业情境中个体主观因素与诸多内外变量相互作用而生成的一种心理紧张现象，它是毕业生心理压力的重要来源。适度的就业压力是高校毕业生主动提升自我能力素质、及时就业的重要动力，也有利于毕业生生成科学就业观。人在本能上更倾向于追求安逸，缺乏压力的个体容易丧失目标和内驱力，其潜力很难得到应有的发挥；而过度的压力影响个体机能的正常运转，甚至导致焦虑、恐慌、强迫、抑郁、敌对、偏执等各类不良心理和偏激行为的产生，甚至成为社会和谐的不安定因素，也直接影响毕业生科学就业观的生成与培育。当前我国高校毕业生就业面临供给总量大、有效需求不足、求学成本与就业收益不匹配、社会转型舆论观念不认同等诸多压力。实证研究显示，高校毕业生就业压力水平总体偏高，大多数毕业生就业压力大，其中由社会环境带来的压力最大，由个人环境带来的压力次之，由个人条件和就业时间带来的压力再次之。[①] 毕业生就业压力

---

① 李胜强等：《大学生就业压力的类型及分析》，《清华大学教育研究》2011 年第 2 期。

的形成是主客观多方面因素作用的结果，要缓解毕业生就业压力，一方面需要社会创造和提供充足、有效的就业岗位，建构科学高效的就业支持系统；另一方面需要毕业生自身不断提高自我认知能力，明确职业定位，合理规划职业生涯，及时做好就业准备，用科学就业观指导自己理性就业。下面着重从制度设计、条件保障和就业指导等三个方面提出对策建议，以缓解高校毕业生就业压力，为其科学就业观的培育创造适宜的宏观环境。

在制度设计上，应以全面深化改革的整体思维，整合各方力量缓解高校毕业生就业压力。就业是事关社会发展稳定的重大问题，任何重大经济、政治、社会改革都不能忽略就业领域。高校毕业生就业制度从统包统分到供需见面双向选择，完全是应社会主义市场经济体制改革之需从上至下推行的，政府在把职业选择自主权交给毕业生的同时，也把求职就业的压力一并交给了学生和学校。国家在全面深化改革过程中应把高校毕业生就业体制机制纳入改革视域并给予特别关注。整体而言，应着力构建良性互动的长效机制，厘清政府、高校、毕业生（家庭）、用人单位、社会媒体等各自的权责，合理分配压力，统筹建立相关各方共同化解就业压力的权责分明的良性互动机制，核心是使市场在资源配置中起决定性作用和更好发挥政府作用。国家在产业结构调整、经济社会发展中应首要考虑开发更多适合高校毕业生的就业岗位，发挥毕业生作为第一资源的人才优势；同时应重点完善就业市场机制，推动实现城乡、区域、行业、部门之间的公平有序流动，消解就业市场的制度分割，这既是社会发展的重要路径，也是社会发展服务于人的全面发展需要的宗旨所在。

在条件保障上，政府应建立高校促就业的经费补偿机制。面对毕业生就业压力，作为"产品"提供者，我国高校实然承担着来自以就业为导向办学的综合压力以及就业指导服务的具体工作与条件保障的主体压力。但是，高校既非毕业生就业压力的主要制造者，又非主要化解者，它只是利害攸关者，由高校承担毕业生就业压力主体，不利于压力化解，也不利于其内涵式发展。高校的主体压力是培养人格健全的人，而不是毕业生就业，但高校也不可能在毕业生就业压力之外独善其身。高校是知识高地，更是社会良知所在，勇于担当本来是高校的应然品质，主动参与分担促进毕业生就业的责任是高校的美德，也是高校四大职能题中应有之义。问题不在于高校应不应该承担就业压力，关键是承担到何种程度以及以何种方式化解压力。这需要高校自己明确定位，更需要政府从顶层设计上统筹安排并给予条件保障。为更好发挥高校促就业的作用与优势，同时又不影响其履行基本职能，国家应建立高校促进毕业生就业的经费补偿机制，政府应依据高校实际承担和完成的就业工作给予相应的经费补偿，以确保高校实现履行人才培养、科学研究、社会服务、文化传承等职能与促进就业良性互动、相互促进。近年统计显示，七成以上毕业生在毕业离校前落实就业单位，高校实际完成了毕业生就业工作的主要任务，但政府并没有拨付专项工作经费，高校仅靠挤占有限的办学经费来推进，这无疑既不利于促就业，也不利于培养人才。为此，政府至少可以参照促进社会人员就业的经费标准确定高校促就业补偿经费额度，并纳入国家财政预算，切实保障高校开拓就业市场、加强就业指导、提供求职补贴、扶持自主创业以及帮扶困难毕业生就业等工作之必需。这样才能真正落实把高校毕业生就业放在就业工作的首位，才能确保高校新增的促就业职能更好运转，才能从条件保障的源头上推动其内涵式发展。[1]

在就业指导上，高校应以通识教育理念为指引，克服认识误区，增强就业指导实效。从通识教育视角来审视，当前我国高校就业指导教育存在将就业指导狭化为求职指导、将重视和加强就业指导激化为职业主义这样两大认识误区。目前高等教育功利化、世俗化倾向明显，"学生对大学教育的态度和期望是与学生职业发展和经济回报强烈联系在一起的"，"评估大学学位价值的主要尺度已经演变成毕业生的挣钱能力"。[2]受此影响，在就业指导方

---

① 钟秋明、郭园兰：《大学生就业压力主体与高校主体压力辨析》，《现代大学教育》2014年第3期。

② 〔美〕理查德·鲁克：《高等教育公司：营利性大学的崛起》，于培文译，北京大学出版社2006年版，第128页。

面，高校寄希望于通过就业指导让毕业生掌握求职技巧、降低就业期望、签订就业协议，毕业生寄希望通过学习就业指导课就能找一份好工作，这是对就业指导的误教误学，不利于就业指导的全面科学开展。而部分理论工作者激进地强调就业指导只注重培养毕业生的某一特定职业能力，服务于职业工作需要，把重视和加强就业指导等同于职业主义。实质上，就业指导不是高等教育职业化的代称，就业指导强调职业价值取向，教育要为人的职业生涯做准备，但它绝对不将职业准备局限在某一特定职业及职业技能训练，而是引导受教育者科学认识自我、探索职业世界，在自我和职业之间寻找一种生活方式，这种方式"不只是能更好地谋生，而且能更好地生活"[1]，这些恰恰是通识教育所追求的。就业指导既是通识教育的重要内容，也是沟通通识教育与专业教育的桥梁，应以通识教育理念引领就业指导课程改革。首先，应在建设就业指导显性课程的同时注重开发隐性课程。隐性课程是"学生在学习环境中所学习到的非预期性和非计划性的知识、价值观、规范和态度"[2]。高校在大力开发大学生活指导、职业素养提升、升学指导、职业生涯与发展规划、就业指导等显性课程的同时，应通过营造良好的校风学风、师生关系、集体舆论以及文化氛围等，潜移默化、持久地正面影响毕业生的职业价值观，引导学生在主动参与、体验和练习中养成良好的态度、观念。其次，应大力推行就业指导小班授课，提高就业指导课程教学效果。小班授课能有效避免把就业指导变成概论课，有利于讨论式教学，方便师生双向交流，提出有针对性的职业生涯规划方案和就业指导策略。就业指导教育注重学生内省体验，要取得理想的课程教学效果，授课须避免大班满堂灌，应采取小班授课制，班额不宜超过 25 人。此外，应采取培养和激励相结合的办法，大力推进就业指导师资队伍专业化专家化。我国高校尚未设立就业指导相应学

---

① 〔美〕约翰·S. 布鲁贝克:《高等教育哲学》，王承绪等译，浙江教育出版社 2001 年版，第 10 页。

② 姜国钧:《回归人性本位的大学课程》，《现代大学教育》2011 年第 3 期。

科专业，绝大多数就业指导人员缺乏专业学历教育背景，我们应创造条件建立就业指导专业研究生培养机制，把就业指导提高到学科建设的高度，开展专业就业指导师资队伍的选拔和培养工作；同时，建立和完善配套政策措施，提升就业指导教师待遇，加强业务培训，不断提高队伍稳定性、积极性，系统提升队伍整体水平。[①]

二、发挥核心价值观引领作用

社会主义核心价值观是社会主义核心价值体系的核心要素、凝练表达与实践导向，后者主要由马克思主义指导思想、中国特色社会主义共同理想、以爱国主义为核心的民族精神和以改革开放为核心的时代精神、社会主义荣辱观等基本内容构成，而前者强调"三个倡导"二十四个字。"三个倡导"实际上明确了社会主义核心价值观的三个层次，倡导富强、民主、文明、和谐，是国家层面的价值目标；倡导自由、平等、公正、法治，是社会层面的价值取向；倡导爱国、敬业、诚信、友善，是公民层面的价值准则。它们分别回答了要建设什么样的国家、建设什么样的社会、培育什么样的公民的重大问题。习近平强调要引导青年大学生自觉践行社会主义核心价值观："青年的价值取向决定了未来整个社会的价值取向，而青年又处在价值观形成和确立的时期，抓好这一时期的价值观养成十分重要。这就像穿衣服扣扣子一样，如果第一粒扣子扣错了，剩余的扣子都会扣错。人生的扣子从一开始就要扣好。"[②]社会主义核心价值观是高校毕业生科学就业观的价值标准，对其科学就业观培育具有重要的价值引领作用。而毕业生就业观是社会主义核心价值观落细、落小、落实的重要载体，核心价值观传播与教育应充分考虑毕业生的心理特征、情感、兴趣爱好和需求特点，以此来确定目的，考虑过

---

① 郭园兰、钟秋明：《通识教育视域下的高校就业指导误区及对策》，《现代大学教育》2011年第 5 期。

② 习近平：《青年要自觉践行社会主义核心价值观》，《人民日报》2014 年 5 月 5 日。

程，尤其应契合毕业生关注的如求职就业问题、学业考研问题、人际交往问题、情感婚恋问题等热点话题，以此来吸引毕业生的注意力，提高传播和教育效果。因此，我们既要使社会主义核心价值观对毕业生求职就业的影响像空气一样无所不在、无时不有，同时又通过科学就业观的培育引导毕业生自觉践行社会主义核心价值观。

为此，要用社会主义核心价值观引导毕业生树立科学就业观，高校首先应依托思想政治教育、就业指导等课程向学生系统灌输社会主义核心价值体系、核心价值观以及生涯规划、职业发展与就业创业指导等科学理论，这是毕业生科学就业观形成的前提和基础。马克思、恩格斯较早就提出灌输思想，列宁进行了系统阐述，并成为马克思主义理论的重要内容。灌输是思想政治教育的一项重要原理和方法，高校用社会主义核心价值观引导毕业生树立科学就业观自然也离不开灌输。要确保就业实践朝着正确而胜利的方向推进，应尽可能以科学的理论为指导。实践错误与失败源自理论错误，理论错了，以此为指导的实践自然难逃失败的命运。因为"所犯的每一个错误、遭到的每一次失败都是原来纲领中的各种错误理论观点的必然结果"[①]。毕业生不可能自发产生相关科学理论。"工人本来也不可能有社会民主主义的意识。这种意识只能从外面灌输进去。"[②]工人的马克思主义意识不能自发生成，必须依靠外力灌输，高校毕业生文化素质和理论素养好于工人，他们的马克思主义意识、核心价值观、科学就业观是否就能超越工人而自发生成呢？答案是显而易见的，高校毕业生同样依靠理论灌输。在具体方法上，应注重学生实践体验基础上的理论灌输、理论灌输前提下的实践体验，实现灌输与体验的互动互促、相容贯通。

其次，高校应千方百计创造条件和机会，鼓励和引导毕业生投身就业相

①　中共中央马克思恩格斯列宁斯大林著作编译局编译：《马克思恩格斯文集》（第10卷），人民出版社2009年版，第560页。

②　中共中央马克思恩格斯列宁斯大林著作编译局编：《列宁专题文集·论无产阶级政党》，人民出版社2009年版，第76—77页。

关实践体验，通过能动的认知、认同和内化来确立个体独特而科学的就业观，在就业认知中树立科学的就业认知观，在价值体认与实践中培育科学的就业价值观，在就业市场参与中确立科学的就业质量观，在见习、实习、求职等就业实操中锤炼就业伦理观。就业观是主体对就业总的看法和态度，科学就业观有相对统一的指导思想和基本原则，有相对稳定的理论基础，但这些共通的东西也不是教条，而是对就业过程的解释，是随时空变化而不断发展的，是研究就业问题的出发点和方法，是就业实践的行动指南。就业观具有突出的个体差异性和主体参与性，没有主体的积极参与，科学就业观只能停留在理论形态，而不能真正内化为毕业生就业实践的观念先导。同时，毕业生科学就业观的确立不是一帆风顺和一劳永逸的，往往伴随着错误就业观的冲击与影响，甚至是以就业实践方面的失误、失败为代价的。不论是对自我、对就业形势的认知与把握，还是对就业质量标准、就业伦理规范的认可与确立，毕业生都是在科学与错误之间摇摆、反复、调整。高校就业指导的一项重要工作就是，帮助毕业生从本身的错误中学习，及时总结，避免犯同样的错误，避免吃一堑不长一智。

此外，理论灌输还应把握时机，注意方式方法，不能"硬灌输"。马克思主义经典作家历来反对"硬灌输"，反对将马克思主义当作教条来向人们灌输，反对脱离受教育者实际的机械灌输，主张把马克思主义当作行动指南，在教育者的帮助下，"通过自己亲身的经验"去检验。① 高校在毕业生树立科学就业观过程中起帮助作用，不缺位，也不能越位，犹如花卉栽培，园丁是"帮助"花卉生长，而不是代替生长，更不能揠苗助长。不能脱离学生的实际水平来灌输理论，必须适应受教育者的成长需要和状况，允许学生自我探索前进。要避免从观念到观念，避免被动的注入、移植和楔入，应利用生动而真实的事实、身边小事来解读理论，应使学生知其然并知其所以然，

---

① 中共中央马克思恩格斯列宁斯大林著作编译局编译：《马克思恩格斯文集》（第10卷），人民出版社 2009 年版，第 562 页。

晓之以理，动之以情，尽力做到知情并重、知行统一。

三、加强组织文化教育

在毕业生就业过程中存在双主体，毕业生是就业的主体，用人单位是招聘的主体，主体之间相互认同、相互接受，令人期待的就业与招聘结果才会出现，任何一方甚至任何一方面的不认同，都可能导致出现相反的结果。文化认同是毕业生就业过程中主体认同的核心内容。处于转型中的当代中国，新旧、中外各种文化思潮相互激荡，包括毕业生就业制度在内的各类经济政治制度大调整大改革，人们的思想观念以及由此形成的组织文化短期内出现相互冲突、互不认同的情况就在所难免。就主体观念而言，组织文化不认同已经成为当前我国高校毕业生就业难的症结。组织文化是组织生活中不可或缺的一部分，是一个稳定的社会团体的独特、持久、显著而令人难忘的特征，是理解组织行为的关键，既是异常稳固的，又是不断发展变化的。组织文化研究有利于推动实现人职合理匹配，能帮助自觉研究组织文化的个体更有效地选择、融入和引领组织文化，更理想地就业和发展。组织文化是毕业生职业生涯即将展开的背景和工作情景，个体生涯发展与其理解和有效运用组织文化知识的能力息息相关。组织文化研究在促进高校毕业生就业、实现人职合理匹配方面具有导向、激励、筛选等功能，是高等教育不可或缺的重要内容，是毕业生就业的必修课。目前，我国高等教育体系中缺少专门的组织文化教育内容，即便是在专门致力于帮助毕业生实现个体社会化和职业发展的就业指导课程教学中，组织文化教育也没有获得应有的分量与地位。为此，我们有以下方面的建议：

明确组织文化教育在高等教育中的应有位置。高等教育是专业教育，专业教育总是与一定的职业、行业相联系，高校毕业生将走进具体的工作组织，组织文化教育是毕业生由学校人向社会人转化、过渡的桥梁和纽带，只有自觉而系统地引导学生全面、深入地了解、认同组织文化，学生才能深刻理解单位，融入社会。高校应在专业教育中开展组织文化教育，培养学生的专业思想、专业情感，提高组织文化教育的实效性；开设专门的组织文化研究课程，引导大学生自觉而系统地学习研究组织文化相关内容；在就业指导课程体系中增加组织文化研究相关内容并组织实施。创造条件让组织文化研究进教材、进课堂、进头脑，让学生在学习研究中了解、选择、融入和引领组织文化，实现职业理想。

注重组织文化体验实践教学。充分发挥职业实训、教学实习和就业见习在就业指导教学及组织文化认同中的重要作用，推动实现实践教学与就业指导、组织文化研究有机结合，引导学生在增强职业能力的同时注重组织文化体验与融入。在就业指导与组织文化研究教学方法上，应采取主动"走出去"的办法，有针对性地组织学生走进相关单位，深入内部实地感受组织文化氛围，推动实现就业指导与组织文化研究显性课程与隐性课程有机结合，尽早提高组织文化认同，消除组织文化隔阂与陌生感。实施角色扮演策略，注重典型组织文化案例教学，引导学生关注就业、模拟就业、学会就业、赢得职业发展。还可组织一系列生涯人物访谈，通过与典型生涯人物的沟通、交流获得组织文化信息，引导学生积累间接的职业生涯经验。

搭建组织文化展示教育平台。优化校园硬件环境，让校园的一草一木、一墙一室都变成感染人、教育人的活文化，让校园硬件增强文化软实力。在校园文化建设中根据办学定位与特色，吸收和彰显相关行业的优秀的组织文化，让校园文化与学生未来就业单位的组织文化有机融合，相互促进、相辉相映，形成育人的合力。有效利用校园网、校友网、就业网等创建用人单位组织文化展示展播专门栏目，根据学校专业设置、毕业生就业行业特点，有针对性地推介就业单位的组织文化。多形式"请进来"，利用校园文化活动、招聘活动以及就业指导与组织文化研究课堂等载体，适度开展用人单位进校宣讲、组织文化模拟等组织文化进校园活动，这样既符合用人单位宣传推广的意图，又能让大学生便捷地了解用人单位的组织文化。

提高教师尤其是就业指导与组织文化研究教师的组织文化教学能力。先进的教学理念最终要依靠教师来实践。引导大学生研究和学习组织文化是所有任课教师的共同责任，其中就业指导与组织文化研究课教师负有最直接的责任，高校应创造条件鼓励和安排他们到企业、机关等单位考察、实践，积累对各类组织文化的感性认识和实践经验，提升其组织文化教学能力与指导能力。邀请社会各界精英进校园讲座，兼任就业指导与组织文化教育教师，丰富学校就业指导与组织文化研究师资来源，提升学校就业指导与组织文化研究教育的整体实力，通过社会精英把优秀的组织文化带进校园、课堂，实现文化育人、人入文化的目的。[①]

第三节　高校毕业生就业观引导的实证建议

第四章、第五章的实证研究已经得出，高校毕业生就业观显著影响其就业质量，毕业生的社会资本、人力资本、心理资本显著影响其就业观。根据已有研究结论，下面提出相应的引导高校毕业生树立科学就业观的对策建议。

一、就业条件观引导

就业条件观是高校毕业生对求职就业应该具备和已经具备的主客观条件的基本看法，实证研究中涉及毕业生对自身专业、学习成绩、就业能力、社会资源、心理素质的看法以及对就业形势、就业政策、就业指导服务的认知与评价。根据实证研究结论，就业条件观引导应着重加强以下几个方面：

其一，引导毕业生提高专业认可度。专业兴趣一致性与就业政策认知显著正相关，即所学专业与兴趣爱好越一致，毕业生就业政策认知程度越高；

---

① 钟秋明、郭园兰:《组织文化研究:大学生就业的必修课》,《大学教育科学》2013 年第6 期。

对所学专业满意程度与就业形势乐观取向、就业政策认知、就业指导服务认知、母校就业指导服务评价、政府公共就业指导服务评价等显著正相关，与就业形势严峻取向显著负相关，即对所学专业满意度高的毕业生，认为就业形势乐观而不严峻，其就业政策和就业指导服务认知程度高。实证研究结论显示，专业认可度高的毕业生，其就业条件观更科学。同时，专业同兴趣的一致性、专业满意度还显著正向影响人职匹配度，专业满意度显著正向影响劳动报酬、福利保障以及单位福利满意度，而这些恰恰是就业质量的核心要素，毕业生对专业的看法和态度显著影响其就业质量。兴趣是最好的老师，喜欢所学专业、专业满意度高的毕业生更乐意学习专业知识，了解行业情况，提高专业技能，就业目标更明确，学习效率更高，专业从业能力相应提高，更愿意也更容易在相应的行业和专业岗位上实现就业。常识告诉我们，高校毕业生一般会选择特定的行业和专业岗位就业，就业单位及其岗位的专业性越强，其福利报酬越高。由于办学条件、社会观念、毕业生心态等影响，目前我国高校毕业生的专业认可度普遍不高。调查显示，认为所学专业与自己的兴趣爱好一致、对自己所学专业表示满意的比例仅分别为 50.5%、49.5%。甚至有 71.2% 的大学生受访者表示，如果有可能，想重新选择一次专业。[①] 为此，首先，应从源头上加强升学指导，通过选修课、专题讲座、咨询辅导等形式，开展中学生职业发展与就业指导教育，引导高中毕业生根据自身性格特点、兴趣爱好和职业理想科学填报高考专业志愿，避免盲目跟风，不顾自身条件填报所谓高分专业、热门专业；其次，高校应创造条件放开专业调整限制，可通过学生性格特质测评、专业学习潜质测试等程序，允许符合一定条件的学生调整专业；此外，应将专业思想教育贯穿大学教育全过程，通过见习实践、榜样示范、研讨引导等方式，不断增强学生的专业认知、专业情感、专业意志，引导其不断深入认可所学专业。

其二，引导毕业生提高就业能力素质。就业能力与就业形势乐观取向、

---

① 洪傲:《如何掌握选择专业的主动权》,《中国教育报》2014 年 10 月 29 日。

就业指导服务认知、母校就业指导服务评价等显著正相关，与就业形势严峻取向显著负相关，即就业能力自我判断越好，毕业生对就业形势的判断越乐观，越不严峻，其就业指导服务认知程度高，对母校就业指导服务满意。就业能力自我判断还显著正向影响人职匹配度、工作决策空间、利益表达渠道、签订劳动合同，心理素质自我评价显著正向影响工作挑战性、工作决策空间，显著负向影响签订劳动合同，毕业生对就业能力和心理素质的看法和态度显著影响其就业质量。教育是就业之本，一定的综合素质和专业能力是高校毕业生就业的本钱，用人单位始终希望招到能力强、素质高的毕业生，不管就业形势如何严峻，能力素质突出的求职者总是供不应求。"不患无位，患所以立。不患莫己知，求为可知也。"①不愁找不到职位，须当心自己拿什么本事来立稳脚跟，不愁没人知道自己，应求得自己为人所知的本事。此外，艺高者胆大，自评有较高就业能力和心理素质的毕业生，求职就业时就可能更有底气和信心，更容易表现出彩，从而赢得招聘者的青睐。提高人才培养质量，是推动实现毕业生高质量就业的基础和前提，更是高校的核心职责所在。高校应全面落实以就业和社会需求为导向办学，深化教育教学改革，在办学理念上更加注重学生学习与发展的方向性、针对性与个性，切实增强毕业生就业创业能力。未来职业发展能提供最直接的学习动机，基于职业发展的学习能取得理想的学习效果。离开学生未来的职业发展，学生学习、高校发展均将迷失方向、缺乏动力。高校应不断引导和鼓励学生围绕未来职业发展，积累和提高就业能力、职业转换能力和学习能力，在学习实践中锻炼提升自主性、判断力、心理承受能力、自信心和乐观心态，增强对自身就业能力、心理素质的认知和自信。

其三，引导毕业生理性看待就业形势。求职形势总体感觉显著正向影响人职匹配度、劳动报酬、晋升机会、工作挑战性、工作决策空间、利益表达机制健全程度、劳动条件安全性、是否有编制、工作福利满意度等，毕业生

---

① 钱穆:《论语新解》，生活·读书·新知三联书店 2002 年版，第 97 页。

对求职形势的判断显著影响其就业质量，乐观看待求职形势的毕业生，就业质量更高。实证研究显示，专业满意度高、大学期间有过兼职经历、就业能力强、心理素质强的毕业生，对求职形势的判断更乐观。毕业生乐观看待就业形势的原因可能就是其就业质量高，专业满意、就业能力与心理素质强，能支持毕业生积极面对就业，也能帮助其高质量就业。因此，要引导毕业生乐观看待就业形势（同时须避免盲目乐观），高校应大力提升毕业生的专业满意度，创造条件鼓励毕业生积极参加兼职活动，积累求职和从业经验，锻炼和提高就业能力，开发和培育乐观心理，引导毕业生通过包容过去、珍惜现在和寻找未来机会等方式，注重用个体的、永久的、普遍性的原因来解释积极事件，用外部的、临时的、与情景关联的原因来解释消极事件，[①]提高乐观心理素质，并用同样的方法来看待求职形势。

其四，发挥社团组织和志愿服务活动的就业指导功能。参加社团组织与就业政策评价、就业指导服务认知、政府公共就业指导服务评价显著正相关；参加志愿服务活动与就业形势严峻取向显著正相关。参加社团组织和志愿服务活动的经历显著影响毕业生就业条件观。大学时代是个体步入职业社会的过渡期，更是个体就业条件观形成的关键期，毕业生在社团或志愿服务活动中有机会更多地了解就业形势与政策，有机会直接参与就业指导服务，能以服务提供者的身份换位思考和体验，积累就业服务实践经验，能更客观更正面地认知和评价就业政策、就业服务、就业形势，从而有效引导自己形成相应的就业条件观。因此，高校应充分挖掘社团组织和志愿服务的就业指导教育功能。一方面，应创造条件鼓励和引导社团组织自主自律，广泛、深入开展有利于社团成员身心健康、就业能力素质提高的各类有益活动，应为每个社团配备责任心强、业务能力强的指导老师；另一方面，应引导学生组建成立各类职业兴趣社团、职业发展协会等一系列就业指导类社团组织，指导其积极开展相关专项活动，参与协助校园招聘、就业宣讲等工作，借此引

---

① 〔美〕路桑斯等：《心理资本》，李超平译，中国轻工业出版社 2008 年版，第 82—92 页。

导和帮助学生提前接触用人单位，了解社会需求，体验求职就业过程，及时督促自己查漏补缺，改善能力素质结构。

二、就业价值观引导

就业价值观是高校毕业生对就业目的与意义的基本看法，是主体内在评判就业的原则、信念、态度，实证研究中涉及就业目的、工作类型、择业决策首虑因素、高质量就业评价等。根据实证研究结论，就业价值观引导应着重加强以下几个方面：

其一，引导毕业生培育发展型就业目的观。发展型就业目的显著正向影响人职匹配度、利益表达机制健全程度、是否签订劳动合同、单位管理满意度和单位福利满意度，挑战型工作类型取向显著正向影响工作挑战性、单位管理满意度，就业质量期待显著正向影响是否有利益表达渠道。总体而言，如果毕业生就业价值观倾向于发展型，以兴趣爱好、服务社会、实现自身价值为就业目的，选择有挑战性、能发挥自己才能的工作，期待高质量就业，那么他就可能实现更高质量的就业。当然，我们也应看到，可能由于就业单位处于成长期，选择挑战型工作还要牺牲短期福利保障，择业决策时首要考虑职业发展与稳定，毕业生就业后的单位管理满意度可能偏低，还可能缺乏利益表达渠道。高校毕业生是接受过高等教育的专业人才，除了养活自己，理应承担更多的社会责任。我们应引导高校毕业生树立发展型就业价值观。如果只是盯着眼下的生计和赚钱，不仅生计有忧、赚钱难赚，而且容易过度关注当下的就业单位及其物质待遇，从而导致定位不准，错失就业机会，甚至产生自卑、焦虑等不良心理。高校应加强生涯教育，把生涯教育作为通识教育和就业指导的重要内容纳入人才培养方案予以保障实施，引导学生认识自我、认识职业世界、掌握生涯决策技术，科学规划职业生涯，树立到最适合自己发挥才干的岗位就业就是高质量就业的观念，把毕业时的初次就业放在人生长河里来谋划，不以一时成败论英雄，既仰望星空，又能脚踏实地从基层做起。如果毕业生能心怀理想，放眼未来，用发展的思路来择业，只要能为自己提供锻炼和学习平台，与自己兴趣爱好相关，有发挥所长的机会，就可以去大胆就业上岗。如此一来，不仅毕业生就业不难了，而且未来充满期待。

其二，加强城镇生源毕业生的职业理想教育。城镇背景与就业政策认知、工作条件环境好等显著正相关，与就业形势严峻取向、能发挥自己才能的工作、个人发展机会、有合适的组织文化、非国有企业、大城市等显著负相关。与农村生源相比，城镇生源毕业生更了解就业创业政策，能更乐观地看待就业形势，这是值得肯定的优点。但他们过于注重工作条件与环境，而对有利于年轻人职业发展的组织文化、发挥自己才能、个人发展机会等相关因素并不重视，这从一个侧面反映城镇生源毕业生艰苦创业意识不足，成就人生的理想相对淡薄，他们似乎更关注与就业相关以及由就业带来的外在条件与好处，对就业本身的内涵关注不够。良好的工作条件环境有利于提高生活工作质量，甚至促进个人职业发展，追求它是人之常情，本无可厚非，但由此而不顾自身才性特点与未来发展，就显得舍本逐末、买椟还珠了。因此，在专业教育、思政教育以及就业指导中，我们应侧重引导存在类似问题的城镇生源毕业生树立和强化职业理想，增强艰苦创业意识，着眼未来，乐于吃苦吃亏，勇担社会责任，把当下工作条件环境选择与长远职业生涯发展、个人工作生活需要与国家民族振兴有机结合起来，在发挥个人才干、不断创造的过程中实现自身职业与价值提升。

三、就业目标观引导

就业目标观是高校毕业生对自己求职就业追求的具体目标的基本看法，是毕业生选择就业类型的外在尺度，实证研究中涉及就业单位性质取向、期望月薪、就业地域取向等。根据实证研究结论，就业目标观引导应着重加强以下几个方面：

其一，引导毕业生科学确立就业目标。就业目标是毕业生遵循自身内在就业价值并参照外在就业条件认知而确定的个体求职就业行为发生的直接依据。它没有绝对的好坏之分，切合时代需求，符合自身条件，就应是恰当的就业目标。国有体制内单位性质取向显著正向影响晋升机会，这与常识相符，如果毕业生追求更多晋升机会，那么可把政府机构、事业单位、国有企业、国防军工单位等确定为自己的就业目标，但他应考虑自身是否具备足够的相关应聘条件。月收入期望显著正向影响劳动报酬、福利保障、是否有编制等，会哭的孩子有奶吃，月收入期望高的毕业生，在劳动报酬、福利保障、编制等方面可能有更高的就业质量，但在工作时间类型上可能不是正常白班，因为月收入期望显著负向影响工作时间类型。就业地域取向显著正向影响劳动报酬、利益表达机制健全程度，这同我国城乡二元经济体制一致，毕业生选择大城市就业，能够获得更高的劳动报酬和更健全的利益表达机制，但对单位管理并不能满意，因为就业地域取向显著负向影响单位管理满意度。不论是就业单位性质的体制内外取向、月收入期望高低，还是就业地域的城乡取向，并不存在适合所有毕业生的绝对好的标准，高校应引导毕业生理性分析不同就业目标类型的利弊，按照跳起来能摘到桃子的原则，合理确定、及时调整就业目标预期，既不是俯首即拾，随随便便就能达到，又能避免高不可攀，充分调动个体的主观能动性，力争实现更高质量就业。

其二，加强学生干部的创业意识教育。担任学生干部与劳动报酬高、工作条件环境好、工作稳定性高、晋升培训机会多、行业岗位好、地理位置好、社会声望高、中小型省会城市等显著正相关，与自主创业显著负相关，大学期间担任过学生干部的毕业生更愿选择到中小型省会城市的行政事业单位就业，在就业质量评价中尤其重视劳动报酬、工作条件环境、工作稳定性、晋升培训机会、行业岗位、地理位置、社会声望等指标，但不倾向于选择自主创业和从事个体经营。这一方面说明担任过学生干部的毕业生的就业观普遍理性务实，切中肯綮，他们擅长与人交往和从事管理工作，具有较高的综合素质，一般能实现自己的就业期望；但另一方面也说明他们的创新意识和创业观念还存在明显不足，这与当前我国建设创新型国家的战略部署不协调不相符，高校毕业生是青年中的佼佼者，学生干部又是毕业生中的佼佼者，担任过学生干部的毕业生理应带头创业，成为创新创业的弄潮儿。因此，我们应在改善条件、营造氛围、鼓励广大青年想创业、敢创业、创成业的同时，切实引导高校学生干部增强创业意识，提升创业能力，积极投身创业，引领和带动更多毕业生创新创业。

其三，发掘毕业生就业家长学校的就业指导功能。父母亲是子女的第一任也是最重要的就业指导老师，他们对毕业生就业观的影响不可小觑。实证研究结果显示，父母亲的受教育程度、职业与收入状况均显著影响毕业生就业目标观，概括起来主要包括：父母亲年收入越高，毕业生越不倾向于到事业单位、内地中小城市就业，而倾向于到私营企业就业和自主创业；母亲受教育程度越高，毕业生越倾向于到竞争激烈的大城市就业；父亲越是在体制内国有单位工作，毕业生越倾向于到事业单位就业。父母都希望子女能及时高质量就业，但良好愿望并不必然产生良好行为和结果，如何发挥家长在毕业生就业指导服务中的积极作用值得高校就业工作者认真思考。开设高校毕业生就业家长学校是有针对性地开发父母就业指导资源的重要方式，高校可以通过网络 QQ（家校通）、报告会、座谈会、咨询会等渠道向家长介绍就业形势政策、往届毕业生就业去向、求职渠道、就业信息等，与家长商讨就业方略，相关活动既可面向全体毕业生家长，也可针对某一特定群体或单个毕业生家长，通过开发家长资源、引导家长观念，来引导和促进毕业生树立科学的就业目标观、及时就业。

四、就业伦理观引导

就业伦理观是高校毕业生对通过什么渠道、采取什么方式就业是合乎伦理等问题的基本看法，实证研究中涉及就业诚信态度、求职正当竞争态度、就业自主性、就业代价观等。根据实证研究结论，就业伦理观引导应着重加强以下几个方面：

其一，引导毕业生适度增强就业自主性。毕业生是求职就业的主体，既有选择的主动权，也要承担可能不被选择的责任与压力，其就业自主性显著影响就业质量。就业自主性强的毕业生，就业后的工作决策空间更大，工作单位更可能有良好的利益表达渠道，劳动条件安全性更好，但福利保障和晋升机会偏少。就业自主性对于提升就业质量是一把双刃剑，既可能提高某些方面的就业质量，也可能降低另一方面的就业质量。我们应引导毕业生科学提高就业自主性，自主但不自用。一要引导毕业生摈弃等靠要的不良思想，避免因指望他人、高不成低不就、这山望着那山高而错失就业良机，否则就可能陷入等待就业、疏远社会、能力弱化的恶性循环。二要激发毕业生主动发展的主体意识、责任意识、忧患意识，及时就业，在工作实践中展现自我、养育自我、发展自我。三要引导毕业生把集思广益和自主决策有机结合起来。求职就业决策关涉面广，意义重大，毕业生往往缺乏相应的实践经验和专业背景，高校应指导毕业生充分征求父母家人、老师、同学朋友甚至专业机构专家的意见，全面、客观分析相关情况，根据自己的兴趣、爱好和所学专业、能力把握就业方向，准确判断形势，科学决策。四要引导毕业生锻炼持续发展的德行操守，确保自主决策的正确方向。在个体职业生涯中，技巧、才智能为毕业生争取工作和发展的机会与平台，而德行却能为毕业生赢得内心安宁、他人青睐以及由此带来的持续发展的人脉与环境。高校应加强思想政治教育，发掘校园文化、社团组织的德育功能，引导学生深入学习和内化社会主义核心价值观，养成爱国、敬业、诚信、友善的良好品行，恪守行业操守与职业道德。

其二，引导毕业生辩证看待并有效开发社会资本。实证研究表明，一方面，社会资本显著影响高校毕业生就业伦理观，求职社会关系越广泛，毕业生越不赞同求职正当竞争，求职就业决策时越不自主，越倾向于倾听和尊重关系人的意见；另一方面，社会关系自我认知显著正向影响劳动报酬、晋升机会、工作挑战性、利益表达机制建设等，毕业生对自身求职社会关系的看法和态度显著影响其就业质量。这与常识和我国注重人情的国情相符，也与理论界对社会资本功能的认识一致。社会资本是嵌入在等级制结构和社会关系网络中的结构性资源，具有信息流动、施加影响、社会信用和强化等功能和作用，[①]既能直接增强行动效果，也能影响相关人的思想观念。毕业生认为自己社会关系越广泛，可能越容易获得更有价值的求职信息，并能更有效地向求职单位传递个人信息；通过特定关系人的推荐，毕业生更有可能获得就业机会，尤其在竞争者水平相当的情况下；广泛的社会关系能为毕业生提供更好的求职信用证明，强化毕业生的身份和价值认同，提供情感支持，处于社会网中的用人单位为提高自身行动效率，往往看重新进员工的社会资源，将此作为招聘录用的重要依据。社会资本的强大功能必然让自评拥有广泛社会关系的毕业生实现更高质量就业。社会关系有先赋和后致两种，父母及家庭等社会关系是先赋的，毕业生很难改变；因为学习、实践、生活等而结交的社会关系是后致的，高校和毕业生可以主动作为。高校应通过通识课、专业课和社会实践活动等渠道和方式，科学引导毕业生正确认识、科学对待社会资源在求职就业中的作用，既清楚和重视社会资本的积极作用，有效开发和使用社会资本，也清醒知道其消极影响，不迷信不依赖社会资本；引导毕业生正确掌握社会资源开发的基本方法和技巧，提升社交能力，积极参与各类有益交往，利用学缘、业缘、血缘、地缘等积累社会资源，主动开发同学、同乡、亲友、校友等社会关系，为自身求职及今后职业发展奠定基础、拓展空间；高校还应主动向校友传递毕业生求职信息，向毕业生推介校友职业发展信息、招聘信息，搭建双方交流平台，发掘校友开展就业指导、促进就业的重要作用。

---

① 〔美〕林南：《社会资本：关于社会结构与行动的理论》，张磊译，上海人民出版社 2005 年版，第 18—20 页。

结　语

"就业稳则心定、家宁、国安。"[①] 就业是民生之本、和谐之基、发展之源，没有哪位有识之士不重视就业的。就个体而言，就业是生活的核心，我们不仅依靠就业谋生，更通过就业融入社会、实现自我、创造希望。高校毕业生是社会的敏感群体，其就业问题自然备受关注，不仅因为他们受教育年限长、层次高，更因为他们年轻、初次就业，是家庭、地区、国家乃至人类的希望所在。要促进和帮助高校毕业生就业，除了为他们创造和提供适合他们的就业岗位外，更重要的应该是引导他们认识自我、认识职业，正确选择现有的适合自己的就业岗位，引导有条件的毕业生大胆创造新的就业岗位，而这些均与毕业生的就业观息息相关。自媒体时代信息的快速传播、市场经济体制下竞争的无处不在、信息社会观念的瞬息万变，尤其是高等教育制度、毕业生就业制度的全面改革，对高校毕业生就业观产生巨大冲击，毕业生面对就业难免迷茫彷徨，政府、社会乃至家长面对高校毕业生就业也难免焦虑担忧。近年来的就业实践证明，高校毕业生就业难并不是没有就业岗位，而是难在找到他们满意的单位岗位。观念是行动的先导，有效引导毕业生树立科学就业观对于促进其就业能起到事半功倍的作用。如何认知和把握高校毕业生的就业观，引导其树立科学的适应时代发展的就业观，就成为一个重大的理论课题和现实的迫切需求。

本研究回应现实需求，紧紧围绕高校毕业生就业观，对国内外前期相关研究进行了梳理，从概念、内涵、结构、属性、功能、类型等方面初步建构

---

① 李克强：《以双创拓展就业空间》，参见 http://politics.people.com.cn/n/2015/0520/c70731-27026763.html, 2015-5-20。

了高校毕业生就业观的基本理论，以社会资本、人力资本、心理资本为分析的理论视角，实证调查了高校毕业生就业观的现状、特征及影响因子，回归分析了毕业生就业观对就业质量的影响，以及社会资本、人力资本、心理资本对毕业生就业条件观、就业价值观、就业目标观、就业伦理观的影响，相应地从环境影响、教育中介、主体生成三个方面概括凝练出毕业生就业观的形成机理，总结形成引导毕业生树立科学就业观应坚持的指导思想、基本原则，并从构建合力缓解高校毕业生就业压力长效机制、核心价值观与组织文化引领、人才培养、就业指导教育等方面提出一系列对策建议。

相对于已有研究，本研究的创新与价值主要体现在以下五个方面。（1）首次系统地将社会资本、人力资本、心理资本作为一个整体纳入高校毕业生就业观研究，不仅作为研究的理论理念和理论工具贯穿整个研究，也作为影响就业观的指标因子纳入实证测量研究，建立了新的研究链接，同时避免了从外在政治、经济、社会诸方面探究的繁复与冗杂。（2）系统研究了高校毕业生就业观的基本理论问题，明确阐述了毕业生就业观的概念与内涵、内部结构与外部关系、属性、功能、类型以及形成机理。（3）全面调查总结了我国当代高校毕业生就业观的现状及其特点，提出并证实研究假设"高校毕业生就业观显著影响其就业质量""高校毕业生社会资本、人力资本、心理资本存量同其就业观显著相关"，进一步丰富了就业观研究的学术观点。（4）基于实证研究结论，为引导高校毕业生树立科学就业观，从宏观层面创新提出应坚持的指导思想与基本原则，从中观层面明确了就业观培育的内在理路（化解就业压力、核心价值观引领、组织文化研究），从微观层面列出了就业观培育的诸多实施路径与具体策略，这对优化高校就业指导教育具有一定的借鉴意义与应用价值。（5）本研究以唯物史观和社会资本、人力资本、心理资本等相关理论为指导，综合运用跨学科研究法、比较研究法以及文献法、调查法、访谈法等，构建系统的毕业生就业观及其相关测量指标体系，能为同类相关研究和实践提供测量工具和方法启示。

本研究还存在诸多不足，比较明显的主要体现在如下三个方面。首先，本书实证确认了毕业生社会资本、人力资本、心理资本显著影响其就业观，个体三类资本对其就业观具有预测作用，但没有建构和提出相应的就业观预测机制与指标体系，这是一项极具应用价值和发展前景的后续研究。其次，本书实证分析了毕业生个体拥有的三类资本对就业观的影响，并依此凝练提出毕业生就业观的三个形成机理，但对三类资本与毕业生就业观形成机理之间的内在关联性研究不深不透，还需要进一步探讨。此外，本书探讨了就业观与"三观"的关系，但对于如何促进就业观教育与思想政治教育的有机融合，以就业观教育充实思想政治教育内涵，提升思想政治教育实效，以思想政治教育引领就业观教育，确保就业观教育不跑题不偏向，理论研究和实践探索均显不足。

随着我国就业制度、就业环境、就业形势的发展变化，高校毕业生就业观必将受到更多关注，也必将涌现出更多的新的研究内容与研究视角，提出更多的研究任务与研究期盼，本书的完稿只是就业观研究的又一个开始，至少以下三个方面将成为高校毕业生就业观研究的新的生长点。

相同群体的毕业生具有趋同的就业观，这是就业观的共性，共性寓于个性之中，离开生活于特定的时代、环境的个体，抽象地适用于一切时代、一切个体的亘古永恒的普适的就业观是不存在的，就业观总是具体的、现实的、变化的、社会的、有差异的。就业观差异性研究对于有针对性地制定就业政策、开展就业指导咨询和单位选用人才、毕业生正确定位都具有重要作用，比较研究不同群体毕业生以及个体不同时段就业观的差异性与变化情况，将是一个长期的研究课题。

对观念的把握，除了定性描述，更重要的是定量测量，信息化时代需要更准确的测量数据。西方理论界已开发和制定部分就业观测量工具，国内学者开始引进和改良，但西方测量技术本土化任务和新测量技术开发一样都十分艰巨。当前大数据技术正在兴起，如何开发使用大数据技术分析毕业生就业观，了解掌握其特点、趋势走向，是极具理论价值和现实意义的，也是一个重要的前瞻性课题。

　　就业观生成的复杂性导致就业观引导的复杂性，这需要从舆论引导、政策引导、教育引导、服务引导等方面构建立体化的引导体系，综合运用相关学科的概念与方法，开展跨学科研究，实现不同领域、不同话语体系之间的理论渗透与知识创新，推动引导体系的集成创新。这是就业观研究的发展趋势。就业指导课是就业观引导的主渠道，如何更新理念、完善内容、优化设计、利用 MOOC 等新教学技术以提升教学效果，这也是就业观研究值得关注的重要方面。

　　唯物史观始终强调，我们"不是在每个时代中寻找某种范畴，而是始终站在现实历史的基础上，不是从观念出发来解释实践，而是从物质实践出发来解释各种观念的形成"[1]。高校毕业生就业的丰富实践为就业观研究提供了肥沃的土壤和迫切的需求。当前是一个伟大的时代，作为理论工作者，我们"只要注意眼前发生的事情，并且把这些事情表达出来就行了"[2]。立足就业实践，关切就业民生，高校毕业生就业观研究之树必会结出累累硕果。

---

[1]　中共中央马克思恩格斯列宁斯大林著作编译局编:《马克思恩格斯选集》(第1卷)，人民出版社1995年版，第92页。

[2]　同上注，第155页。

附录1　高校毕业生就业情况调查问卷

亲爱的大学毕业生朋友：

您好！感谢您在百忙之中参与此次问卷调查，本次调查的目的是了解大学毕业生的就业状况，从而为有针对性地推动高等教育改革、提高大学毕业生就业质量提出对策建议。请您根据自己目前的实际情况如实填写，调查结果仅用于科学研究，我们不会透漏您的个人信息，请放心作答。

真诚感谢您的合作与参与！

注：以下各选择题如无特别说明，均为单选题，请按要求选择相应答案即可。

A. 基本情况

A1. 您的性别：

□① 男　　　　　□② 女

A2. 您的年龄：＿＿＿＿周岁。

A3. 您是否是独生子女?

□① 是　　　　　□② 否

A4. 您进入大学前的城乡背景：

□① 城市　　　　□② 城镇　　　　□③ 农村

A5. 您目前就业单位的性质：

□① 政府机构　　□② 事业单位　　□③ 国有企业　　□④ 私营企业

□⑤ 外资企业　　□⑥ 民间组织　　□⑦ 自主创业 / 个体经营户

□⑧其他（自由职业者、待业者、待考族）：＿＿＿＿＿＿

A6. 您目前的就业岗位：

□①技术类岗位 □②管理类岗位

□③综合类岗位 □④其他：＿＿＿＿＿＿

A7. 您的工作主要是通过什么途径得到的？

□①学校就业部门和老师推荐 □②自己联系应聘

□③父母和家人帮助联系 □④同学朋友帮助联系

□⑤亲戚帮助联系 □⑥自己创业

□⑦职业中介机构介绍 □⑧其他：＿＿＿＿＿＿

A8. 您的最后学历：

□①大专 □②本科 □③硕士 □④博士

A9. 您毕业的学校类型：

□①"985 工程"院校 □②非"985"的"211 工程"院校

□③一般本科院校 □④专科院校（高职专科）

A10. 您大学期间的学科门类属于哪一类？

□①哲学 □②经济学 □③法学 □④教育学

□⑤文学 □⑥历史学 □⑦理学 □⑧工学

□⑨管理学 □⑩医学 □⑪军事学 □⑫农学

□⑬艺术学

A11. 您所学专业与您的兴趣爱好一致吗？

□①很一致 □②比较一致 □③一般 □④不太一致

□⑤很不一致

A12. 您对自己所学专业满意吗？

□①很满意 □②比较满意 □③一般 □④不太满意

□⑤很不满意

A13. 您大学期间的学习成绩在班上能排在：

□①前 10% □②前 11%—30%

□③前 31%—70%　　　　　　□④后 30%

A14. 您在大学期间，是否有过以下情况？（请在相应的数字上打"√"）

	是	否
a. 大学期间是否担任过学生干部？	1	0
b. 大学期间是否为中共党员？	1	0
c. 大学期间是否获得过奖学金？	1	0
d. 大学期间是否有过兼职经历？	1	0
e. 大学期间是否有过职业生涯规划？	1	0
f. 大学期间是否参加了社团组织？	1	0
g. 大学期间是否参加了志愿服务活动？	1	0
h. 是否辅修第二专业或更高学历学位？	1	0

A15. 您在大学期间获得的各类考级证书多吗？

□①多（5 个以上）　　　　　　□②较多（4—5 个）

□③一般（3 个）　　　　　　　□④很少（1—2 个）

□⑤没有

A16. 您父母的受教育程度分别是:（请在相应的数字上打"√"）

	小学及以下	初中	高中（职高技校）	大专	本科	研究生
a. 父亲	1	2	3	4	5	6
b. 母亲	1	2	3	4	5	6

A17. 您父母（退休前）的职业或主要从事的工作分别是:（请在相应的数字上打"√"）

	国有企事业单位工作人员	政府机构工作人员	在乡务农	在外打工	自主创业人员	在家赋闲	其他
a. 父亲	1	2	3	4	5	6	7
b. 母亲	1	2	3	4	5	6	7

A18. 您父母亲的年收入之和一年大概有：

　　□ ① 2 万元以下　　　　　　　□ ② 2 万—5 万元

　　□ ③ 5 万—10 万元（不含 5 万）　□ ④ 11 万—20 万元

　　□ ⑤ 20 万元以上

B. 劳动报酬

B1. 您目前的月工资（包含奖金）为：

　　□ ① 2000 元及以下　　　　　□ ② 2001—3500 元

　　□ ③ 3501—6000 元　　　　　□ ④ 6001—8000 元

　　□ ⑤ 8000 元以上

B2. 和其他相同职位相比，您认为自己的工资水平：

　　□ ① 非常高　　□ ② 比较高　　□ ③ 差不多　　□ ④ 比较低

　　□ ⑤ 非常低　　□ ⑥ 不知道

B3. 您对在职期间获得的涨幅工资评价是：

　　a 是否合理：

　　□ ① 非常合理　　□ ② 比较合理　　□ ③ 一般　　□ ④ 不太合理

　　□ ⑤ 很不合理

　　b 是否满意：

　　□ ① 非常满意　　□ ② 比较满意　　□ ③ 一般　　□ ④ 不太满意

　　□ ⑤ 很不满意

B4. 您所在单位在传统节假日和纪念日有特别的福利发放吗？

　　□ ① 都有　　　　　　　　　□ ② 大多时候都有

　　□ ③ 偶尔有　　　　　　　　□ ④ 基本上没有

　　□ ⑤ 完全没有

C. 劳动条件

C1. 您目前工作时间的类型是：

　　□①白班　　　　□②晚班　　　　□③三班倒　　　　□④不固定

C2. 您目前每周工作 _____ 天。

C3. 您工作日内每天的工作时间是：

　　□①8 小时及以下　　　　　□②8—12 小时

　　□③12 小时以上　　　　　□④不固定

C4. 您每周加班的情况：

　　□①从不　　　　□②偶尔　　　　□③一般　　　　□④ 较多

　　□⑤经常

C5. 您所从事的工作危险系数：

　　□①低　　　　□②较低　　　　□③一般　　　　□④较高

　　□⑤高

C6. 您单位的职工体检是_____年一次；目前单位的工作环境对您身体健康有影

响吗?

　　□①影响很大　　□②影响较大　　□③一般　　　　□④影响较小

　　□⑤没影响

C7. 以下几个方面是否符合您的实际情况?（请在相应的数字上打"√"）

	是	否	不确定
a. 工作环境中，存在声光辐射的情况	1	2	3
b. 工作环境中，有毒气体 / 粉尘	1	2	3
c. 工作环境中，存在过重负荷 / 长时间立蹲的情况	1	2	3
d. 所在单位执行了符合国家规定的工作安全卫生条件标准	1	2	3
e. 入职以来，曾经遭遇过职业病的侵害	1	2	3
f. 入职以来，曾经因工受伤	1	2	※
g. 平时可以自己选择休假时间	1	2	※

D. 工作稳定性与福利保障

D1. 您是正式员工 / 在编人员吗?

☐①是 ☐②否

D2. 您是否与用人单位签订了书面劳动合同?

☐①没有签 ☐②签了,有固定期限合同

☐③签了,以完成一定任务为期限 ☐④签了,无固定期限劳动合同

D3. 您工作后,您的单位变动、地域变动和职业变动（工种或岗位变动）共_____次?

D4. 您认为您所在单位的员工离职率高吗?

☐①很高 ☐②比较高 ☐③一般 ☐④比较低

☐⑤很低

D5. 您打算在目前的工作单位工作多长时间?

☐①只要公司不解雇,会一直工作下去

☐②如果有更好的发展机会就立刻离职

☐③已不想干了,正在做离职打算

☐④所积累的经验不够,暂不考虑跳槽

☐⑤其他_____

D6. 您在单位能否享受下列社会保障或福利待遇?（请在相应的数字上打"√"）

	能	不能	不清楚
a. 工伤保险	1	2	3
b. 失业保险	1	2	3
c. 医疗保险	1	2	3
d. 养老保险	1	2	3
e. 生育保险	1	2	3

续表

	能	不能	不清楚
f. 住房公积金	1	2	3
g. 免费职业技能培训	1	2	3
h. 带薪年假	1	2	3
i. 福利房 / 经济适用房等住房福利	1	2	3
j. 工作餐 / 餐补（含包吃）	1	2	3
k. 班车 / 交通补贴	1	2	3

E. 工作挑战性与晋升机会

E1. 相较于轻松的工作，您是否更喜欢繁杂节奏快富有挑战性的工作？

□ ① 是　　　　　　　　　　　□ ② 否

E2. 您认为什么样的工作具有挑战性？（可多选）

□ ① 工作内容复杂　　　　　　　□ ② 工作灵活性强

□ ③ 工作专业要求高　　　　　　□ ④ 工作量大

□ ⑤ 工作时间长　　　　　　　　□ ⑥ 工作环境关系网复杂

□ ⑦ 其他：＿＿＿＿＿＿＿＿＿

E3. 您在工作的时候需要得到别人的帮助吗？

□ ① 经常需要　　　　　　　　　□ ② 大多时候需要

□ ③ 一般　　　　　　　　　　　□ ④ 很少需要

□ ⑤ 完全不需要

E4. 您目前所在岗位是否具备晋升空间？

□ ① 有很大空间　　　　　　　　□ ② 有较大空间

□ ③ 一般　　　　　　　　　　　□ ④ 空间较小

□ ⑤ 完全没有

E5. 请问以下说法是否符合您的情况?(请在相应的数字上打"√")

	很符合	比较符合	一般	不太符合	不符合
a. 目前的工作具有挑战性	1	2	3	4	5
b. 愿意接受更有难度的工作	1	2	3	4	5
c. 平时关注岗位晋升	1	2	3	4	5
d. 已具备晋升的条件	1	2	3	4	5
e. 所在单位的职业培训机会多	1	2	3	4	5
f. 所在单位的外出进修机会多	1	2	3	4	5
g. 所在单位的晋升机会公平	1	2	3	4	5

F. 利益表达机制与工作决策空间

F1. 您在工作中是否有合法的利益表达渠道?

☐ ①有　　　　　　　　　☐ ②没有

F2. 您在工作中的利益表达渠道有:(可多选)

☐ ①直接向上级反映　　　☐ ②工会组织

☐ ③党 / 团支部　　　　　☐ ④公安 / 司法部门

☐ ⑤其他:_____

F3. 您认为目前工作中的利益表达渠道是否畅通?

☐ ①很畅通　　　　　　　☐ ②畅通

☐ ③一般　　　　　　　　☐ ④不太畅通

☐ ⑤不畅通

F4. 您所在单位对员工的利益诉求是否会做出相应回应?

☐ ①都会　　　　　　　　☐ ②大多会

☐ ③一般会　　　　　　　☐ ④很少会

☐ ⑤从不

F5. 单位处理利益诉求的时间是多长?

　□①1 个月以内　　　　　　□②1—3 个月

　□③4—6 个月　　　　　　□④7—12 个月

　□⑤1 年以上

F6. 您认为单位是否重视员工的利益诉求?

　□①是　　　　　　　　　　□②否

F7. 您认为单位的利益表达机制是否在不断改善?

　□①是　　　　　　　　　　□②否

F8. 请问以下说法是否符合您的情况?（请在相应的数字上打"√"）

	经常	较多	一般	很少	从不
a. 在制订某项工作计划时，会受到单位的限制	1	2	3	4	5
b. 工作决策或建议会被单位采纳	1	2	3	4	5
c. 决定 / 想法 / 感受能得到同事的认可	1	2	3	4	5
d. 能根据自己实际情况灵活地调整个人工作日程	1	2	3	4	5
e. 自己职权范围内的工作，却无权决策	1	2	3	4	5
f. 自己的日常工作对整个单位的工作进程有影响	1	2	3	4	5

F9. 当单位做出涉及您工作的决定时，您是否及时得到通知?

　□①很及时　　　　　　　　□②及时

　□③一般　　　　　　　　　□④不及时

　□⑤很不及时

F10.单位在薪水制度方面对员工的征求意见工作做得如何?

　□①很好　　　　　　　　　□②比较好

　□③一般　　　　　　　　　□④较差

　□⑤很差

G. 人职匹配性与工作满意度

G1. 请问以下说法是否符合您的情况?(请在相应的数字上打"√")

	很符合	比较符合	一般	不太符合	很不符合
a. 目前从事的工作与理想的职业是一致的	1	2	3	4	5
b. 对目前的工作感兴趣	1	2	3	4	5
c. 目前工作是自己擅长的领域	1	2	3	4	5
d. 目前从事的工作与自己所学的专业相关	1	2	3	4	5
e. 自己的性格特质适合目前的工作	1	2	3	4	5

G2. 目前的工作是否有利于您素质能力的充分发挥?

□①是　　　　　　　　　□②否

G3. 您认为工作的人职匹配性与工作过程中所获成就的关系如何?

□①关系非常大　　　　　□②关系较大

□③关系一般　　　　　　□④关系较小

□⑤没有关系

G4. 您目前所在单位或行业的声誉度如何?

□①很好　　　□②较好　　　□③一般　　　□④较差

□⑤很差

G5. 您家人对您的工作状况是否满意?

□① 很满意　　□②满意　　□③一般　　□④不满意

□⑤极不满意

G6. 您对自己工作的满意度如何?(请在相应的数字上打"√")

	很不满意	不太满意	一般	比较满意	很满意
a. 薪酬	1	2	3	4	5

续表

	很不满意	不太满意	一般	比较满意	很满意
b. 工作量	1	2	3	4	5
c. 工作时间	1	2	3	4	5
d. 加班	1	2	3	4	5
e. 学习培训机会	1	2	3	4	5
f. 能力和知识的提高	1	2	3	4	5
g. 岗位晋升空间	1	2	3	4	5
h. "五险一金"	1	2	3	4	5
i. 工作福利	1	2	3	4	5
j. 工作环境	1	2	3	4	5
k. 人际关系	1	2	3	4	5
l. 单位日常规章制度	1	2	3	4	5
m. 单位管理人员的管理水平	1	2	3	4	5
n. 单位处理员工的利益诉求	1	2	3	4	5
o. 工作的自主性	1	2	3	4	5
p. 工作带来的成就感	1	2	3	4	5

H. 政策支持

H1. 您对国家促进高校毕业生就业的政策了解吗？

　　□ ① 非常了解　　　　　　　　□ ② 比较了解

　　□ ③ 一般　　　　　　　　　　□ ④ 不怎么了解

　　□ ⑤ 一点都不了解

H2. 您对国家鼓励和扶持大学生创业的政策了解吗？

　　□ ① 非常了解　　　　　　　　□ ② 比较了解

☐ ③一般 ☐ ④不怎么了解

☐ ⑤一点都不了解

H3. 您对目前国家实施的就业政策怎么看？（可多选）

☐ ①现行就业政策不能满足毕业生的需求

☐ ②就业政策执行偏差影响就业政策执行效果

☐ ③缺乏对政策执行的监控

☐ ④政策宣传不到位

☐ ⑤政策制定的力度不够

☐ ⑥其他：_____

H4. 在您看来，目前的就业政策对高校毕业生求职有实质帮助吗？

☐ ①很有帮助 ☐ ②较有帮助

☐ ③一般 ☐ ④帮助很小

☐ ⑤没有帮助

H5. 就您目前工作而言，您是否从相关就业政策中受益？

☐ ①受益很多 ☐ ②受益较多

☐ ③一般 ☐ ④受益很少

☐ ⑤没有受益

H6. 就高校毕业生创业而言，您觉得最需要制定哪方面的政策？

☐ ①良好的贷款政策 ☐ ②有益的创业信息分享平台

☐ ③较好的创业风险保障政策 ☐ ④帮扶创业的孵化服务政策

☐ ⑤其他：_____

H7. 请对以下大学生就业政策做出评价：（请在相应的数字上打"√"）

	很不满意	不太满意	一般	比较满意	很满意
a. 岗位稳定政策（如用人单位裁员经济补偿政策、裁员优先预留人员政策等）	1	2	3	4	5
b. 岗位创造政策	1	2	3	4	5
c. 创业激励政策	1	2	3	4	5

续表

	很不满意	不太满意	一般	比较满意	很满意
d. 就业吸纳优惠政策	1	2	3	4	5
e. 特岗就业倾斜政策（如西部志愿服务人员、"三支一扶"人员、农村义务教育阶段学校特岗教师等方面的政策）	1	2	3	4	5
f. 就业援助政策（如求职补贴和费用减免政策、公益性岗位安置政策、公益性岗位补贴政策、社会保险补贴政策等）	1	2	3	4	5
g. 反就业歧视政策	1	2	3	4	5

I. 就业服务

I1. 您在求职过程中面临的问题有：(可多选)

□ ① 岗位信息少　　　　　□ ② 技能不足

□ ③ 专业冷门　　　　　　□ ④ 自己定位不对

□ ⑤ 专业不一致　　　　　□ ⑥ 缺少社会关系

□ ⑦ 求职费用太高　　　　□ ⑧ 缺乏实践经验

□ ⑨ 其他：＿＿＿＿＿＿

I2. 请您对学校的就业指导与服务工作进行评价：(请在相应的数字上打 "√")

	很不满意	不满意	一般	满意	非常满意	不了解
a. 整体情况	1	2	3	4	5	6
b. 就业指导 / 创业指导课	1	2	3	4	5	6
c. 职业咨询 / 辅导	1	2	3	4	5	6
d. 校园招聘活动	1	2	3	4	5	6
e. 就业信息提供与发布	1	2	3	4	5	6
f. 就业手续办理	1	2	3	4	5	6
g. 其他就业指导服务	1	2	3	4	5	6

I3. 您希望高校提供什么样的就业服务对学生就业有帮助？（可多选）

　　□ ① 开设职业生涯规划等就业指导课

　　□ ② 组织求职技巧等专题讲座

　　□ ③ 提供社会实践、实习机会

　　□ ④ 组织校内招聘会

　　□ ⑤ 就业政策形势分析

　　□ ⑥ 就业心理咨询

　　□ ⑦ 就业网络建设

　　□ ⑧ 加强学校与用人单位合作，做好推荐工作

　　□ ⑨ 及时提供、发布就业信息

　　□ ⑩ 其他：_____。

I4. 请您对目前政府公共就业服务作评价：（请在相应的数字上打"√"）

	很不满意	不满意	一般	满意	非常满意
a. 提供就业信息	1	2	3	4	5
b. 促进人职匹配	1	2	3	4	5
c. 职业指导与培训	1	2	3	4	5
d. 人事合同管理	1	2	3	4	5
e. 失业保险与救助	1	2	3	4	5
f. 制定就业创业政策法规	1	2	3	4	5

I5. 请您评价校友在帮助你求职就业方面的作用。

　　□ ① 作用很大　　□ ② 作用较大　　□ ③ 一般　　□ ④ 作用较小
　　□ ⑤ 没作用

I6. 您愿意以后对学弟、学妹的就业提供帮助吗？

　　□ ① 很愿意　　□ ② 比较愿意　　□ ③ 一般　　□ ④ 不太愿意
　　□ ⑤ 不愿意

J. 就业观念

J1. 您对自己求职形势的总体感觉是：

□①很乐观　　　□②比较乐观　　　□③一般　　　　□④比较严峻

□⑤非常严峻

J2. 您对自己就业能力的总体判断是：

□①非常好　　　□②比较好　　　　□③一般　　　　□④比较差

□⑤非常差

J3. 您就业的目的是：

□①维持生计　　　　　　　　□②出于兴趣爱好

□③奠定建立家庭的经济基础　　□④服务社会实现自身价值

J4. 择业决策时，您考虑的首要因素是：

□①经济收入　　　　　　　　□②个人发展机会

□③专业知识的运用　　　　　□④生活环境

□⑤工作的稳定性

J5. 您最理想的就业单位是 _____；其次是_____；再次是 _____（填序号）

①政府机构　　　　　　　　②事业单位

③国有企业　　　　　　　　④私营企业

⑤中外合资或外资企业　　　⑥社会组织

⑦自主创业 / 个体经营户　　⑧国防军工单位

⑨其他

J6. 就您自身的条件而言，您期望的月收入（含奖金）为：

□①2000 元以内　　　　　　□②2001—3500 元

□③3501—6000 元　　　　　□④6001—8000 元

□⑤8000 元以上

J7. 对于就业地区，您的理想选择是：

　　□ ① 竞争激烈、经济发达的大城市，如北京、上海、广州、深圳

　　□ ② 竞争较为激烈的中小型省会城市

　　□ ③ 竞争压力小但有一定发展潜力的内地中小城市

　　□ ④ 急需人才的边远或农村地区

　　□ ⑤ 无所谓，只要能找到比较合适的工作

J8. 您最理想的工作类型是：

　　□ ① 稳定的工作　　　　　　　□ ② 有挑战性的工作

　　□ ③ 舒适安逸的工作　　　　　□ ④ 能发挥自己才能的工作

J9. 您认为最理想的求职渠道是 ＿＿＿；其次是＿＿＿；再次是 ＿＿＿（填序号）

　　① 学校提供的信息和推荐　　　② 招聘网络

　　③ 熟人联系　　　　　　　　　④ 实习实践中获得机会

　　⑤ 现场招聘会和人才市场　　　⑥ 考试竞争

　　⑦ 有关部门安排　　　　　　　⑧ 其他

J10. 您认为大学生是否有必要接受就业指导教育？

　　□ ① 非常有必要　　　　　　　□ ② 有必要

　　□ ③ 没有必要

J11. 请您对人才招聘会、双选会的效果进行评价：

　　□ ① 非常好　　　　　　　　　□ ② 比较好

　　□ ③ 一般　　　　　　　　　　□ ④ 比较差

　　□ ⑤ 非常差

J12. 求职就业决策时您最愿意听谁的意见：＿＿＿；其次是＿＿＿；再次是 ＿＿＿（填序号）

　　① 父母家人　　　　　　　　　② 老师

　　③ 同学朋友　　　　　　　　　④ 自己

　　⑤ 专业咨询机构及其就业指导专家　　⑥ 其他

J13. 请您对下列观点发表看法:(请在相应的数字上打"√")

	很不赞同	不太赞同	一般	比较赞同	很赞同
a. 可以不诚信求职（如简历掺假、面试说谎等）	1	2	3	4	5
b. 违反就业协议不是什么大不了的事	1	2	3	4	5
c. 可以不择手段诋毁求职竞争对手	1	2	3	4	5
d. 为了找个好工作可以不计代价	1	2	3	4	5
e. 求职就业中拉关系走后门是必要的	1	2	3	4	5
f. 找不到合适工作可以继续"啃老"吃救济	1	2	3	4	5

J14. 您觉得为了找份好工作,多少花费是可以接受的?

☐ ① 100 元以内　　　　☐ ② 500 元以内

☐ ③ 1000 元以内　　　☐ ④ 2000 元以内

☐ ⑤ 5000 元以内　　　☐ ⑥ 1 万元以内

J15. 对您的就业观念影响最大的因素是_____;其次是_____;再次是_____（填序号）

① 父母家人的言传身教　　　② 同学朋友的影响

③ 国家就业政策与就业形势　④ 社会风气

⑤ 大众传媒　　　　　　　　⑥ 大学前的学校教育

⑦ 大学专业教育　　　　　　⑧ 大学思政等公共课教育

⑨ 大学就业指导教育

⑩ 社会实践活动（如实习见习社团活动等）

J16. 您认为下列心理素质对您就业观的形成影响最大的是:

☐ ① 自主性（独立性）　　☐ ② 判断力

☐ ③ 心理承受能力　　　　☐ ④ 自信心

☐ ⑤ 乐观

J17. 您认为对于您找工作来讲，您的社会关系是：

□①非常广泛　　　□②广泛　　　　□③一般　　　　□④少

□⑤非常少

J18. 您对自己外貌条件的总体判断是：

□①非常好　　　□②比较好　　　□③一般　　　　□④比较差

□⑤非常差

J19. 请您对自己的心理素质进行评价：（请在相应的数字上打"√"）

	非常好	比较好	一般	不太好	很不好
a. 自主性（独立性）	1	2	3	4	5
b. 判断力	1	2	3	4	5
c. 心理承受能力	1	2	3	4	5
d. 自信心	1	2	3	4	5
e. 乐观	1	2	3	4	5

J20. 请您判断下列因素对高质量就业的重要程度：（请在相应的数字上打"√"）

	非常重要	比较重要	一般	不太重要	不重要
a. 工资奖金福利等劳动报酬高	1	2	3	4	5
b. 工作条件与环境好	1	2	3	4	5
c. 工作稳定性高（如有编制、签劳动合同、离职率低等）	1	2	3	4	5
d. 社会保障与利益表达机制健全（如提供"五险一金"等）	1	2	3	4	5
e. 晋升培训机会多	1	2	3	4	5
f. 有合适的组织文化，如工作决策空间大，富有挑战性	1	2	3	4	5
g. 行业岗位好（如垄断行业、管理岗位等）	1	2	3	4	5

续表

	非常重要	比较重要	一般	不太重要	不重要
h. 就业地理位置好（如发达地区、大中城市、离家近等）	1	2	3	4	5
i. 就业单位社会声望高	1	2	3	4	5
j. 人职匹配度高（如专业对口、符合兴趣、能发挥能力等）	1	2	3	4	5
k. 工作带来的成就感及人生价值的实现	1	2	3	4	5

调查到此结束，再次谢谢您的参与和合作！

附录 2 关于高校毕业生就业观的访谈提纲

访谈对象：高校就业指导工作者

访谈内容：

1. 您对当前高校毕业生就业的形势如何判断？请以您熟悉了解的毕业生个体或群体为分析案例和判断依据。

2. 您认为当前形势形成的原因主要有哪些？请以您熟悉了解的毕业生个体或群体为分析案例和判断依据。

3. 毕业生自身的就业观对于形成当前形势，尤其是他（她）们自身的就业现状，发挥了怎样的作用？请结合您熟悉了解的毕业生个体或群体进行分析，请尽可能提供具体案例。

4. 请您列举毕业生就业观好的和不好的两个方面的具体表现。

5. 您认为毕业生就业观的形成和变化主要受了哪些因素的影响，这些因素又是如何发生作用的？比如生活环境、家庭状况、学校教育、媒体舆论、同辈群体、毕业生自身的就业实践，等等。请尽可能提供具体案例。

6. 您认为高校就业指导对毕业生就业观的形成和转化有作用吗？如果有，主要表现在哪些方面；如果没有或者作用不大，原因又何在？请结合您的工作经历具体分析。

7. 您认为高校毕业生应该树立什么样的就业观？

8. 对于引导和帮扶高校毕业生树立科学、合理的就业观，您有哪些建议？

附录 3 "三观"、择业观与就业指导

就业指导是帮助毕业生顺利就业和尽快实现社会角色转换的重要手段。随着我国毕业生就业制度改革的不断深化，新的"双向选择""自主择业"就业体制的全面实施，以及我国经济社会的进一步发展和人们思想意识形态的进一步多样化，在大学生中广泛、深入开展就业指导工作已显得极为重要和紧迫。如何结合大学生的特点把握大学生"三观"——世界观、人生观、价值观教育和择业观教育的关系，深入做好就业指导工作，促进毕业生及时、顺利、充分就业，已现实地摆在广大毕业生就业工作者的面前。

一、关于择业观与"三观"的关系

世界观、人生观、价值观（通称"三观"）是个体对整个世界及人生价值的总的看法，是个体一切行为的思想根源。择业观是择业个体对社会职业和社会职业选择的看法，是个体择业行为发生的认识论根源。"三观"是影响择业观形成的重要内因，社会生产力发展水平、职业发展状况是影响择业观形成的总的外因，就业制度、政策、教育是影响择业观形成的根本保障，个体的素质、职业能力水平以及个体对其自身的评价定位是影响择业观形成的直接条件。因此，"三观"教育始终是择业观教育的理性依据和动力源泉。脱离"三观"教育的择业观教育和就业指导工作是无本之木，无源之水，缺少稳固性和实践性。择业观是"三观"不可分割的重要组成部分，同时又具有自己的特性和丰富的内涵，它包括个体的职业理想、职业道德，以及对自我从业能力和个性的认知等。相近的择业观可能源于截然不同的世界观、人生观、价值观，"三观"相近的择业个体可能有完全相左的择业观。"三观"教育是德育的核心内容，贯穿于个体教育全过程，择业观教育是为使择业主

体顺利就业、实现角色转换而进行的一种教育影响活动，具有较强的时段性和针对性。

二、把握两者关系，贯穿四条原则，做好就业指导

择业观教育是学校就业指导工作的核心内容之一，学校的就业指导在学生择业观形成过程中自始至终发挥主导作用。系统的就业指导有利于学生不断地提高自我认知和评价、判断就业形势的能力；而学生的世界观、人生观、价值观，又促使学生有选择地接受学校乃至社会的就业指导。因此，择业观教育实际上是教育者有目的有选择地传递就业指导信息和受教育者有选择地接受影响形成择业观并用以指导择业实践相统一的过程。切实把握择业观与"三观"的关系，应贯穿下面四条原则：

1. 渗透性原则。择业观教育与其他教育教学活动并不是隔离的，而是相互渗透，你中有我，我中有你。通过开展择业观教育和就业指导把"三观"教育具体化、实践化；通过开展"三观"教育，为就业指导和择业观教育提供深层次的理性支撑。可以说，从时间到内容，从目标到途径，择业观教育和就业指导与学生的思想教育、专业教育乃至整个素质教育是一个相互连贯、密切结合的过程。

2. 系统性原则。就业指导与其他教育教学活动的渗透性并不否定就业指导的独立性和系统性。职业生涯占据人生大部分时间，用以指导个体职业选择甚至职业生涯的择业观教育不是一蹴而就的短期行为，而是有丰富内容和严格规律的教育体系。就业指导工作必须贯彻系统性原则。我们应把择业观教育和就业指导工作作为一个系统工程来抓，强化教育的整体性，突出就业指导在时间上和内容上的连贯性和一致性。国外许多发达国家的就业指导已形成了从中学到大学，从职业介绍、个性心理测试、人职匹配、择业技巧训练到就业后培训、服务等的一个严密体系。我国现代意义上的就业指导刚刚起步，我们更应高起点、长规划，把握就业指导的深层次规律，密切联系和准确把握择业观教育和"三观"教育的关系，发挥社会主义大学的德育优

势，切实做好大学生的就业指导工作。

3. 侧重性原则。大学生的正确择业观是在内外两者合力作用下形成的。一方面主体通过自我教育、自我管理、自我发展、自我完善，为就业创造条件；另一方面学校和社会以多种形式给大学生提供理论教育、信息服务、榜样导向、心理咨询等，大学生在择业实践中逐步调适、磨合而形成较合理的择业观。因此，就业指导和择业观教育不能等同于"三观"教育或德育，针对不同的时段和不同的社会大环境特点，我们的就业指导工作应有所侧重。比如，大学一年级可进行专业和职业介绍，甚至就业见习，大二、大三可进行职业成功训练、职业与心理测试和咨询，大四可进行择业技巧训练、求职模拟等，甚至可在高中毕业生中进行择业观教育，突出就业指导的阶段性和侧重性特点。

4. 实践性原则。择业观教育与其他的就业指导活动相比，具有一定的理论性，但与"三观"教育相比，具有较明显的现实针对性和实用性。因大学生已有一定的思想理论修养，择业观教育不能就事论事，必须有一定的理论深度和较强的辩论说服力，必须从认识论根源上澄清大学生中存在的譬如择业期望值过高、过分关注就业的地域和行业等错误倾向，防止就业指导工作中的实用主义。同时，择业观教育和就业指导又不能流于说教，随着社会生活节奏的日益加快，任何空泛的教导都无济于事。判断择业观教育和就业指导工作效果和得失的依据应是是否有利于大学生顺利就业，是否有利于大学生今后事业发展。因此，脱离具体的择业个体和职业选择的实际，任何形式的就业指导都难站住脚跟。择业观教育和就业指导必须贯穿实践性原则，从大学生的思想实际、专业实际、个性特点和当代社会环境特点及发展趋势出发，引导毕业生正确择业、顺利就业、成功立业。

以中共中央思想政治工作会议的召开为标志，全国上下已普遍认识到思想政治工作在我国现代化建设各项事业中举足轻重的作用。就业指导本身既是指导大学生就业的新方式，又是学校进行"三观"教育等思想政治工作的有力载体。大学生是富于激情、敏感的一个群体，是参与国家建设的宝贵人才资源。大学生就业指导工作者应积极担负起历史赋予我们的使命，高处着眼，细处着手，努力为大学生在学校和社会、学业和事业之间架起座座金桥。

（本文刊发于《中国大学生就业》2000 年第 10 期）

附录 4　高校毕业生就业理念及实践反思

摘要：当前高校毕业生就业面临改革中的困难，在理念上对高校毕业生的未来发展与及时就业、就业能力与就业德性、就业观念与职业选择等进行反思，有利于在实际工作中理顺"大就业"与"小就业"的管理体制，理顺高校招生、培养与就业的关系，扩大有效需求，促进其理想就业。

关键词：高校毕业生就业；理念；实践；反思

20 世纪 90 年代以来，中国高等教育的快速发展，客观上大大提高了国民素质，同时也使高校毕业生面临更大的就业压力。在大学生就业难成为社会热点的情况下，从理念上对高校毕业生的未来发展与及时就业、就业能力与就业德性、就业观念与职业选择等进行反思，有利于我们在实际工作中理顺"大就业"与"小就业"的管理体制，理顺高校招生、培养与就业的关系，真正扩大有效需求，促进高校毕业生理想就业。

一、未来发展与及时就业

高等教育受教育者的未来发展与及时就业，谁更根本，这是一个古老的话题。赫钦斯认为，"将大学职业教育化对大学而言显然是有害的"，"职业教育主义不仅有害于大学，也有害于专业职业"。布鲁贝克认为，"有什么学习能比一个受过良好训练并因此能将其力量移向任何方面的心灵更为实用的呢？"赫钦斯所指的大学与目前讲的高等教育是有区别的，但其观点是有代表性的，至今仍有启发和借鉴意义。受教育者进入高校学习，是为了谋得一份职业以谋取未来人生的更大发展，谁都不会将自己的孩子送到一所没有就业希望的高校去学习。但我们不能就此打住，只要思维继续向前延伸，就不难懂得，谋得一份职业只是一个手段，未来人生的更大发展才是更重要更深层次的目的。正如杜威所说："一种职业只不过是人生活动所遵循的方向，使这些活动因其结果而让个人感到有意义，同时也使他的朋友感到活动有好处。"高等教育的宗旨是"使受教育者成为德、智、体等方面全面发展的""具有创新精神和实践能力的"人。如果高校将办学宗旨和目标仅仅定位在人生发展的手段、工具上，那有负高校之使命，更有愧大学之美誉。如果说，高等教育以社会需要和市场需求为导向，那么，只要我们培养的毕业生是合格加优秀的社会公民，就业始终是有办法的。"职业教育把就业作为直接目标，自由教育不把就业作为直接目标而能够（在总体上）更好地解决就业问题。"本质上讲，自由教育、普通教育和职业教育不存在根本冲突，不是天生的冤家，它们统一于"人本性"的培养。如果我们更加重视未来发展，把未来发展放在更加醒目的位置，也许及时就业会来得更容易、更及时，因为毕业生自身更硬了，初次选择也就不再那样生死攸关了。

二、就业能力与就业德性

就业能力包括就业者获取职业和发展职业的专业、非专业知识、技巧、能力。就业德性强调的是在就业和做人之间求职就业者更看重谁，谁是第一位的，谁更根本。就业德性是个体职业发展的根基，如果我们用冰山模型来描述人的就业影响因素，那么就业德性就是冰山未露出水面的部分，就业能力是冰山露出水面的一部分。生活中，重要的东西经常被我们所重视，比如名利，但最重要的东西也常常容易被人们忽视，比如生命。学化学的制药造福于民是就业，制毒品、造生化武器祸国殃民，前后两者不是就业能力的差别，根本在就业德性。就业确实很重要，是人生的又一个新起点，但不能因此而不顾一切，连最基本的做人底线都敢于放弃，如此求职是很难成功的，很难寻得职业发展的平台，即使有，也绝难长久。理论上讲，只有藏在水下的大，露出水面的才更大，才更能经受住职场竞争的大风大浪。具体实践中，一方面，高校应将学生就业德性的养成放在更重要的位置，千方百计创造条件促进和帮助学生养成良好的就业德性。"大学绝不仅仅是一个传播知识和教会技能的地方，还必须是一个培养具有稳定价值观念的人才的地方。"另一方面，毕业生应尽量放弃急功近利的思想，以德养能，以能彰德，德能兼备。

三、就业观念与职业选择

就业观就是求职就业者希望通过职业获得什么，追求什么，是个体就业德性的外在表现形式之一。马克思在《共产党宣言》中指出："人们的观念、观点和概念，一句话，人们的意识，随着人们的生活条件、人们的社会关系、人们的社会存在的改变而改变。"与计划经济社会、精英化高等教育时代相比，当前高校毕业生就业观具有两个明显的倾向性特征：一是更加注重经济待遇；二是更加注重自我发展。如何看待这两种倾向性特征，是能否正确把握和判断这个时代高校毕业生就业问题的分水岭。追求经济待遇并不是不讲无私奉献，注重自我发展并不是不服务社会发展、谋求集体利益，简单地进行非此即彼的判断，往往难以接近事实真理。高校毕业生在择业时希望有较高的经济待遇，过多地责怪他们期望值过高，显然有"站着说话不腰疼"的嫌疑。另外，个人发展是社会发展的前提，只要所有个人发展了，社会自然就进步、发展了。犹如杜威所说："职业是唯一能使个人的特异才能和他的社会服务取得平衡的事情。找出一个人适宜做的事业并且获得实行的机会。这是幸福的关键。天下最可悲的事，莫过于一个人不能发现一生的真正事业，或未能发现他已随波逐流或为环境所迫陷入了不合志趣的职业。所谓适当的职业，不过是说一个人的能力倾向得到适当的运用，工作时能最少摩擦，得到最大的满足。对社会其他成员来说，这种适当的行动当然意味着他们得到这个人所能提供的最好的服务。"关键是如何帮助和引导他们实现这种愿望，达到他们的目的，避免步入误区，尽量少走弯路。一要引导学生树立步步经营的理念，切忌希望一步到位。古罗马塞涅卡说："没有谁比未遇到不幸的人更加不幸，因为他从未有机会检验自己的能力。"事实上，想一步到位，往往永远难到位；只有放下架子，低处起步，才能步步到位。二是引导学生将追求个人发展与服务社会有机结合起来，根据社会需要来选择和调整自我的职业发展路径。马克思在中学毕业论文中说："人的本性是这样的：人只有为同时代人的完美、为他们的幸福而工作，自己才能达到完美"，才能成为真正伟大的人物，才能获得最大的快乐。也只有这样，我们的职业才能取得真正的成功。三是引导学生保持心态平衡，避免盲目攀比。保持一种理性平和心境，挫折面前不沉沦，诱惑面前不迷失，紧要关头沉得住气，关键时刻宠辱不惊，方能真正科学选择，理想就业。

四、有效需求与理想就业

高校毕业生就业面临诸多困难，矛盾丛生。但"过程发展的各个阶段中，只有一种主要的矛盾起着领导的作用"，"捉住了这个主要矛盾，一切问题就迎刃而解了"。高校毕业生就业的主要矛盾是什么？岗位有效需求与高校毕业生理想就业愿望之间的矛盾是主要矛盾。有效需求包含两层含义，一是有需求，二是需求是实实在在的，在当前历史条件下适合大学生选择，能在一定程度上接近于高校毕业生的就业理想。更多的人责怪高校毕业生就业期望值过高，认为理想就业愿望是矛盾的主要方面。排除个别宁愿守着一棵树吊死也不愿及时调整就业理想的之外，绝大多数毕业生能够根据就业市场的变化调整就业期望。为此，应立足四个方面使力。一是确保稳定，建设和谐社会，发展经济，创造更多的有效就业岗位。这是大前提。二是政府有关职能部门和高校加强沟通，改善服务，畅通有效需求信息的流通与共享。三是帮助和引导毕业生调整就业期望，树立科学、合适的求职理想。四是加强创业教育，让高校毕业生参与创造更多的有效需求。后三者是通过我们就业工作部门的努力可以不断改善的方面，是缓解矛盾的真正的着力点。

五、"进口"与"出口"

人与其他动物最大的不同是，人要学会做人。这里讨论高校的学生，对于个体而言，如果没有教育作为铺垫，这种转变就是突变。对于高校而言，让学生从受教育者转变为就业者则涉及"进口"、培养、"出口"的全过程。培养是高校的中心职能，不重视也得重视，关键是如何重视，如何得法。但在当前的工作中，我们经常将两者相提并论，矛盾随之而来。一是高校应更重视招生还是就业？计划经济条件下，高等教育是紧缺资源，招生和就业都没有压力，哪一块重视多一点，哪一块重视少一点，区别不大，事实是两块都重视。毕业生就业制度改革后，高校尤其是新建和地方性高校招生和就业都面临巨大压力，都需要引起高度重视。而招生影响更为直接，招生即"招财"，我国绝大多数高校主要通过上级主管部门的"人头经费"和学生的学费来筹集办学经费。客观地分析，招生与就业对高校的发展而言实为半斤八两，招生解决的是培养谁的问题，抓好招生能为学校引进一批合适的原材料，能为学校将来的发展奠定良好的根基；就业解决的是为谁培养的问题，在既定的服务领域内，把毕业生输送到更好更高的平台，就是为学校未来发展搭建一个更为宽广的平台。二是"就业旺"与"招生旺"是否互为因果？实践显示，"就业旺"不一定"招生旺"，如地质矿产、医学影像等专业，社会供需比非常高，但一志愿录取率往往比较低；"招生旺"不一定"就业旺"，如前几年计算机、法律等专业招生非常火爆而现在就业却遭遇冷门。我们将这一现象称为高等教育招生就业不对称。要实现"就业旺"与"招生旺"良性互动、对称发展，核心是合理运用高等教育招生就业不对称规律，我们必须辩证地看待两者之间的关系，切实做好社会对人才需求的预测工作。

六、"大就业"与"小就业"

所有有就业愿望和能力、处于就业年龄阶段的人通过合法劳动取得合法报酬都是就业，我们权且称之为"大就业"。"大就业"不论性别与出身，不论行业与方式，不论知识学问的多寡。"就业是民生之本"，"促进就业是政府应尽的职责"，都是讲"大就业"。相对而言，某行某业某个群体的就业就是"小就业"，如女性就业、下岗失业人员再就业、农村富余劳动力转移再就业、青年就业。"大就业"与"小就业"绝不仅仅是数量与范围的大与小的区别，是矛盾的普遍性与特殊性、共性与个性之关系。"大就业"寓于"小就业"之中，"小就业"彰显"大就业"。不能因为大就重要，小就不重要。关键是如何统筹，抓大不放小，将小做大，将大做实。高等教育大众化必然导致高校毕业生就业的大众化，除了少数精英分子，更多的高校毕业生将和普通大众一样选择岗位。高校毕业生就业这一"小就业"已经具有越来越多的"大就业"的共性，从"大就业"的宏观角度来抓高校毕业生就业，必然更接近客观规律，更容易促进就业。当然，我们不能因此而抹杀针对这类"小就业"所提出的激励措施和优惠政策，因为如果没有"小就业"的特殊的针对性政策，"大就业"的法规和政策将是空中楼阁，无处落地。此外，更多的政府职能部门来关心、促进高校毕业生就业，教育部门从人才培养的根本上来考虑、帮助受教育者未来理想就业，这些都是大学生顺利就业的前提，但"大就业""小就业"都由一个职能部门来归口主管，那将更有利于统筹政策、整合资源。

（本文刊发于《中国大学生就业》2007 年第 14 期）

附录5　高校就业指导教师基准性胜任特征分析

摘要： 根据高校就业指导教师的岗位内涵，我国高校就业指导教师的基准性胜任特征主要包括：从事高校教育教学必备的基本知识和通用技能、就业指导相关的专业知识结构体系、对就业环境的洞察能力和预测能力、对学生个体与群体就业心理特征及职业素养的把握能力、沟通协调与组织管理能力等。通过培训和教育能够不断发展高校就业指导教师的基准性胜任特征。

关键词： 高校；就业指导教师；基准性胜任特征

一、胜任特征及基准性胜任特征

美国大卫·麦克利兰（David McClelland）在1973年发表《测量胜任特征而不是智力》，提出用胜任特征研究来代替智力和能力倾向测试，并认为绩效优秀者是依靠某些特定的知识、技能和行为来取得出色业绩。[①] 斯宾塞（Spencer）夫妇认为，胜任特征指"能将某一工作（或组织、文化）中有卓越成就者与表现平平者区分开来的个人的潜在特征，它可以是动机、特质、自我形象、态度或价值观、某领域知识、认知或行为技能——任何可以被可靠测量或计数的并能显著区分优秀与一般绩效的个体特征"[②]。这一概念需要从三方面来考虑：深层次特征、引起或预测优劣绩效的因果关联和参照效标。深层次特征指胜任特征是人格中深层和持久的部分，它显示了行为和思维方式，具有跨情景和跨时间的稳定性，能够预测多种情景或工作中人的

[①]　D. C. McClelland, "Testing for Competence Rather Than for Intelligence," *American Psychologist* 28(1), 1973.

[②]　L. M. Spencer, S. M. Spencer, *Competence at work: Models for Superior Performance*, NY: John Wiley & Sons, 1993, pp. 9-15.

行为。我们可以把胜任特征描述为在水面漂浮的一座冰山。水上部分代表表层的特征，如知识、技能等；水下部分代表深层的胜任特征，如社会角色、自我概念、特质和动机等。后者是决定人们的行为及表现的关键因素。因果关联指胜任特征能引起或预测行为和绩效，也就是说，只有能引发和预测某岗位的工作绩效和工作行为的深层次特征，才能说它是该职位的胜任特征。如果一种行为不包括意图，就不能称之为胜任特征。参照效标即衡量某特征品质预测现实情境中工作优劣的效度标准，它是胜任特征定义中最为关键的方面。一个特征品质如果不能预测什么有意义的差异（如工作绩效方面的差异），则不能称之为胜任特征。

胜任特征可划分为六个层面，分别是技能（完成特定任务的能力）、知识（个体拥有特定领域的相关信息、发现信息的能力及是否应用信息）、社会角色（指一个人在他人面前想表现出的形象）、自我概念（个体的态度、价值观、自我形象）、特质（个体的生理特征以及对情景的一致性反应）和动机（个体对某种事物持续的渴望，驱使行动的念头）。其中技能和知识只是对任职者的基础素质的要求，较容易通过培训、教育来发展，而且不能把表现优异者与表现平平者区别开来，因此，被称为"基准性胜任特征"（Threshold Competency）；而社会角色、自我概念、特质和动机则是优异者在职位上获得成功所必备的素质要求，在短期内难以改变和发展，这些素质特征能把表现优异者与表现平平者区别开来，被称为"鉴别性胜任特征"（Differentiating Competency）。[①]

二、高校就业指导教师的岗位内涵

胜任特征的分析与描述总是以职业或工作为背景的，明确工作岗位内涵是分析该工作从业者胜任特征的重要基础和前提。1973 年全美职业教育学会、全美职业辅导学会生涯辅导与职业教育委员会发表联合声明，描述了职

---

① 时勘:《基于胜任特征模型的人力资源开发》,《心理科学进展》2006 年第 4 期。

业生涯辅导的主要任务：1. 协调生涯辅导的方案；2. 指导学生去获取与利用合适的职业、教育与就业市场的信息；3. 帮助学生理解人的成长与发展过程，及评估个体的需要；4. 帮助规划不同学生所需生涯发展的学习经验；5. 协助开发与使用综合的学生资料系统，以供学生随时取用；6. 寻找与协调运用激励生涯发展所需的学校资源；7. 协调学生学习经验的评估，并运用其结果以提供学生咨询与教师及家长协商及调整课程之用；8. 提供个人及团体咨询与辅导，以使学生在个人人生成长与发展中得到激励而持续、系统地增长其经验、知识、技能与判断力，并能使前述各方面产生相互的关系。[①]1999 年 6 月，劳动和社会保障部颁布了《职业指导人员国家职业标准（试行）》，对职业指导人员的职业概况、职业条件（包括职业环境、能力结构、文化程度）、培训要求、职业道德、技能要求、鉴定细则等做了简明规定。这些都为深入研究提供了基础。我国高校就业指导教师既需要承担国际上明确的职业生涯辅导的主要任务，也是国家职业指导人员的重要组成部分，但又有别于社会其他机构中的职业指导人员，所面对的群体具有特殊性，同时他们又作为高校教师队伍中的一支不可或缺的力量，工作技能要求、方式方法等都和社会其他机构中的职业指导人员有别，其岗位内涵和胜任能力也具有其独特性。

根据上列描述，结合我国当前实际情况，我们认为，我国高校就业指导教师的主要任务是为学生提供职业生涯相关信息和提高学生生涯发展技能。提供职业生涯相关信息就是要帮助学生了解自身和了解工作世界及外部环境。帮助学生了解自身，包括帮助学生探索自我的性格、兴趣、技能、价值观等，帮助学生改善学习风格，树立符合自身的学习观、职业理想和职业道德。了解工作世界及外部环境，就是要帮助学生了解社会人力资源配置情况、就业市场和不同性质用人单位的情况和需求，包括社会人力资源结构、薪酬福利结构、自身所学专业与社会职业分工的对应情况、招聘过程等等。

---

① Diane Larsen-Freeman, Michael H. Long, *An Introduction to Second Language Acquisition Research*, London: Longman, 1991.

提高学生生涯发展技能就是为学生提供技能培训和咨询服务，倾听学生的心声，对学生进行帮助，包括传授职业通用技能、求职技巧，提供政策指导、心理咨询，开展求职模拟训练等，以帮助学生提高职业素养、求职技能，科学进行职业决策，采取职业行动计划，积累求职的实战经验，提高求职的成功率，最终使个体生命得到全面发展。

三、高校就业指导教师的基准性胜任特征

高校就业指导教师胜任特征就是就业指导教师个体成为岗位优秀者所应具备的所有个体特征，包括其基准性胜任特征和鉴别性胜任特征。鉴别性胜任特征是短期内难以改变和发展的，这需要高校在就业指导教师选拔的入口上更多地注意甄选，让更多具备相应鉴别性胜任特征的人员从事就业指导教育工作。基准性胜任特征则可以通过教育和培训来提高、发展，是组织和就业指导教师个体可以立马作为的，本文暂先重点分析高校就业指导教师的知识、技能等基准性胜任特征。

早在 1997 年美国国家劳工局就对职业咨询人员的能力和资格做出了规定，要成为一名职业咨询师，至少要具备 11 个方面的基本能力，即：职业发展理论，个人和团体咨询技巧，个人和团体的分析能力，信息和资源，项目管理和实施，咨询、会诊能力，特殊群体的咨询与指导，监督，道德、法律等事宜，研究调查和评估，技术等。11 项能力要求中的每一项又被分为 5 到 16 项内容，对职业咨询人员的基准性胜任特征有比较详细、规范的说明。就我国而言，就业指导尤其是职业生涯规划方面的研究和实践尚处于起步阶段，就业指导教师的基准性胜任特征分析尚处于探索阶段。为全面深入厘清高校就业指导教师的基准性胜任特征，我们采取文献法、行为事件访谈和专家评定等研究方法，在翻阅和检索大量相关文献的基础上，以湖南省辖区内部分高校就业指导教师、就业管理处室负责人、主管校长和部分在校学生代表、毕业生代表等为对象，进行了深入访谈、座谈和问卷调查。研究表明，我国高校就业指导教师的基准性胜任特征主要包括以下几个方面的技能

和知识。

一是从事高校教育教学必备的基本知识和通用技能。高校就业指导教师首先是一名普通教师，他所面对的教育对象是在校大学生，应具备一名普通高等教育工作者的基本知识和通用技能。基本知识应包括常识性知识、教育教学学科知识和技能性知识等；通用技能主要包括学习能力、语言与非语言表达能力、灵活而严谨的思维能力、数理能力、空间判断能力、形态知觉能力、教学组织能力、学术研究能力等。这些知识和技能确保就业指导教师的教育教学工作围绕教育活动的目的与任务，为学生在学习中培养和发展能力、学会学习与创造、学会关怀等提供可能，创设条件。

二是就业指导相关的专业知识结构体系。就业指导教师应熟悉职业生涯发展与规划的相关理论与实践、学生个体心理与行为发展理论与实践、社会职业分工及发展的相关理论与实践、社会劳动保障理论与实践、创新创业理论与实践、社交礼仪与沟通交流的相关理论与实践等，并能运用这些相关理论与实践经验帮助学生实现自我认知和自我定位，指导学生根据个人自身条件及专业特点和就业方向初步筛选并慎重选择职业目标，从而针对学生的个性发展特点给予相应的指导，最终达到人与职的最佳匹配。政策知识是就业指导教师与其他学科教师相比最特别的地方，就业指导教师应具有较强的政策领悟力，熟悉掌握国家、地方性有关劳动就业的法律、法规和政策，以及有关大学生就业政策，了解政策的发展和变化，熟悉有关就业的政策要求，从而有的放矢地指导大学生成功就业。由于就业指导是一门多学科、多层次相互交叉的综合性学科，在我国目前尚处于探索创建阶段。就学科门类而言，它主要涉及哲学、经济学、法学、教育学、管理学等（它自己属于教育学）；涉及的一级学科主要包括哲学、应用经济学、社会学、马克思主义理论、教育学、心理学、工商管理、公共管理等；涉及的二级学科主要有马克思主义哲学、劳动经济学、社会学、人口学、思想政治教育、高等教育学、职业技术教育学、发展与教育心理学、应用心理学、企业管理（人力资源管理）、行政管理、教育经济与管理、社会保障等。就业指导学科本身尚待完善，其知识体系还在逐步建立健全，就业指导教师在具备已经形成的相关的专业知识结构体系的同时，还应根据就业指导内容和特点，综合吸收、运用相关多学科知识，完善自己的知识结构，提高教育教学能力和课程开发能力，推动就业指导学科发展。

三是对就业环境的洞察能力和预测能力。就业环境涉及宏观经济发展状况、教育发展状况以及就业政策变化、本校办学情况等各方面内容，把握就业环境状况是有效就业指导教育的基础。随着全球经济一体化的不断发展，人才的需求已经不再局限于一个地区和一个系统，而是一个全方位的开放系统。一方面，就业指导教师应非常熟悉学校开设专业对口的职业岗位及其发展状况，了解职业供求状况及其职业运动规律，能为学生提供详尽的职业分析；另一方面，在人才需求不断变化的今天，就业指导教师应具备一定的信息收集、登录、审核、分析和预测能力与技巧，能够运用定向博览法、普遍调查法、抽样调查法、专题汇集法、统计分析法、比较分析法、间接分析法等方法，对诸如就业政策信息、宏观职业发展信息、横向职业动态信息、人才需求信息和职业参考信息等进行有效的收集和分析，能深刻洞察和科学研判就业环境变化特点和社会需求变化及发展趋势，从而能更准确、专业地为学生提供就业指导与咨询，帮助学生少走弯路，降低就业成本和就业风险，更好地满足学生在择业过程中的要求。

四是对学生个体与群体就业心理特征及职业素养的把握能力。就业指导具有极强的个体针对性和群体适配性，不同院校、不同年级、不同专业、不同个体具有不同的职业倾向、能力，需要就业指导教师把握不同特点，有针对性地开展指导教育。就业指导教师应能够熟练运用测评工具对大学生进行测评，了解大学生气质与人格特征；能深入学生中，采用问卷调查、集体座谈、个别访谈等方法，全面了解和掌握各类学生（专业、层次、性别）的专业思想、职业理想、就业观念及求职趋向，在此基础上有的放矢地对他们进行政策宣传和思想教育，指导其顺利就业。此外，大学阶段是人生中心理变化最激烈的时期，也是人生观、世界观和价值观的成型期。这一时期的学生心理发展还不成熟，情绪也不稳定，在面临就业等一系列困难和挫折时，容易发生心理冲突和矛盾，从而产生迷惘、烦躁、紧张、忧虑等不良心理现象，造成心理失衡。就业指导教师还应掌握一定的心理咨询技巧，熟悉职业心理咨询的方法，具备一定的心理咨询能力，对在求职中出现心理问题的学生开展心理健康咨询和心理辅导、治疗工作，消除毕业生的心理压力，帮助他们恢复自信心，引导他们客观评价自我，实现人生理想和抱负。

五是沟通协调与组织管理能力。毕业生就业关系重大，涉及面广，社会影响大，社会各方面都比较关注。致力于促进就业的就业指导不完全是纯粹的课堂教学，更不是单方面依靠学生就能取得成效，就业指导更加强调实践环节教育教学，更加需要整合学校、家庭、用人单位及社会各方面的力量，帮助学生合理规划与实践职业生涯、形成科学就业观念、提升职业素养、掌握择业方法技巧、了解社会需求信息。就业指导教师应具备较强的沟通协调与组织管理能力。第一，能够实现就业指导教师与学生之间的良好互动，深入了解学生的就业心理，推动学校就业指导教育功能最大化。第二，能够促进社会、学校、家庭之间，用人单位的需求意向与学生就业趋向之间，国家就业方针政策与本校实际情况之间，以及各院系、各专业之间相关信息的良好沟通。第三，能够实现同事之间高效合作，在工作中能充分意识到团队合作的重要性，愿意授权他人，对同事执行力所能及的事寄予希望，并倾向于给人们提供尽可能多的支持，能根据个人优势，分工补位合作，尽职尽责。

建设一支相对稳定、专兼结合、高素质、专业化、职业化、专家化的师资队伍，是保证大学生就业指导教育教学质量的关键。而目前我国高校就业指导教师基准性胜任特征与学生的实际期盼存在较大差距。就业指导专职教师少、兼职多，队伍整体不稳定。站在就业指导教育第一线的主要是院系副书记、思想政治辅导员，他们除了为学生就业提供指导外，还有其他繁杂的学生事务，个人精力十分分散，且流动性大。这不利于教师个人专业知识的积累和专业能力的培养，也不利于就业指导教师队伍的整体提升。高校应划拨一定数量的教师编制，采取校内选聘与校外兼聘相结合的办法组建和优化就业指导教师队伍；引导就业指导教师加强业务学习，通过自身加强学习，及时更新和完善知识体系；积极开展就业指导教师培养培训，有条件的高校应探索开展就业指导专业方向的学历学位教育，培养相关专业人才，鼓励高校选派就业指导教师到企业挂职锻炼，积累相关经验，不断提升岗位胜任特征，提高就业指导业务水平。

（本文刊发于《云梦学刊》2010 年第 1 期）

附录 6　通识教育视域下的高校就业指导误区及对策

摘要： 从通识教育视角来审视就业指导，目前存在两大认识误区，一是将就业指导狭化为求职指导，二是将重视和加强就业指导激化为职业主义。前者不利于就业指导的全面科学开展，后者以通识教育的名义否定就业指导，我们要警惕狭化，更要注意防止激化。就业指导既是通识教育的重要内容，也是沟通通识教育与专业教育的桥梁。应以通识教育理念引领就业指导课程改革，在建好显性课程的同时开发隐性课程，通过培养和激励建设专业化就业指导师资队伍，采取小班授课方式优化就业指导教学，整合资源深入推进就业指导教研教改。

关键词： 通识教育；就业指导；误区；对策

通识教育（General Education）源于亚里士多德提出的自由教育思想，在欧美经历了漫长的发展过程。1945 年，哈佛大学发表《自由社会中的通识教育》，[1]标志美国现代通识教育的开端，而后经数次改革和辩论，逐步形成了比较成熟和完备的理论及实践体系，并日渐成为世界高等教育的一个重要共识。在我国，作为大学教育宗旨和办学思想，通识教育最早于清朝末年提出。20 世纪 30 年代梅贻琦提出"通识为本、专识为末""本末兼赅，通重于专"[2]的办学理念，培养了一大批大师级人物和国家栋梁。新中国成立后，高等教育逐渐形成了高度专业化的专才教育，80 年代以来，国内高

---

① Harvard Committee, *General Education in a Free Society*, Harvard University Press, 1945, p. 51.
② 梅贻琦：《大学一解》，《清华学报》1941 年第 1 期。

校针对通识教育进行着不同程度与规模的改革，通识教育再次受到普遍关注。通识教育是"学生在整个教育过程中首先作为人类的一个成员和一个公民所应接受的那部分教育"[1]，是关于人的生活的各个领域的知识和技能的教育，是非专业性的、非职业性的、非功利性的、不直接为职业作准备的知识和能力的教育。如果撇开字面理解，深入到课程性质、目标、内容以及发展历程，我们就会发现，大学生职业发展与就业指导（以下简称就业指导）既是通识教育的重要组成部分，也是沟通通识教育和专业教育的桥梁。如果从通识教育的视角来审视当下的就业指导，我们不仅能发现其中明显的诸多问题，更能寻得改革的良策。这恰恰是当前就业指导研究所忽视而本文希望探讨的关键所在。

一、从通识教育视角审视就业指导的两个认识误区

高校扩招后，毕业生就业面临困难，就业指导受到高度重视，政府希望通过就业指导教学缓解就业矛盾，增强毕业生就业信心与能力，在高校和就业市场之间搭建一座沟通的桥梁。就业指导以促进就业为目的，课程应该着力于解决实际问题。但现行的就业指导过于"务实"，教育理念上重工具理性轻人文关怀，我们的误区之一是将就业指导狭化为求职指导。由于目前整个高等教育存在明显的功利化、世俗化倾向，"学生对大学教育的态度和期望是与学生职业发展和经济回报强烈联系在一起的"，"评估大学学位价值的主要尺度已经演变成毕业生的挣钱能力"[2]。在就业指导领域的表现就是，学校和教师寄希望于通过就业指导让学生降低期望值、掌握求职技巧、在离校前都能把签订好的就业协议书上交，学生寄希望选修就业指导课就能找一份好工作，非常急功近利。这是对就业指导的误教误学，只见树木不见森林，

---

[1] 张寿松：《大学通识教育课程论稿》，北京大学出版社 2005 年版，第 12 页。

[2] 〔美〕理查德·鲁克：《高等教育公司：营利性大学的崛起》，于培文译，北京大学出版社 2006 年版，第 128 页。

只见对人的有用性却不见有用背后的人，忽视了就业指导应有的人文关怀，也是在理念上重实用轻人文的必然结果，更是与通识教育背道而驰。

在教育内容上，狭化的就业指导则表现为重技巧训练轻生涯教育。就业指导一般包括建立生涯和职业意识、职业发展规划、提高就业能力、求职过程指导、职业适应与发展、创业教育等内容，可进一步概括为生涯教育和就业创业指导两大块。生涯教育是就业指导的主体内容，技巧训练只是集中在求职过程指导等方面的部分显性内容。但目前我国大多数高校只注重开展笔试面试、简历制作、信息搜集、协议签订、手续办理等实务性技巧指导和训练，学生也更乐意选听这些课程和讲座，而对学生日后职业发展有根本指导意义的择业观、职业道德、成才道路等方面的教育没有得到应有的重视和关注，就业指导内容的系统性和科学性无法有效落实，更无法解决特定大学生群体尤其是个体化的生涯发展问题。在某种程度上，离开生涯教育，狭化为求职指导的就业指导必将沦为异化了的功利工具，陷入狭隘的谋生指导泥沼。

就业指导的实际工作者容易犯狭化的错误，而理论工作者又容易走向另一个极端，即误区之二是将重视和加强就业指导激化为职业主义。他们激进地认为就业指导只强调培养学生的某一特定职业能力、职业适应性，大学只服务于社会的职业工作的需要，把重视和加强就业指导等同于对通识教育的背离，等同于职业主义。通识教育经典著作指出，学生学习大学课程将没有任何职业性的目的，否则将可能导致职业主义倾向，而且认为"将大学职业教育化对大学而言显然是有害的"，"职业性的气氛对于引导学生理解学科是灾难性的"，"职业教育主义会导致浅薄和孤立"，"不仅有害于大学，也有害于专业职业"，"也有害于学生"。[①]不仅经典作家看到了职业主义的危害，绝大多数清醒的教育工作者都会认同这种看法。"大学的职业主义化，其结果

---

① 〔美〕罗伯特·M. 赫钦斯：《美国高等教育》，汪利兵译，浙江教育出版社 2001 年版，第22—28 页。

是彰显专业技能，漠视人文教化，消解文明传统，诉诸最坏的本能；其危害在于扼杀价值选择的多样性，窒息人的精神灵性。"① 但是，重视和加强就业指导并不意味着高等教育就职业主义了，就业指导不是高等教育职业化的代名词，职业化不仅仅强调教育的特定职业目标，更注重教育内容的职业技能训练，两者兼而有之，才能滑入职业化的泥沼。就业指导强调高等教育的职业价值取向，强调教育要为人的职业生涯做准备，但它绝对不将职业准备局限在某一特定职业及职业技能训练，而是引导受教育者科学认识自我、探索职业世界，在自我和职业之间寻找一种生活方式，这种方式"不只是能更好地谋生，而且能更好地生活"②。就业指导旨在探寻个体的职业兴趣、职业价值观、职业潜质和职业生涯路径，而这些恰恰是通识教育所追求的"人性的共同点"③、"共同的人性要素"④。因此，我们认为，"发展教育和增进知识"同"帮助成年人得到更好的工作"⑤没有必然的矛盾，前者是后者的基础，后者是前者的必然发展。

如果所有与职业、就业、专业有关的东西都是通识教育的敌人，那通识教育不可能有朋友，甚至连自我也没有存在的影子。过于强调通识教育，也是对通识教育的狭化和背叛。赫钦斯认为，学生在大学里学习的重点是有关事物首要原则的形而上学、探讨人与人之间关系的社会科学、有关人与自然关系的自然科学，大学只由形而上学、社会科学和自然科学三个学院组成，已有的大学专业学院将不复存在。⑥ 在科技高度发达、从业高度专门化的当下，这种理想的赫氏模式能够实现大学的理想、满足社会对大学的期待或大

---

① 何雪莲：《大学无用：高等教育职业主义化反思》，《江苏高教》2009年第4期。
② 〔美〕约翰·S.布鲁贝克：《高等教育哲学》，王承绪等译，浙江教育出版社2001年版，第10页。
③ 〔美〕罗伯特·M.赫钦斯：《美国高等教育》，汪利兵译，浙江教育出版社2001年版，第39页。
④ 同上注，第43页。
⑤ 同上注，第3—4页。
⑥ 朱瑞刚、闫广芬：《从就业角度探寻赫钦斯的通识教育思想》，《江苏高教》2011年第4期。

学对自身的期盼吗？如果我们不加扬弃地继承和使用通识教育，不仅有悖于通识教育思想的精神实质，不利于通识教育的传播和发展，更有害于现实的教育事业和人才培养。如果狭化就业指导为求职指导是右倾问题，那激化就业指导为职业主义就是"左"倾问题，后者更为可怕，因为前者只是不利于就业指导的全面科学开展，而后者却是在全盘否定就业指导，以堂而皇之的通识教育的理由否定每一位受教育者都不得不面对的涉及终身发展的最大的民生诉求。"中国要警惕右，但主要是防止'左'"[①]，我们应特别注意防止以通识教育的名义弱化就业指导应有的功能和作用。就业指导不应被狭化，更不能被激化和弱化，应该如何呢？

二、就业指导是通识教育的重要内容

就业指导具有显著的价值论和方法论取向。通识教育的实质是引导学生思考为什么要获取知识、获取哪些知识、怎么获取知识以及获取后怎么办，强调对自身以及自身之外的世界的价值论和方法论反思。它引导学生"对生活有多维度的理解，不会对事件仅仅做出被动的反应，也不会仅仅只从个人的角度去关心它们，至少可以把自己的命运看作是人类环境和人类命运的反映"[②]；引导学生明了"分析探讨一个问题有什么不同的方法，各种方法如何被人应用，各有什么价值"[③]。通识教育注重启发学生将自身的学习、职业等活动置于人类普世价值的高度进行宏观思考，找到与自己禀赋相匹配的爱好和兴趣，锤炼在多元化社会和全球化环境生活的能力，为即将展开的职业生涯打下坚实的基础。它不直接为学生将来的职业活动做准备，但并不是不为其将来职业发展服务，因为人的全面发展建立在成功的职业发展之上，只有健全的职业人才能更好地做一个健全的个人和公民，只有健全的个人和公民

---

① 邓小平：《邓小平文选》（第 3 卷），人民出版社 1993 年版，第 375 页。
② 李曼丽：《哈佛核心课程述评》，《比较教育研究》1998 年第 2 期。
③ 〔美〕罗索夫斯基：《罗索夫斯基论通识教育与核心课程》（下），黄坤锦译，《通识教育季刊》1994 年第 2 期。

才能做一个健全的职业人。就业指导以就业观教育和职业发展方法教育为核心内容，致力于引导学生树立良好的职业价值、职业道德和科学的就业观，既强调职业在人生发展中的重要地位，又关注学生的全面发展和终身发展，希望通过激发学生职业发展自主意识，树立正确的就业观，促使其理性地规划自身的未来发展，并自觉提高就业能力和生涯管理能力。就业指导课程服务于学生未来的职业生涯，旨在引导和帮助学生获得职业成功，但并不指向某一具体职业，并不直接服务学生从事某一职业，而是帮助学生认识自我，认识工作世界，找到适合自己的职业生涯发展路径，不仅能"谋职"，更能"立业"，获得自己的职业成功和人生幸福。"现代社会内部分工的特点，在于它产生了特长和专业，同时也产生职业的痴呆。"①就业指导的作用与意义就在，引导大学生选择适合自己的专业领域，发展自己的特长，同时又不囿于这一选择的分工，避免产生职业的痴呆，能从通识教育的理念和路径出发，把自己培养成一个全面而和谐发展的现代专业人才和从业者。大学生往往是世界观、人生观、价值观及其就业观、方法论形成的关键时期，作为通识教育的重要内容，就业指导必然要承担培养学生科学价值观和方法论的神圣使命。

就业指导伴随通识教育的发展而不断发展。受教育者进入大学学习，是为了谋得一份职业以谋取未来人生的更大发展，谁都不会将自己的孩子送到一所没有就业希望的高校去学习。但谋得一份职业只是一个手段、一种工具，未来人生的更大发展才是更重要更深层次的目的。正如杜威所说："一种职业只不过是人生活动所遵循的方向，使这些活动因其结果而让个人感到有意义，同时也使他的朋友感到活动有好处。"②如果把人生和社会比作一个坐标，个体的生命过程是纵轴，社会的群体活动是横轴，在人生的纵轴

---

① 中共中央马克思恩格斯列宁斯大林著作编译局编：《马克思恩格斯选集》（第 1 卷），人民出版社 1995 年版，第 169 页。

② 〔美〕约翰·杜威：《民主主义与教育》，王承绪译，人民教育出版社 2001 年版，第 325 页。

上，职业的重要性在于指明人活动的方向以及有意义的结果；在社会的横轴上，职业让从业者所在群体获得好处，让人类有意义。就业的意义绝不仅仅在就业本身。布鲁贝克进一步指出，"有什么学习能比一个受过良好训练并因此能将其力量移向任何方面的心灵更为实用的呢？""如果一个人是明智的话，他就不只是能更好地谋生，而且能更好地享受生活……一个人必须不仅为工作做好准备，而且要为工作变换做好准备"。[①] 就业的意义就在于让就业者以及就业者所在的群体生活得更加美好。无论是直接致力于促进就业的就业指导，还是"培育整体的人"[②]、追求全人目标[③] 的通识教育，都是从这里出发，相伴相生，共同发展的。事实上，国内外许多高校通识课程体系中较早就已包含有就业指导课程的主体内容，并开设相关核心课程，只是没有明确规范。如哈佛大学 2001—2002 学年核心课程开设了"日常生活的伦理：工作与家庭"；华中理工大学人文系列讲座 1994 年 3 月至 1995 年 5 月开设"脱颖而出的人生谋略"；香港中文大学"选修范围"课程 2001—2002年度开设了"个人与社会""社会与人生""哲学与人生""幸福论""个人成长""生命的选择：个人成长之旅""生活的意义"。[④] 在我国，专业教育时代，高校毕业生一般在入校时即被指定培养成某一类职业人，甚至分配到某一行业和岗位，就业指导没有需求，更没有作为和发展。专业教育时代后期，社会发展瞬息万变，职业种类产生和消亡时间大大缩短，专业教育无法跟上职业种类的发展变化，毕业生就业出现空前困难，就业指导课程在通识教育理念的启迪、熏陶下逐步发展、成熟起来。就业指导与通识教育，互相促进，共同前进，互为题中应有之义，通识教育因就业指导而更加务实，并

---

① 〔美〕约翰·S.布鲁贝克：《高等教育哲学》，王承绪等译，浙江教育出版社 2001 年版，第 80—100 页。

② 陈向明等：《大学通识教育模式的探索——以北京大学元培计划为例》，教育科学出版社 2008 年版，第 55 页。

③ 黄坤锦：《美国大学的通识教育》，北京大学出版社 2006 年版，第 246 页。

④ 张寿松：《大学通识教育课程论稿》，北京大学出版社 2005 年版，第 275—300 页。

富于时代感，就业指导因通识教育而更理性，并拥有更高更宽的视域。

三、就业指导是沟通通识教育与专业教育的桥梁

通识教育是在与专业教育的辩论和抗争中提出并发展起来的，各有不同的理念、制度设置和实践行为。它们之间具有沟通的可能吗？赫钦斯说："大学存在两个目标的冲突，一个是纯粹对真理的追求；另一个也是大学所公认的，就是为人们毕生的事业作准备。"[1]这是赫氏提出普通教育（即通识教育）的现实原因。如果我们深入地予以反思，这两者真的是绝对冲突的吗？"对真理的追求"提升了学生的广博知识和深厚学养，尤其是潜移默化地改善了学生的职业适应能力，理所当然地将对"毕生的事业作准备"；而对真理的追求正是准备毕生的事业的最好的选择。通识教育与专业教育是可以而且应该融通的，就业指导可以促进两者贯通、融合，能提高学生将追求真理与为事业作准备有机结合的自觉性。

一方面，无论通识教育还是专业教育，都不可能完全回避学生就业问题，尤其是在科技飞速发展、生活节奏加快、职业压力加大且要求提高的当下，我们已越来越难以撇开职业或工作来谈教育，受教育者不乐意，为受教育者服务的教育者更不能漠视这种需求和呼声。甚至可以毫不夸张地说，不关注就业的教育是不负责任的教育，漠视就业指导的高校是没有出路更不可能有发展的高校。无论从高等教育历史还是从高等教育现实来看，不管是何种教育理念和模式，学生就业都是我们的出发点或落脚点或必经的驿站。即便是区分教育过度和教育不足，国际通行做法也是以就职者实际资质（受教育程度）与职位任职资质为参照标准。[2]

另一方面，学生所受的所有教育都可能发挥作用，而就业能提供人生最

---

① 〔美〕罗伯特·M.赫钦斯：《美国高等教育》，汪利兵译，浙江教育出版社2001年版，第20页。

② 张少雄：《西方大众高等教育的困境与我们的选择》，《高等教育研究》2006年第2期。

宽广、最持久的展示舞台。通识教育认为，接受教育是为了获取知识①，"高等教育的目标是智慧"②，"培养理智方面优点的教育是最有用的教育"③，我们无意于否认这些观点，但获取知识又是为了什么？无论是知识、智慧还是理智，都涉及应用问题，为谁所用？用于什么？要回答这些问题，必然无法回避职业生涯及其发展。比赫钦斯早近两千年的马可·奥勒留就曾深刻指出，"无论做任何事情，都要有明确的目标，而且要有助于使生活的技艺尽善尽美"④。我们的目标是使生活的技艺尽善尽美，使生活的技艺尽善尽美当然也是智慧和理智的目标。学生学习通识教育课程时也许没有任何职业性的目的，但学生最终将在包括职业生涯在内的生活中应用、体验和发展通识教育所学所获。马克思曾指出，"人则使自己的生命活动本身变成自己的意志和自己意识的对象"⑤，应当"把人的活动本身理解为对象性的活动"⑥，处于高层次的智慧和理智，又怎能不思考和关照职业选择与生涯发展问题呢？既然不能回避职业、就业，那为什么不自觉地以就业为指引来训练理智、提高智慧呢？只要我们不陷入狭隘的职业主义，只为职业或某一单一的职业而受教育、做准备。

通识教育向前走一小步（在自己的领域内）就是就业指导，而就业指导连接的对岸是专业教育以及职业主义、技术主义们。就业指导与通识教育是站在一边的，且是其中的重要组成部分。在职业快速消长的当下，通识教育渴望与专业教育合作，专业教育企盼与通识教育联姻，而就业指导是它们合作、联姻的最好中介和媒婆。各门学科从哲学中独立出来，既是事实也是趋

---

① 〔英〕约翰·亨利·纽曼:《大学的理想》，徐辉等译，浙江教育出版社 2001 年版，第 33 页。
② 〔美〕罗伯特·M.赫钦斯:《美国高等教育》，汪利兵译，浙江教育出版社 2001 年版，第 57 页。
③ 同上注，第 37 页。
④ 〔古罗马〕马可·奥勒留:《沉思录》，李娟、杨志译，上海三联书店 2008 年版，第 27 页。
⑤ 中共中央马克思恩格斯列宁斯大林著作编译局编:《马克思恩格斯选集》(第 1 卷)，人民出版社 1995 年版，第 46 页。
⑥ 同上注，第 54 页。

势，而且高新技术时代知识具有明显的专业性和职业性，与生产生活密切相联。不包含高新技术教育的通识教育是不完整的，更说不上与时俱进；高新技术只停留在专业教育层面，也难以培养学生的理智、思辨和创新能力。高等教育的理想应该是，以生涯发展为指引，既强调职业技能培训，也强调职业适应、转换和发展能力培养，更注重学生健全人格的养成，引导学生把技术当作自由学术来探讨，把智慧当作专业来学习，让学生既掌握技能，也培养理智，在通识教育与专业教育的交互作用下，成长为全面发展的负责任的社会公民。

四、以通识教育理念引领就业指导课程改革

通识教育理念就是人本理念，以全体学生为本、以学生的全面发展为本的理念。"通识教育作为大学的理念应该是造就具备远大眼光、通融识见、博雅精神和优美情感的人才的高层的文明教育和完备的人性教育。"[①]就业指导应以通识教育理念为引领，从始至终贯彻这一理念，服从并服务于全体学生的全面发展，将职业规划、选择和发展教育置于人生发展的全局全程之中，引导学生树立长远的职业理想，提升职业能力，实现人职科学匹配，真正通过职业安顿生命的意义和价值。依此来设计就业指导的内容、方法及测评体系，依此来组织和培训就业指导师资队伍，就业指导才能抵达人们所期望的彼岸世界。

一是在建设就业指导显性课程的同时注重开发隐性课程。通识教育课程要求的是一种基础性、普适性的课程内容，强调把教育的内容转向基本原理与基本方法的学习，因为学生学习的知识越基础，对接受新知识的能力、解决新问题的能力就越强。我们应围绕职业发展这个核心，从有利于学生生涯幸福的基本原理与基本方法出发，发掘专兼职教师潜力和学校资源，大力开

---

① C. T. Lee, "General Education: Ideal and Practice," The 2nd Conference on General Education in Universities and Colleges, Taiwan, 1997, p. 24.

发建设就业指导显性课程，即那些有计划、有组织地实施的课程，可以包括大学生活指导、职业生涯与发展规划、职业素养提升、就业指导、升学指导等，依托显性课程传授基础知识、原理和基本方法、技巧。由于态度、观念的转变和技能的获得更需要学生主动参与、体验和练习，这不仅需要显性课程关注学生兴趣和需要，科学而艺术地组织教学，让学生能够体验式、互动式和养成式地学习；更需要高校自觉地开发隐性课程。隐性课程是"学生在学习环境中所学习到的非预期性和非计划性的知识、价值观、规范和态度"[①]。我们应通过营造良好的校风学风、集体舆论、师生关系以及文化氛围等，对学生职业价值观产生潜移默化的持久的正面影响，让学校的一草一木、一砖一瓦都来承担起教书育人、指导就业的神圣使命。

二是培养和激励相结合建设专业化就业指导师资队伍。由于就业指导在当代中国是一个新兴职业，高等教育长期没有设立相应专业培养专门人才，绝大多数就业指导人员缺乏专业教育背景，缺乏相应的从业实践经验，主要来自两课教师、行政管理人员、辅导员、毕业生等。队伍建设时间短，专业培训不足，相关配套政策不完善，就业指导教师在福利待遇、职称评定、职务晋升等方面缺乏有力保障，队伍流动性大。而就业指导是一门经验型课程，需要学生体验，更需要教师在教学实践中不断总结、积累和提升，过快的流动不利于教师专业化成长、职业化发展。为此，一方面，要根据就业指导教师的岗位内涵及其胜任特征，[②]建立就业指导专业研究生培养机制，开展相应学历教育，把就业指导提高到学科建设的高度，使就业指导走上系统化、专业化、科学化的发展道路，选拔和培养专业的就业指导教师；另一方面，加大对现有就业指导教师的培训，通过系统的职业发展理论培训、教学艺术培训和职业见习实践，全面提升队伍整体水平，逐步解决在岗就业指导教师的历史短板。同时，还应着力建立和完善配套政策措施，提升就业指导

①　姜国钧：《回归人性本位的大学课程》，《现代大学教育》2011 年第 3 期。

②　钟秋明：《高校就业指导教师基准性胜任特征分析》，《云梦学刊》2010 年第 1 期。

教师待遇，吸纳和稳定各方面优秀人才参与就业指导，不断提高就业指导队伍的稳定性和积极性。

三是采取小班授课方式优化就业指导教学。就业指导尤其是生涯教育重在学生的体验和内省，要实现较好的教学效果，授课应采取小班制，每班不超过 25 人为宜，以鼓励双向交流和讨论式教学，也有利于培养学生的评判性思维能力，还"能在培养一些基本学养外，建立一些共同的课题与回忆"[①]。斯坦福大学校长汉尼斯认为，中国大学课程设置，讲座式为主，而小组讨论的方式很少，严重影响了学生对知识的深刻理解。[②] 小班授课有利于防止把就业指导课上成概念课。如果就业指导流于概念、理论的说教，那就远离了通识教育课程设计的初衷，更难以受到学生的欢迎。还可尝试建立学生发展导师制，在本专科生中设立导师，指导学生了解自己、规划生涯、提升素质。

四是借鉴、继承和综合三驾齐驱，深入推进就业指导教研教改。从发达国家就业指导的发展历程可以看出，理论的研究和探索是就业指导实践的重要推动力，而理论的产生又是对具体社会变革的回应。我国社会急剧变革，职业活动日趋复杂，人们逐渐认识到就业指导的意义，就业指导活动也逐渐从开始的帮助初次就业向建立生涯管理意识、培养生涯发展能力转变。这必然需要相应理论的支撑和完善。而目前我国就业指导方面的研究更多停留在工作探讨、介绍和引进发达国家相关做法和理论，对影响大学生就业观念和就业方式的重要因素缺少本土性的理论探索和研究。要改变现状，首先，应积极挖掘和继承中华传统文化尤其是儒家经典的合理内核，并结合新时代要求发扬光大。其次，应进一步引进和借鉴别国别地区的先进理论和实践经验，并进行本土化改造，为我所用。此外，应综合吸收当前心理学、教育

[①]　黄俊杰：《全球化时代的大学通识教育》，北京大学出版社 2006 年版，第 144 页。

[②]　《斯坦福大学校长：中国建成世界一流大学还需 20 年》，参见中国网络电视台，http://news.cntv.cn/china/20100503/101140_1.shtml。

学、社会学、辩证哲学的最新科研成果，丰富就业指导研究内容和方法，指导就业指导工作实践。在工作方法上，可依托一定组织设立就业指导专项研究系列课题，资助教研教改；可综合利用现代网络技术，深入研究信息技术在就业指导中的功能作用及其实现途径；可组建专业协会组织，发挥其作用，充分整合包括政府、企业、高校以及研究者、实践工作者在内的各种资源，加强理论研究和交流培训，推进就业指导专业化。

（本文刊发于《现代大学教育》2011 年第 5 期）

附录7 大学生就业压力主体与高校主体压力辨析

摘要：面对大学生就业压力，作为"产品"提供者，我国高校实然承担着来自以就业为导向办学的综合压力以及就业指导服务具体工作与条件保障的主体压力。但是，高校既非大学生就业压力的主要制造者，又非主要化解者，它只是利害攸关者，由高校承担大学生就业压力主体，不利于压力化解，也不利于其内涵式发展。高校的主体压力是培养人格健全的人，如果政府需要高校更多地促进学生就业，就应统筹建立政府、高校、大学生、用人单位共同化解就业压力的权责分明的良性互动机制，应尽快建立高校促就业的经费补偿机制，为其新增的促就业职能提供经费保障，以此推动在高校毕业生资源配置中更好地发挥市场的决定性作用和政府作用。

关键词：大学生就业；压力；主体；高校

2013 年被传为"史上最难就业季"，接下来的是"更难就业季"。事实上，大学生就业难已成为当前世界各国面临的一项长期而艰巨的任务。面对大学生就业压力，作为"产品"提供者，高校应扮演何种角色？高校应该无条件地成为大学生就业压力的主要承担者吗？高校的主要压力应该是大学生就业吗？大学生就业压力主体与高校主体压力之间可以画等号吗？或者说，高校出于大学生就业压力而可以把本应用于人才培养的人财物转用于促进就业吗？辨清大学生就业压力主体与高校主体压力之间的关系，不仅是一个有价值的理论课题，也是高校实现内涵式发展迫切需要解决的现实问题。理性而科学地面对和回答这些问题，对于化解大学生就业压力，对于高校履行自己应有的职责，均大有裨益。提出这些问题绝不是企图为高校推卸责任进行辩护或寻找理论支撑。《中华人民共和国高等教育法》第五十九条明确规定：

"高等学校应当为毕业生、结业生提供就业指导和服务。"① 高校有法定义务分担大学生就业压力。本文讨论的核心是，尽管高校事实上承担着大学生就业的主体压力，但高校不是也不应该是分担大学生就业压力的主体，高校的主体压力是培养人才、立德树人。

一、高校实然承担着巨大的大学生就业压力

大学生就业压力已渗透到高校校园的各个方面，从课堂、宿舍到食堂，甚至校园里的林荫小道，我们总能感受到师生或谈论或沉思或备抗或发泄这种压力。高校的就业压力一方面来自毕业生就业难的现状；另一方面则来自教育主管部门抓毕业生就业的前所未有的力度与举措。对于当前中国高校而言，后者更能说明其实然承担着的大学生就业工作压力。

（一）来自以就业为导向的办学综合压力

为改变高等教育领域内普遍存在的计划体制弊端和惰性，20 世纪 90 年代我国就明确提出高等教育要以就业和社会需求为导向。2002 年教育部文件（教学〔2002〕18 号）明确，把毕业生就业工作作为重要战略任务，列为高校"一把手"工程，纳入高校领导干部政绩的重要内容，书记校长为第一责任人。② 随后教育部印发文件（教学〔2003〕6 号）进一步明确，将毕业生就业率与年度招生计划、高校发展规划、高校设置评议、专业设置调整、高校教学评估、新增硕博士学位授予单位审核等挂钩（俗称"十八挂钩"），③ 将就业率作为主要依据和重要参数指标来考虑。这些政策为深化高等

---

① 《中华人民共和国高等教育法》，参见教育部门户网站，http://www.moe.edu.cn/publicfiles/business/htmlfiles/moe/moe_619/200407/1311.html。

② 教育部：《关于进一步加强普通高等学校毕业生就业指导服务机构及队伍建设的几点意见》，参见教育部门户网站，http://www.moe.gov.cn/jyb_xxgk/gk_gbgg/moe_0/moe_9/moe_32/tnull_387.html。

③ 教育部：《关于进一步深化教育改革，促进高校毕业生就业工作的若干意见》，参见教育部门户网站，http://www.moe.gov.cn/s78/A15/xss_left/moe_780/s3265/201006/t20100608_88940.html。

教育改革发挥了重要推动作用，同时必然给高校戴上了解决大学生就业问题的紧箍咒。

（二）来自促进学生就业的具体工作压力

教育部明确将就业指导课作为学生思想政治教育的重要组成部分，列为公共必修课纳入日常教学，分别印发《大学生职业发展与就业指导课程教学要求》和《普通本科学校创业教育教学基本要求（试行）》，要求就业指导不少于38课时，[①] 本科生"创业基础"必修课不少于32学时、不低于2学分。[②] 就业创业教育由此挤入高校本已非常繁重的公共必修教学内容。为了推荐毕业生就业，高校还需举全校之力开拓就业市场，搜集需求信息，把用人单位请进来，把毕业生送出去。同时，既然就业率是考核、评价人才培养水平的重要指标，高校还须全面掌握毕业生毕业去向。教育主管部门建有系统的毕业生就业统计核查、发布和举报制度，严禁把就业统计与毕业证书发放等挂钩，对毕业生就业率作假实行一票否决制。而就业情况本是个人私密信息，在毕业生维权、自主意识日趋增强的当下，缺乏一定的工作手段和条件保障，就业统计调查必然成为高校不能回避的工作压力。

（三）来自促进学生就业的条件保障压力

教学、指导、咨询、推荐、跟踪等一系列就业工作的完成离不开必要的人财物等条件保障。为此，教育主管部门明确要求，高校专职就业指导教师和专职工作人员与应届毕业生的比例不得低于1∶500，毕业生就业工作预算经费不得低于全校全年总学费收入的1%。（类似的要求还比如，本专科思想政治理论课专任教师按不低于师生1∶350—400 的比例配备，本专科生一线专职辅导员按不低于师生1∶200 的比例配备，根据军事课教学大纲规定的教学任务需要配备相应数量的专职军事教师。）事实上，扩招后我国高

---

① 孙天祥主编：《大学生职业发展与就业指导读本》，高等教育出版社2008年版，第1页。

② 教育部办公厅：《关于印发〈普通本科学校创业教育教学基本要求（试行）〉的通知》，参见教育部门户网站，http://www.moe.gov.cn/publicfiles/business/htmlfiles/moe/s5672/201208/xxgk_140455.html。

校人员编制和办学经费本已严重紧张。以生均支出和生师比为例，2008 年经济合作与发展组织（OECD）国家高等教育生均支出平均为 13717 美元（其中美国、加拿大、德国、英国、日本分别达 29910 美元、20903 美元、15390 美元、15310 美元、14890 美元），我国仅为 4550 美元，不足三分之一；2009 年 OECD 国家高等教育生师比平均为 14.9（其中瑞典、日本、德国、美国、英国分别为 8.8、10.1、11.9、15.3、16.5），[①] 我国远远高于这个数，2002 年全国普通高校生师比即达到 19，[②] 目前个别高校高达 31，还有部分高校仍按扩招前核定的编制运转。新增的就业工作压力及其条件保障要求必然会进一步压缩高校的教育核心服务生均支出与师资投入。此外，当前我国还没有设立专门培养就业指导专业师资的学科专业及其相应的机制，就业指导专业队伍建设也是巨大的工作压力。

二、大学生就业压力的主要承担者不应在高校

寻找压力承担者至少有三条路径，一是从根源上探究，谁是压力的主要制造者，制造者理应有责任承担自己为主制造的压力。当然，这不是最重要的，我们的目的不是追责，而是解决问题。二是从终结处反推，谁能化解压力，化解者应勇于担当，主动成为压力的主要承担者，致力于解决问题。三是从中间带寻找，谁与压力利害攸关，利害攸关者出于自身利益考虑，会自觉承担并化解压力。

（一）高校不是大学生就业压力的主要制造者

大学生就业压力是高等教育大众化的必然结果。联合国教科文组织报告《学会生存》指出，"日益加快的社会发展与结构上的变化使得正常存在于基础结构与上层建筑之间的鸿沟加深了"，原有的精英教育体系"运用于急剧

---

① 经济合作与发展组织编：《教育概览 2011：OECD 指标》，中央教育科学研究所译，教育科学出版社 2011 年版，第 217、419 页。

② 张保庆：《树立科学发展观　确保高等教育持续健康发展》，参见教育部门户网站，http://www.moe.gov.cn/publicfiles/business/htmlfiles/moe/moe_663/200506/9948.html。

变化时代的大众教育"，"难以适应日益发展的社会的需要。它所教育出来的人并没有受到恰当的训练，因而不能适应社会的变化。当这种体系所授予的资格和技术不能满足社会的要求时，这些社会便拒绝接受这些毕业生。这是发展不平衡的后果"。[①] 高等教育由精英化向大众化过渡，受教育者群体剧变，经济社会背景与需求剧变，大学生就业难是高等教育由量变向质变发展必然要面对的现实困境，这既出于经济社会原因，也出于文化心理原因，既出于数量规模原因，也出于质量结构原因，它是世界性的。

当前我国大学生就业压力主要源自规模剧增和供需结构不对称。高校毕业生短时间内大幅度增长主要起于 1999 年扩招，2002 年全国普通高校毕业生为 145 万人，2014 年达 727 万人，比扩招前 2002 年增长 401.38%。面对大规模高速度扩招，高校也未能及时准备相应的师资和培养条件，无法根据市场需求来确定招生专业结构，只能依据已有条件来完成扩招任务，学生毕业时求职面临结构性矛盾就是自然结果。比如，办学条件要求相对较低且不易测量评估的文科专业扩招规模明显大于理工科，而当前文科专业毕业生就业压力远远大于理工科。以笔者所在的湖南省为例，2002 年全省普通高校本科毕业生 25239 人，其中文科（哲、经济、法、教育、文、历史）9546 人，理科（理、工、农、医）15693 人；2013 年本科毕业生总数则为142960 人，其中文科为 70847 人，理科为 72113 人，分别增长 466.42%、642.16%、359.52%，文科增长率超过理科 282.64 个百分点。而 2008—2012届全省本科文科类专业毕业生平均就业率（80.64%）比理科（85.55%）低4.91 个百分点。[②] 来自全国的调查显示，在 2012 届各个专业的本科毕业生中，文科专业几乎包揽了毕业半年后薪酬排行的倒数十名，文科毕业生起薪

---

① 联合国教科文组织国际教育发展委员会编著：《学会生存：教育世界的今天和明天》，教育科学出版社 1996 年版，第 37 页。

② 熊俊钧、曹敏编：《湖南省普通高校 2012 届毕业生就业报告》，新世界出版社 2013 年版，第 187 页。

普遍偏低。①姜国钧先生研究认为，"本科生就业难，其中一个重要的原因恐怕是我们国家的高等教育大众化的过程是由政府主导的而不是由高等学校和市场主导的，是违背教育规律和市场需求的本科教育的大众化而不是高等职业教育的大众化"②。近年来本科与专科高职毕业生就业率倒挂，恰恰是很好的例证。

国家启动高校扩招，主要出于提振内需、刺激经济发展之考虑，并非因为产业发展产生了相应规模的毕业生需求。③从这个意义上讲，政府是大学生就业压力的主要制造者，是促进大学生就业的责任主体。不论是大学生就业的总量压力还是结构性矛盾，其根源都不在高校，也不是高校自愿选择和主动作为，它们主要源自政府的行政决策选择，高校只是直接参与者和执行者。

（二）高校无能成为大学生就业压力的主要化解者

当前化解大学生就业压力可以有三种思路。第一种思路是，直面压力，直接开发和提供适合高校毕业生的就业岗位，在需求岗位的层次结构、地域分布、行业结构、条件待遇等方面尽量适切毕业生的需求。而这主要依靠经济稳定发展和产业结构调整，依靠市场决定性作用的充分发挥，依靠政府科学而高效的宏观调控。对此，高校显然力不从心，它既不能控制毕业生人数的绝对增长，更不能自主开发和增加就业需求岗位，其就业指导服务工作只是在以不同的方式争抢就业岗位，分割就业市场份额。

第二种思路是，根据市场需求，直接培养大学生的用人单位需要的从业技能。既然高校不能为学生提供满意的就业岗位，为了促进就业，高校是否可以直接着力于提高作为顾客的用人单位对毕业生的满意度呢？从理论上讲，高等教育应该不断适应变化了的经济社会发展需要，满足用人单位对毕

① 晋浩天、徐畅:《文科生该为起薪低苦恼吗？》,《光明日报》2013 年 12 月 29 日。

② 姜国钧:《再论回归人性本位的大学课程——回应解飞厚先生》,《现代大学教育》2012 年第 2 期。

③ 何雪莲、刘婷:《扩大内需：高等教育之困》,《现代大学教育》2010 年第 2 期。

业生的从业技能素质要求，这也是高等教育的发展方向。但现实并不这么简单，绝大部分用人单位需要的是毕业生的实操技能，而在知识大爆炸的当下，新知识新技能以前所未有的速度激增，再加上很多新技术是由用人单位自行研发的，其核心技术还受专利保护，即使是处于学科前沿做研究的教师也很难跟上技术发展的步伐，大学生又如何在短时间内掌握变化中的实操技能？更何况未来的新技术是什么，我们可能还不知道。过度出于直接满足用人单位需要以促进就业之实用目的而更改课程内容，大幅增加与新技术新知识相关的教学内容，一再压缩基本理论、基础知识、人文素养的课程内容，结果只能是：新技术刚学会就过时了，而恒久的人文素养、学习能力、生活方法却没有得到应有的训练与培养。这可能就是当下我国高校以社会需求和就业为导向，直接致力于满足用人单位需求的结果：用人单位越来越不满意了。

第三种思路是，从根源上疏导压力，建立有利于毕业生合理流动的促就业长效机制。就体制机制而言，当前我国大学生就业结构性矛盾主要源自劳动力市场分割为主次两大劳动力市场，在前者就业就更有可能"工资高、工作条件好、就业稳定、有保障、劳资权利平等、依靠规章制度进行管理并有大量晋升的机会"，而在后者就业则可能"工资低、工作环境差、就业不稳定、管理随意性大、晋升的机会很少"。[①]这种人为分割的主次劳动力市场的待遇和去留决定机制不同，流动也存在障碍，从主劳动力市场流动到次劳动力市场较易，反向流动却非常难，且前后获利悬殊，高校毕业生宁愿在主劳动力市场待业，也不愿意先到次劳动力市场就业。面对这些体制机制弊端，高校显然无能为力，它既不能调控就业市场，也不能设置和建立新的就业市场规则，这些工作更需要国家管理部门进行顶层设计。

---

① 赖德胜、孟大虎等：《中国大学毕业生失业问题研究》，中国劳动社会保障出版社 2008 年版，第 79—80 页。

（三）高校与大学生就业压力利害攸关，但由高校主要承担大学生就业压力，既不利于压力化解，也不利于高校履职发展

　　毕业生能否及时、高质量就业直接关系高校的声誉、生源，学生绝不会选择没有就业希望的高校升学。招生就是招财，没有生源就没有财源。优质生源还是人才培养的起点和基础，更是高校良性发展的前提。目前，主办者还以毕业生就业来考评高校办学效益。因此，大学生就业与高校生存发展息息相关。高校没有任何理由可以对学生就业袖手旁观，必须全力以赴。问题的关键是，高校应该如何使力，应该花主力直接从事就业工作吗？一方面，高校并无能力解决大学生就业供需双方面的主要矛盾；另一方面，扩招后高校办学资源紧张已趋极致，甚至发生学生为抢座位大打出手、图书馆排长龙等座位自习的怪事，[①] 如果高校还把有限的师资、经费等资源过多地直接从事就业市场开发、求职指导等就业工作，那必将影响高校履行其人才培养的基本职能。站在计划性招生与市场性就业之间，高校无法像工厂一样自产自销，因为它连自定产量的主动权也没有，更没有办法为扩招而来的毕业生准备相应的就业岗位和起薪待遇；如果它过度关注市场出口，忽视中间培养，高校不断丧失的将是人才培养质量和传统的美誉度，后一点恰恰是它应该承担的社会责任，也可能是进一步加剧大学生就业压力的教育根源。

三、高校的主体压力不应是大学生就业

（一）高校把大学生就业当主体压力有害无益

　　为应付主管部门的管理要求，迎合学生的求职需求，个别高校全力促就业，不顾其他，从学生入学的订单培养、教学的企业师资，再到毕业的企业考核、顶岗实习，学校全然演化为职前训练营。这样的高校除了培养出大批没有文化的高学历者之外，还在高等教育的大树上直接培植出三个恶果：学制"缩水"、毕业班"空巢"、就业实用主义盛行。

---

① 任斌：《大学生排队去自习场面堪比春运》，参见中国新闻网，http://pic.news.sohu.com/group-518666.shtml#0。

出于方便学生求职就业的考虑，毕业学年高校一般不安排必修课，部分学生甚至连选修课都没有安排，即便上课，毕业班课堂到课率也极低。毕业年级仍能留在学校潜心学习的大学生，除了准备考研升学，已经很少。为了求职，整个寝室的学生经常倾巢外出。有些专科高职院校以促就业为名，改革推行 2+1 或 2.5+0.5 学制，最后一年或半年直接把学生送进公司顶岗"实习"，既可以早点安排就业，又能节约办学成本，学生还能提前领工资。事实上，无论专科高职还是本科，乃至研究生培养，我国高校学制一般都相应地缩减了一年，这一年无法发挥其应有的培养人的作用。校园招聘对高校教学的影响也不可小觑。为了不让校园招聘活动影响正常的教学秩序，早在 1999 年教育部就曾发文要求，"用人单位到高等学校招聘毕业生的活动应安排在每年 11 月 20 日以后的休息日和节假日进行，任何单位和部门不得提前进校开展招聘活动"①。但为了早点解决就业问题，也为了不在招聘中失去机会和吃亏，高校只好以不遵守这条规定为代价。过度关注就业直接导致就业实用主义盛行，学生读书、选课甚至参加第二课堂活动，首先考虑的是对就业是否有用，有用的就参加，没有用的就免谈，学习只为求职就业。用人单位招聘时看重各类证书，学生就扎堆考证。部分学生考研并不因为学术和专业热爱，仅为逃避就业或为找一个好工作而增加筹码。

面对这些乱象和恶果，高校如果不理性引导，反而迎合，甚至把就业指导狭化为求职指导。②只强调培养学生的某一特定职业能力、职业适应性，只服务于社会职业需要，只注重彰显专业技能、求职技能，漠视人文教化，诉诸最坏的本能，必将扼杀价值选择的多样性，窒息人的精神灵性。这是对高校创办初衷和基本职能的背离，不仅有害于高校，有害于专业职业，更有害于学生的全面发展和人生幸福。无论从理论逻辑还是从现实问题来看，高

---

① 《教育部关于规范高校毕业生招聘工作维护教育教学秩序的通知》，参见人民网，http://www.people.com.cn/item/flfgk/gwyfg/1999/206004199913.html。

② 郭园兰、钟秋明：《通识教育视域下的高校就业指导误区及对策》，《现代大学教育》2011年第 5 期。

校都不能把就业当作办学的主体压力。

（二）高校把大学生就业当主体压力是把手段目的化

促进大学生就业是政府的重要职责，也是政府推动高校发展的重要原因，为此，政府往往用促进就业情况来评价和管理高校。中国如此，欧美诸国也如此。美国德克萨斯州甚至立法明确，从 2015 年 9 月起，州政府给州内技术学院拨款的数目不再根据其在校生人数而是根据毕业生薪资水平。①毕业生薪资水平最直接、最易测量，也最有益于社会稳定与发展，政府找不到比就业薪资更好的标准来衡量高校办学效益，这也可规避财政拨款的"大锅饭"。但是，外部的评价标准并不一定直接等于内部的工作内容。比如，GDP 是考量经济社会发展的指标，但地方政府不能仅仅把地区生产总值及增长率作为执政的目标；高考是检验和选拔人才的手段，但基础教育不能把高考升学率当作培养人的目的。同样道理，毕业生就业率与就业质量只是外部衡量高校人才培养质量与办学水平的一把尺子，是主办者督促高校提高办学效益的管理手段，不应是高校办学的目的与宗旨，也不是高校办学的出发点和落脚点，更不是高校办学的主要着力点。哈佛大学前校长博克（Derek Bok）早就清醒意识到，"现代大学多变的命运已带来一种更加微妙的新危险。这些危险是大学教学人员和大学外部世界之间形成较为密切的接触和联系所直接造成的结果"②。高校应该走出象牙塔，寻求并满足外在的价值，但走出象牙塔并不意味着忘记自己的出发点和根本宗旨。如果高校把学生就业当作主体压力，就是把手段目的化，高等教育也会因此被手段化、工具化。我们应该警惕，工具化的教育只会培养出工具化的职业机器和赚钱机器。女儿考上本科，父亲不让上，还称捡垃圾都比读大学划算，而且 71% 的网友点赞父亲的观点。③此类现象的出现是高等教育工具化的必然结果，它不能

---

① 王璐艳：《拨款与毕业生薪资挂钩》，《精品阅读》2013 年第 12 期。

② 〔美〕德里克·博克：《走出象牙塔——现代大学的社会责任》，徐小洲、陈军译，浙江教育出版社 2001 年版，第 24 页。

③ 柯娟、何彬：《女儿考上本科　父亲反对就读》，《长沙晚报》2013 年 9 月 3 日。

不让稍有理性稍有远见者为国家和民族的未来担忧。

（三）高校的主体压力是培养人才，培养人格完整的人

早在 1852 年，英国教育家纽曼（J. H. Newman）在《大学的理念》中就明确提出，大学的唯一职能就是教学，为社会培养良好成员，"本质上讲，大学是教学的场所"，"我们不能借口履行大学的使命职责，而把它引向不属于它本身的目标"。①英国政府也希望高校能为国家的经济社会发展效力，但牛津的导师们有自己的立场和坚守。"那些掌控着高等教育拨款大权的政府要员们用人力资本理论的狭隘视角来理解高等教育。较之于他们所乐意相信的高等教育，身处高等教育之中的我们心目中所倾向的高等教育或许对经济而言并不是那么重要。"②理智的教育家们始终坚持高等教育的人性本位和人才培养的价值取向。大学要培养人格完整的人，不能纯为经济的、社会的、国家的需要所左右、所牵制。虽然随着时间推移，科学研究、社会服务、文化传承等也逐步被列为高校三大职能，但人才培养始终是其处于第一位的基本职能和根本特征，因为高校是"在育人过程中承传高深学问或高复杂性知识，在高深学问或高复杂性知识承传过程中育人"③。

我国高等教育有经世致用的传统，但也尤其强调培养才高德劭的真君子。《大学》云："大学之道，在明明德，在亲民，在止于至善。"④大学应该培养明白事理、完善自我、勇于创新、化民成俗的大善人，而不是那些仅仅会点技艺谋求生计的匠人。《论语》曰："贤贤易色；事父母，能竭其力；事君，能致其身；与朋友交，言而有信。虽曰未学，吾必谓之学矣。"⑤如果能在男女相处、事父母、事君、交朋友等四个方面把握得当，学会了做人，即

---

① John Henry Cardinal Newman, *The Idea of a University: Defined and Illustrated*, Chicago: Loyola University Press, 1987, p. 40.

② 〔英〕大卫·帕尔菲曼主编：《高等教育何以为"高"——牛津导师制教学反思》，冯青来译，北京大学出版社 2011 年版，第 7 页。

③ 张少雄：《民族国家高等教育系统的应然使命》，《现代大学教育》2010 年第 2 期。

④ 〔宋〕朱熹：《四书章句集注》，中华书局 2011 年版，第 4 页。

⑤ 同上注，第 51 页。

便是没有经过专门学习，也算是学得很好了。张少雄先生甚至认为，中国儒家提出的这四大人伦支柱是学习的永恒维度与永恒评价指标，具有普适性。①《论语》还强调："君子不器。"②人不是器具，人不仅仅具有工具与手段价值，更具有目的价值。康德（Immanuel Kant）把目的与手段说得更为透彻，"你要如此行动，即无论是你的人格中的人性，还是其他任何一个人的人格中的人性，你在任何时候都同时当作目的，绝不仅仅当作手段来使用"③。他虽然是从道德戒律的角度来谈论目的与手段，但对于高等教育也同样值得借鉴与反思。我们是否已经把高等教育"仅仅当作"了经济社会发展的手段，把人才培养"仅仅当作"了应用与就业的手段？素养提升、人格完善、优良生活这些目的性价值是否已经被淹没于工具价值之中？如此下去，我们就中了赫钦斯（R. M. Hutchins）的预见："我们的人民将在经济的压力下盲目前进；他们将破坏最好的东西，同时却将那些最坏的东西保留下来"④。出于外在的压力而忽略自己应然的内在使命，这就是最大的盲目。我们绝不可因为政府重视大学生就业并把就业作为高校办学的评估标尺而允许甚至纵容高校偏离自己的主业，忘记自己应该做什么和擅长做什么，甚至盲目地把促进就业演化成为高校的第五大职能。

柏拉图《理想国》认为有三种善，第一种善，我们爱它"只是要它本身，而不是要它的后果"；第二种"既为了它本身，又为了它的后果"；第三种"并不是为了它们本身，而是为了报酬和其他种种随之而来的利益"⑤。无论高校办学，还是学生读大学，我们都应至少采取第二种立场。教育者有责任让大学生知道，读大学的目的绝不仅仅为了就业和赚钱，更应该指向优良

---

① 张少雄:《学习的永恒维度与永恒评价指标》,《大学教育科学》2013 年第 6 期。

② 〔宋〕朱熹:《四书章句集注》, 中华书局 2011 年版, 第 58 页。

③ 〔德〕康德:《康德著作全集》（第 4 卷）, 李秋零主编, 中国人民大学出版社 2005 年版, 第 437 页。

④ 〔美〕罗伯特·M. 赫钦斯:《美国高等教育》, 汪利兵译, 浙江教育出版社 2001 年版, 第 2 页。

⑤ 〔古希腊〕柏拉图:《理想国》, 郭斌和、张竹明译, 商务印书馆 1986 年版, 第 44 页。

而幸福的生活。高校更应懂得，培养人才是办学之善的"本身"，就业只是"它的后果"。如果高校仅仅把帮助学生找份好工作当作自己办学的目的，那是主次不分、本末倒置。如此一来，高校制造的更多的是求职就业的机器与工具，立德树人的教育使命、建设创新型国家的未来担当、复兴中华民族的伟大梦想，这些更为崇高的主体压力反而被疏忽和淡忘。如果在人财物甚至战略上过多地关注就业，高校必然会重心偏移，制约自身内涵式发展，还会加剧大学生就业压力。"事事必求实用是不合于豁达的胸襟和自由的精神的。"[1]大学生就业是高校不能回避的重要职责，但不是高校的主体压力，就业只是高校人才培养的自然结果，因为任何时候，具有良好心理品质、道德情操、思辨能力、综合素质和一技之长的毕业生都是受用人单位欢迎的，而且这些人恰恰也是最能创造新的就业岗位的人。高校应该做自己最擅长做的、最能够做好的事情：培养人格健全的人。

四、相关的两点建议

高校的主体压力是人才培养，而不是大学生就业，但高校也不可能在大学生就业压力之外独善其身。高校是知识高地，更是社会良知所在，勇于担当本是高校的应然品质，主动参与分担促进大学生就业的责任是高校的美德，也是高校四大职能题中应有之义。问题不在于高校应不应该承担就业压力，关键是承担到何种程度以及以何种方式化解压力。这需要高校自己明确定位，更需要政府从顶层设计上统筹安排并给予条件保障。

（一）以全面深化改革的整体思维，建立化解大学生就业压力的良性互动长效机制

就业是事关社会发展稳定的重大问题，任何重大经济政治社会改革都不能忽略就业领域。高校毕业生就业制度从统包统分到供需见面双向选择，完全是应社会主义市场经济体制改革之需从上至下推行的，政府在把职业选择

---

[1]〔古希腊〕亚里士多德：《政治学》，吴寿彭译，商务印书馆2010年版，第419页。

自主权交给毕业生的同时，也把求职就业的压力一并交给了学生和学校。国家在全面深化改革过程中应把大学生就业体制机制纳入改革视域并给予特别关注。整体而言，应着力构建良性互动的长效机制，厘清政府、高校、大学生（家庭）、用人单位各自的权责，合理分配压力，核心是使市场在资源配置中起决定性作用和更好发挥政府作用。国家在产业结构调整、经济社会发展中应首要考虑开发更多适合大学生的就业岗位，发挥大学生作为第一资源的人才优势；同时应重点完善就业市场机制，推动实现城乡、区域、行业、部门之间的公平有序流动，消解就业市场的制度分割，这既是社会发展的重要路径，也是社会发展服务于人的全面发展需要的宗旨所在。

（二）建立高校促就业的经费补偿机制

当前国情下，高校是化解大学生就业压力的重要力量，但高校又不应成为大学生就业的压力主体。为更好发挥高校促就业的作用与优势，同时又不影响其履行基本职能，国家应建立高校促进学生就业的经费补偿机制，政府应依据高校实际承担和完成的就业工作给予相应的经费补偿，以确保高校实现履行人才培养、科学研究、社会服务、文化传承等职能与促进就业良性互动、相互促进。近年统计显示，七成以上大学生在毕业离校前落实就业单位，高校实际完成了大学生就业工作的主要任务，但政府并没有拨付专项工作经费，高校仅靠挤占有限的办学经费来推进，这无疑既不利于促就业，也不利于培养人才。为此，政府至少可以参照促进社会人员就业的经费标准确定高校促就业补偿经费额度，并纳入国家财政预算，切实保障高校开拓就业市场、加强就业指导、提供求职补贴、扶持自主创业以及帮扶困难毕业生就业等工作之必需。这样才能真正落实把高校毕业生就业放在就业工作的首位，才能确保高校新增的促就业职能更好运转，才能从条件保障的源头上推动其内涵式发展。

（本文刊发于《现代大学教育》2014 年第 3 期）

后　记

在我的职业生涯中，我从事高校毕业生就业相关教育、管理和服务工作的时间是最长的，从最初在高校院系做辅导员、上就业指导课，到后来承担学校就业指导、共青团工作，再到省级教育部门专门从事高校就业创业管理服务工作，现在又回到高校，全面推动和促进学校的就业工作，都是直接或者间接从事毕业生就业工作，个中艰辛付出与收获成长，冷暖自知。我喜欢学习和思考，习惯于在工作中做研究，在研究中做工作。在我的内心深处，研究就是工作，工作就是研究，没有研究的工作不是真正的工作，那只是应付了事、例行公事，没有工作实践的研究更不是真正的研究，那只是务虚空谈、空中楼阁，只是为了写论文而研究。这么说来，我研究高校毕业生就业问题就成了再自然不过的事情了，在工作中，前后撰写刊发了三十余篇相关论文，组织撰写出版了二十余部教材、报告，这应该是对工作的最好记录，算得上是岁月的回响、人生的足迹。

我研究高校毕业生就业问题是从就业观入手的，高校毕业生就业观是我工作研究的第一个选题。二十多年前，《中国大学生就业》杂志（2000年第10期）发表了我的第一篇工作论文，题目就是《"三观"、择业观与就业指导》，讨论的重点就是就业观的重要组成部分择业观与"三观"的关系问题。小文探讨如何把握大学生"三观"（世界观、人生观、价值观）教育和择业观教育的关系，深入做好就业指导工作，促进毕业生及时、顺利、充分就业，文中提出应贯穿四大原则，即渗透性原则、系统性原则、侧重性原则和实践性原则。后来，针对就业观和就业指导，我断断续续撰写了一些工作论文，如《高校毕业生就业理念及实践反思》（发表于《中国大学生就业》2007年第14期）、《高校就业指导教师基准性胜任特征分析》（发表于《云梦学刊》2010 年第 1 期)、《通识教育视域下的高校就业指导误区及对策》(发表于《现代大学教育》2011 年第 5 期)、《大学生就业压力主体与高校主体压力辨析》(发表于《现代大学教育》2014 年第 3 期)。这些文章篇幅不长,现在读来觉得也还有些可取之处,敝帚自爱,现选录部分篇章附于书后。

事实上,教育部门抓就业工作,最最重要、最最管用的就是要抓就业观教育引导。高校的根本任务是立德树人,就业观教育是立德树人的当然内容和重要抓手。就就业而言,毕业生要实现高质量充分就业,一要有业可就,有岗位有需求;二要能就业、想就业。社会对高校毕业生的需求总体上是充足的,就业难的关键是结构性矛盾,体现在供给侧方面就是有业不就、盲目求高求大求稳、慢就业、懒就业。习近平总书记明确指出:"大学生就业要怀着一颗平实之心,综合考虑自身条件和社会需求,防止高不成、低不就。"①事实上,高校毕业生中"高不成、低不就"的现象仍然较为普遍。加强就业观教育能在一定程度上缓解这一矛盾,就业观研究就显得尤为重要和紧迫。

在大众化、市场化就业制度条件下,高校毕业生就业观直接影响甚至决定其就业前景与人生命运,有效引导就业观对于促进其就业能起到事半功倍的作用,就业观研究具有重大的理论价值和现实意义。在梳理已有研究的基础上,本书进一步从概念、内涵、结构、属性、功能、类型等方面建构高校毕业生就业观的基本理论,并实证调查毕业生就业观的现状、特征、影响因子以及对就业质量的影响,从而凝练毕业生就业观的形成机理,并提出引导策略。

高校毕业生就业观是毕业生对求职就业的根本看法和总体态度,是其世界观、人生观、价值观的重要组成部分和具体体现,是个体接触、参与求职就业相关实践经验的观念化。它是一个复杂的观念系统,内部包含就业条件

---

① 赵婀娜、丁雅诵、吴月:《千方百计帮助高校毕业生就业》,《人民日报》2022 年 6 月 15 日,http:// paper.people.com.cn/rmrb/html/2022-06/15/nw.D110000renmrb_20220615_2-01.htm。

观、就业价值观、就业目标观、就业伦理观等，外部又与就业行为、就业结果密切相关，是思想政治教育和就业指导的研究与引导对象。就业观具有发展性、实践性、差异性、社会性等属性；在功能上主要表现为就业准备的预测功能、求职行为的定向功能、就业得失的评判功能；从不同的视角，采用不同的参照标准，可以有不同的分类。

本研究对湖南省普通高校 2013 届毕业生进行抽样面访问卷调查，有效个案 1030 个，对 2014 届毕业生进行网络问卷调查，有效问卷 36428 份。统计结果显示，高校毕业生普遍认为自己就业能力、外貌条件、就业心理素质较好，求职形势并不严峻，就业目的倾向于生存 - 社会型，希望从事能发挥才能、个人发展机会多、稳定、劳动报酬高的工作，高校推荐就业、城市就业、国有单位就业是大部分毕业生的理想选择，八成毕业生赞同诚信求职，不赞同诋毁求职竞争对手，就业自主性普遍较强。通过采用专业软件和建立回归模型进行计量检验，研究假设"高校毕业生就业观显著影响其就业质量，并具有预测作用"得到证实。在就业观影响因子分析中，为避免从外在政治、经济、社会诸方面探究的繁复与冗杂，本书以毕业生个体拥有的社会资本、人力资本、心理资本为分析的理论视角和测量维度，研究假设"高校毕业生社会资本、人力资本、心理资本存量同其就业观显著相关，并具有预测作用"得到证实。

高校毕业生就业观形成机理是就业观形成诸要素诸矛盾相互联系、相互作用的运行规律，可以将其概括为环境作用论、教育中介论、主体生成论。环境是就业观形成的外部条件，是主体就业观形成的现实基础和支撑条件，以家庭影响、朋辈示范、主流价值引领、媒体渲染为代表的社会期望是外在的方向指引，并以潜移默化或突变的方式贯穿始终。环境作用论是从客观对象的视角来观察主体就业观的形成规律，反映外部因素通过主体社会资本对其就业观产生影响与作用。学校教育是联系社会主流就业观与毕业生就业观的中介，前者主导后者主要通过学校教育这一中介而得以实现。教育中介论侧重阐述学校教育如何通过系统灌输等渠道和手段落实统治阶级意识形态对毕业生就业观的主导与调控，把社会主流就业观转化为毕业生个体就业观。主体生成论着重描述毕业生就业观在主体自身如何从禀赋奠基到需求驱动、自愿选择，再实践生成、渐变成型。三个机理是一个既相对独立又相互联系的有机整体，共同回答毕业生就业观是如何形成的。从辩证唯物论的角度来看，作为社会存在的环境、教育对作为社会意识的毕业生就业观具有决定作用，一定的环境、教育必然会产生相应的就业观，一定的就业观只能在相应的环境、教育作用下才能产生。从唯物辩证法的角度来看，环境、教育又只是就业观形成的外部原因、第二位的原因，决定性地影响毕业生就业观形成的是其先天禀赋和后天就业实践等内在的条件。

要引导高校毕业生树立科学就业观，宏观层面上应明确一定的指导思想和基本原则，毕业生求职就业应坚持热爱并能发挥自己的才能、促进人类的幸福、采取诚信的方式等，坚持个人利益与集体利益、个人愿景与社会期待、就业作为手段与作为目的、职业选择与生涯发展等相结合；中观层面上，应构建合力缓解高校毕业生就业压力的长效机制，坚持价值与文化引领，加强组织文化教育，发挥社会主义核心价值观的引领作用；微观层面上，应切实提高就业指导教育的针对性和实效性，创新就业指导教育的活动载体，引导毕业生提高专业认可度、就业能力素质、就业自主性，理性看待就业形势和确立就业目标，辩证看待并有效开发使用社会资本，培育发展型就业价值观，实现及时就业和可持续发展。

这本书的主体是我的博士论文，也是我数十年就业工作学习的心得。在论文写作最艰难的冲刺阶段，总有种莫名的疲惫。恰此时中央电视台九频道热播纪录片《玄奘之路》，片子画面开阔，解说深邃，不畏艰难一心取经的玄奘仿佛立在眼前。他从中国长安出发，不顾生死，跋涉四年方到达目的地印度那烂陀。那烂陀是寺院，更是一所世界性大学，玄奘在此潜心研习佛法五年。玄奘之路，是取经之旅、学术之旅，更是信仰之旅，那份执着、透彻、奉献、无畏，总让我生出无限感慨和力量。回想自己读博士写论文的四年，个中艰辛与苦乐，又何尝不是一回取经修行呢？

　　从平时学习到论文选题、写作，再到论文的修改完善，恩师刘克利教授以高屋建瓴的战略眼光、理论联系实际的学术品格、深邃独特的批判思维，引导我把理论研究与现实密切结合，用学术探讨直指现实困境，凸显思想政治教育学科的应用属性，为学生指明了方向，树立了标杆，每次聆听教导，我都获益匪浅，常有醍醐灌顶之感。师母肖云南教授常用身边的事例教育启发我，用慈祥的笑容、暖人的话语勉励我和我的家人，在学习、生活上给予了我们许多无私的关心和帮助。对于恩师、师母的教育和培养，学生在这里真诚地说一声"谢谢"！

　　感谢第二导师陈宇翔教授的教导与关心。陈老师对学生的学习和待人接物处处严格要求，谆谆教诲，在论文研究写作过程中给予悉心指导，花费大量时间细致审改论文。

　　感谢我的硕士导师姜国钧教授一如既往地用自己的君子人格、丰厚学识感染、激励、教育我。感谢舒远招教授引导我在学习经典中提升理论思维能力。理论联系实际，基础和条件是要有理论，否则就无从联系。从柏拉图、亚里士多德、康德到马克思、恩格斯，一句一句地读经典，联系历史与现实，首先理解经典作家在说什么，然后对照现实问题探寻其借鉴价值。阅读和理解经典，从读懂字句、理解篇章过渡到联系哲学史和社会发展辩证思考，这个过程是艰难而令人欣喜的。这本书如果有些许成绩与创新，就是来自经典阅读的营养与启示，来自师友们的教导与帮助。

　　大师兄罗仲尤教授亦师亦友，多才而谦和，眼光高远又勤勉务实，他用自己的言行感召激励我们不敢懈怠，大师兄为本书的选题、审阅、修改牺牲了许多宝贵时间，给予了诸多指点；在书稿出版之际，又拨冗写序，给予鼓励，令人感动。

　　陈成文教授为本书的实证调研和变量操作化提出了诸多宝贵意见；胡书芝博士对实证设计和数据分析提出了较多建设性意见和建议；参考文献中著作者们精彩的论述为本书的产生提供了思想养料和现实素材；实证调查过程中，许许多多认识或不认识的就业工作者、毕业生积极配合，真诚相待……

所有这一切都令我心生感动、心存感激、满怀感恩。

感谢妻子和女儿的理解和支持。妻子郭园兰好学好强，自己的学习、教学、科研和管理工作任务重、压力大，为了我能完成研究与写作，她主动承担起了家务和小孩教育事务，还帮助搜集、下载相关资料。其心可鉴，其情堪珍。

感谢父母亲的养育之恩。父亲母亲是地地道道的农民，尽管家里穷，但他们始终坚信，读书可以改变命运，只要努力，总会有收获，日子总会越来越好，他们克服一切困难送子读书，用自己的辛劳点亮我们的未来。母亲一辈子在湘南边远山村辛勤劳作，她的人生字典里只有责任、担当、勤俭、吃苦、不服输，她是言传身教的最佳典范。母亲的意外离世，是我一生无法治愈的痛楚。

需要说明的是，本书的部分章节有幸在一些刊物发表，由衷感谢这些刊物的厚爱和授权出版。本书部分章节与已发表论文的对应关系具体如下：第一章第二节：《扩招以来高校毕业生就业观研究综述与前瞻》，《大学教育科学》2015 年第 4 期，该文在中国知网下载量已超过一千，被引近二十。第四章第二节：《高校毕业生就业观影响就业质量的实证研究》，《高教探索》2015 年第 3 期，该文在中国知网下载量已近两千，被引超过六十。第五章第五节：《社会资本影响高校毕业生就业观的实证研究》，《高教探索》2016 年第 3 期，该文在中国知网下载量已超过一千，被引超过二十。第七章第二节：《组织文化研究：大学生就业的必修课》，《大学教育科学》2013 年第 6 期。

特别感谢商务印书馆薛亚娟女士的热情联络与对接，责任编辑张鹏女士的精心、细致、专业、耐心的编校。

特别感谢湖南省大中专学校学生信息咨询与就业指导中心、湖南省大学生就创业基金会的大力支持和帮助。本书是湖南省大学生就创业基金会课题"以产教融合助力高校毕业生高质量就业对策研究"（编号：JJH202401）的阶段性研究成果，是湖南省教育科学"十四五"规划 2022 年度决策咨询专项立项课题"基于高等教育评价改革的高校毕业生雇主调查研究"（编号：XJK22JCZD13）、全国高校毕业生就业创业与素质发展课题"大学生创新创业孵化一体化服务平台与运行机制研究"（编号：XSFZ06）、湖南省大学生就业创业指导特色教材研究立项课题"大学生创业基础课程通识内容设计及应用研究"（编号：20150209）的重要研究成果。

　　本书系国家社科基金重大项目"深化拓展新时代文明实践中心建设方法与路径研究"（编号：21ZDA077）的阶段性成果。

　　特别感谢湖南劳动人事职业学院，感谢伴随我一路走来、支持我工作和研究的单位同仁。湖南劳动人事职业学院是一所美丽的高校，是一所充满活力、充满希望、令人神往的高校。

钟秋明

2024 年 4 月 27 日